항공기소음침해와
민사소송

유경희 · 최성호

박영사

머 리 말

환경권은 인간이 건강하고 쾌적한 생활을 유지함에 필요한 모든 조건을 충족할 수 있는 좋은 환경을 구하는 권리로서, 세계적으로도 환경문제에 대한 관심이 갈수록 부각되고 있다. 나날이 심화되고 있는 각종의 환경오염으로부터 인간다운 생활을 영위하기 위해서는 오염되지 않은 환경에서 건강한 삶을 누릴 수 있는 권리가 확보되어야 하며, 생활의 질도 쾌적한 환경이익이 보장되어야 비로소 향상될 수 있는 것이다.

우리나라 「헌법」 제35조는 기본권으로서의 환경권을 규정하여, 환경파괴나 산업공해로 건강하고 쾌적한 환경에서 생활할 수 있는 권리의 침해를 사전에 예방할 권리와 침해의 결과가 발생한 경우에 이에 대한 사후적 구제권을 보장하고 있다. 환경오염, 환경파괴, 공해 등으로 쾌적한 환경에서 생활할 수 있는 권리가 침해되었을 때, 그 권리의 침해로 발생한 피해를 구제 받는 방법은 크게 공법적 구제와 사법적 구제로 나눌 수 있다.

오늘날 환경침해로 인한 피해를 구제받기 위해 민사소송을 제기하는 사례가 증가하고 있으며, 그중에서도 항공기소음을 원인으로 하는 손해배상청구는 소음의 영향이 미치는 면적이 매우 광범위하고 피해가 지속적으로 발생하는 특성으로 인해, 한 사건당 당사자(원고)의 수가 수천 명에서 수만 명에 이르러, 우리나라의 환경소송에서 매우 높은 비중을 차지하고 있다.

항공기소음침해에 대한 민사적 구제수단을 적용함에 있어 침해행위의 계속성, 피해의 심각성과 같은 항공기소음침해의 특수성이 그 구제에 있어서 중요하게 인식되어야 하지만, 이와 동시에 사회전체의 유용성과 공공성 또한 고려해야 하는 난제가 있다.

　　이 책에서는 항공기소음침해에 대한 민사상의 구제수단인 ① 유지청구소송, ② 손해배상청구소송 ⅰ) 실무상 적용되고 있는 「국가배상법」 제5조 제1항 또는 「민법」 제758조의 영조물 책임, ⅱ) 실무상 활용되고 있지는 않지만, 이론상 구성 가능한 「국가배상법」 제2조 제1항 또는 「민법」 제750조의 불법행위책임의 내용을 중심으로 정리하고, 정형화된 실체법 및 절차법상의 쟁점을 검토하여, 항공기소음 침해와 관련된 민사소송 전반의 이해를 돕고자 하였다.

　　더불어, 항공기소음침해 소송에 관한 외국의 입법례를 정리하여 조금이나마 시사점을 찾고자 하였으며, 마지막으로 항공기소음침해의 보상책임과 관련하여 항공기소음 피해지역 주민의 지원에 대해 규정하고 있는 「공항소음 방지 및 소음대책지역 지원에 관한 법률」의 적용범위에 '항공작전기지를 겸하는 공항'은 제외되어 (동법 제2조 제4호), 과거 군용비행장 등의 운용으로 인해 발생하는 소음 피해에 대한 보상과 지원을 받지 못하였던 피해자들을 위해 최근 마련된 특별법인 「군용비행장·군사격장 소음 방지 및 피해 보상에 관한 법률」의 주요내용을 살펴보았다.

　　본 책은 항공기소음침해의 민사상 구제수단에 대해 첫 번째로 정리된 이론 및 실무 서적으로서 의미를 갖는다. 더불어 소송실무의 전문가이신 지도교수님과 첫 번째 책을 출간하여 세상에 알린다는 것에 큰 의의가 있다.

　　긴 세월 동안 학문에 대한 열정이 식지 않도록, 지적 호기심을 충족시켜 주시고, 끊임없는 격려와 지지를 해주신 대한민국 최고의 법률가이신 최성호 교수님, 오랫동안의 연구에 몰두하느라 제대로 보살펴드리지 못한 부모님, 미국에서 응원해 주시는 유정희(Suk Hui Starr) 언니, 연구자로서 감내해야 하는 고난보다 연구의 즐거움을 일깨워 주신 윤덕경 박사님께 감사의 말씀을 전한다.

　　마지막으로 지도 교수님과 책을 출판할 수 있도록 기회를 주신 박영사에 감사의 뜻을 표하며, 연구에 많은 열정을 쏟았음에도 불구하고 주제가 특수전문분야인 점을 감안하여 미흡한 부분이 있더라도 독자들께서 너그럽게 이해해 주시길 바란다.

2022년 8월

저자 유 경 희

차 례

제3장 항공기소음침해 소송에 관한 외국의 입법례

항공기소음침해에 대한 민사상의 구제수단

제5장　손해배상청구의 성립요건

제1장

총 설

제1장

총 설

제1절 민사분쟁과 민사소송법

　자유롭게 독립된 개인이 평등의 입장으로 구성된 현대사회에서 사회적 접촉으로부터 발생하는 여러 가지 분쟁은 당사자 간의 자율(합의)에 따라 임의적으로 해결하든지, 재판권을 부여받은 사법기관의 판단(재판)에 의해 강행적으로 해결되어야만 한다. 사회생활의 과정에서 분쟁이 발생하는 것은 대부분 불가피하다. 따라서 연쇄반응적으로 비극적인 확대로 가기 쉬운 자력구제를 최소한도로 억제하고, 평화적으로 분쟁을 해결하기 위해 분쟁처리의 절차기관과 구체적 기준이 발전하게 된다. 역사적으로 분쟁 처리기구가 우선 정리되고, 실체적 기준은 잠재적인 형태를 띠는 경우가 많다. 그런데 오늘날 민사재판이라고 하면, 개인의 생활관계를 둘러싼 각종의 분쟁을 민법이나 상법 등을 비롯한 실체법을 이용하여 국가기관으로서 법원의 판단을 받는 것이라고 일컫는다. 사실 개인 간의 생활에 대응한, 각종의 다양한 실체법이 정비되어 있기 때문에 그로부터 거의 만족할 수 있는 조건이 구비되어 있다. 법원은 사건마다 실체법을 대전제로 하여 증거로서 보장받은 구체적 사실을 소전제로 하는 삼단논법을 반복하고 궁극적인 기판력에 의해 확정을 도모하게 된다. 만약 법규의 결함이 있는 경우에는 법관이 결함을 보충한 후에 판결을 내리게 된다. 재판은 이를 위한 구체적인 절차이며 판결이 확정되면 지켜야 한다. 이러한 분쟁해결에 도달하는 일정한 범위가 소송법으로 불리는 것이고, 민사분쟁의 중심

적·표준적 역할을 완수하는 것이 다름 아닌 「민사소송법」인 것이다.[1]

제2절 항공기소음침해에 대한 개관

　　항공기소음침해에 대한 민사상의 구제수단으로는 사전적 구제수단인 유지청구와 사후적 구제수단인 손해배상청구가 가능하다.

　　손해배상청구가 사후적 구제로써 태생적 한계를 갖고 있다는 점에서, 사전적 구제수단에 대한 모색이 이루어지게 되는 바, 유지청구가 바로 그것이다. 즉 민간공항 또는 공군비행장에서 발생하는 소음으로 피해를 입는 인근 거주자들이, 현재 소음발생행위의 배제 또는 그 제거를 구하거나, 장래 발생할 소음을 예방하기 위하여, 예컨대 항공기의 이·착륙에 대한 수적 일부제한 또는 시간대 제한, 수개의 활주로 중 일부 활주로에 대한 사용제한 등을 구하는 이른바 유지청구를 할 수 있는지가 문제된다. 이와 같은 유지청구는 소송실무상 방해제거 또는 예방청구의 소로 실현하거나, 방해제거청구권 등 유지청구권을 피보전권리로 하여 가처분신청을 하는 방법으로 실현될 수 있다.[2]

　　유지청구는 계속적인 환경침해의 제거나 방지를 청구하는 것으로써, 계속적 침해로 인한 손해가 발생할 것이 예상되는 경우 이를 예방할 수 있으므로, 유지청구가 인용된다면 손해배상책임과는 또 다른 의미의 민사적 책임이 성립되어 완전한 권리구제가 가능하다고 볼 수 있다. 그러나 민사소송을 제기할 수 있는지 여부와 관련하여 소 각하 판결을 받거나 본안판단을 받더라도 공공성을 이유로 기각될 우려 때문인지 그 활용에 있어 실무상 매우 소극적인 태도를 보이고 있다.

　　보상법과 관련하여, 항공기소음 피해지역에 거주하는 주민의 보호와 지원에 대해서는 「공항소음 방지 및 소음대책지역 지원에 관한 법률」이 적용되고 있으나, '항공작전기지를 겸하는 공항'은 법률의 적용범위에서 원칙적으로 제외하고 있어 (동법 제2조 제4호), 특히 군용항공기(비행장, 사격장 등 기타 주변소음 포함)의 소음으로 인한

---

1) 최성호, 「신민사소송법」, 동방문화사, 2012년, 1면.
2) 손윤하, 「환경침해와 민사소송」, 청림출판, 2005년, 296면.

피해지역 주민들에 대해서는 보상이 이루어지지 않는 한계가 있었다.

이러한 문제를 해결하기 위해 「군용비행장·군사격장 소음 방지 및 피해 보상에 관한 법률(법률 제16582호, 2019년 11월 26일 제정, 2020년 11월 27일 시행)」이 마련되었다. 그러나 제정된 특별법은 지역주민들의 피해를 적극적으로 구제하려는 노력이 보이지 않을 뿐만 아니라 피해보상의 범위, 즉 보상금을 지급받는 대상자와 보상금액에 있어서 충분한 논의가 이루어지지 않은 한계가 있어, 구제대상에서 제외되는 피해주민은 결국 민사소송을 제기하게 될 것이다.

제3절 항공기소음침해에 대한 법리구성

민사소송을 제기함에 있어 그 법리구성은 ① 「국가배상법」 제5조 제1항(공공시설 등의 하자로 인한 책임) 또는 「민법」 제758조(공작물 등의 점유자·소유자 책임)에 의한 손해배상책임론과 ② 「민법」 제750조(일반불법행위책임) 또는 「국가배상법」 제2조 제1항(국가배상책임)에 의한 손해배상책임론이 가능하다.[3]

그러나 「민법」 제750조의 일반불법행위책임론에 의하면 불법행위의 성립요건인 예견가능성과 회피가능성에 기한 과실의 입증이 매우 어렵기 때문에, 실무에서는 「국가배상법」 제5조 제1항 또는 「민법」 제758조의 영조물 책임에 의하는 것이 일반적(주로 「국가배상법」 제5조 제1항에 의함)이다.

실무에 의하면 공항이나 군용항공기의 이·착륙 등의 소음으로 인한 하자의 존재 여부는 항공기소음피해의 정도가 사회통념상 수인한도를 넘는지 여부에 따라 결정하고 있으며, 판례는 수인한도의 기준을 결정함에 있어 여러 가지 요건(침해행위가 갖는 공공성, 지역 환경의 특수성, 토지이용의 선후관계, 공법적인 규제 등)을 나열하고 있다. 항

---

3) 손해배상청구의 법리와 관련하여 「국가배상법」 제5조 제1항과 「민법」 제758조의 경우, 「국가배상법」 제5조 제1항에 그 책임의 주체를 "국가나 지방자치단체"로 명시한 것을 제외하고는 「민법」 제758조의 성립요건과 동일하므로 이를 병행하여 사용하고, 마찬가지로 「국가배상법」 제2조 제1항과 「민법」 제750조의 경우, 「국가배상법」 제2조 제1항에 손해의 발생요인을 "공무원의 직무집행"으로 명시한 것을 제외하고는 「민법」 제750조의 성립요건과 동일하여, 이를 병행하여 사용한다.

공기소음침해 피해자들의 경우에 단기소멸시효(「국가배상법」 제8조, 「민법」 제766조 제1항)가 적용(실무상 소가 제기된 때로부터 역산하여 3년의 기간의 위자료 인정)되기 때문에, 3년이 경과한 소음침해에 대해서 구제받을 수 없게 되는 문제가 발생한다. 이러한 소멸시효의 특수성과 관련하여, **제5장 제3절 장래 발생할 손해에 대한 배상청구**에서 상세히 살펴보도록 한다.

제2장

항공기소음침해 일반론

제2장
항공기소음침해 일반론

제1절 환경과 소음

Ⅰ. 환경권

사전적 의미의 '환경'이라 함은 생활체를 둘러싸고, 그것과 일정한 접촉을 유지하고 있는 外界를 의미하고, 교육학·심리학·사회학 등에서는 자연적 환경과 사회적 환경을 포함한 종합적인 것을 일컫는다.[1] 이러한 일반적인 개념정의와는 달리,[2] 「환경정책기본법」에서 말하는 "환경"이라 함은 자연환경과 생활환경을 의미하는데, "자연환경"이란 지하·지표(해양을 포함한다) 및 지상의 모든 생물과 이들을 둘러싸고 있는 비생물적인 것을 포함한 자연의 상태(생태계 및 자연경관을 포함한다)를 말하며, "생활환경"이란 대기, 물, 토양, 폐기물, 소음·진동, 악취, 일조(日照), 인공조명, 화학물질 등 사람의 일상생활과 관계되는 환경을 말한다(동법 제3조 제1호－제3호). "환경권"이라 함은 환경의 이익을 향유할 권리로서 사람이 건강한 생활을 할 수 있는 쾌적한 환경과 자연현상의 쾌적한 환경을 향유할 수 있고, 환경침해로 인한 재산과 신체 또는 생명의 침해를 배제할 수 있는 배타적인 권리를 의미하며,[3]

---

1) 이희승, 「국어대사전」, 민중서림, 1989년, 3254면.
2) 안경희, "환경민사소송의 최근 동향과 쟁점 그리고 향후 과제", 「환경법과 정책」 제7권, 강원대학교 비교법학연구소, 2011년, 57면.
3) 구연창, 「환경법론」, 법문사, 1993년, 75면; 김철수, "환경권", 「환경법연구」 제3권, 한국환경법학회, 1981년, 22면; 서원우, "환경권의 성질과 효력", 「서울대학교 법학」 제25권 제1호, 1984년, 27면; 이상규, "일본에 있어서의 환경권 논의 전개", 「환경문제연구논총 Ⅱ」, 대한변호사협회, 1992년, 14면; 전창조, "환경권의 확립", 「법과 환경」, 한국법학교수회 편, 삼영사, 1977년, 208

「헌법」 제35조 제1항에 규정된 "환경권"은 사람이 인간다운 생활을 영위함으로써 인간으로서의 존엄을 유지하기 위하여 필요적으로 요구되는 것이기 때문에 인간의 생래적인 기본권의 하나로서 인간다운 생활을 위한 필수적인 절대권이며, 모든 사람에게 다 같이 보장되는 보편적인 권리로서의 성질을 가진다 할 것이다. 이러한 환경권의 내용인 환경에는 자연적 환경은 물론, 역사적, 문화적 유산인 문화적 환경도 환경권의 대상인 환경의 범주에 포함시켜야 하며, 그뿐만 아니라 사람이 사회적 활동을 하는 데 필요한 사회적 시설도 인간의 생활에 필요 불가결한 사회적 환경으로서 이에 포함됨은 당연하며, 신청인이 내세우는 주장의 요지 또한 교육환경의 일종으로서 역시 위 사회적·문화적 환경의 범주에 속한다고 할 것이다.4)

II. 환경침해의 정의

"환경침해"라 함은 환경(자연환경 또는 생활환경) 자체를 오염, 훼손, 파괴하는 상태뿐만 아니라 그러한 오염 등으로 말미암아 사람의 생명, 신체, 재산 등에 손해를 주는 상태를 의미한다. 이 환경침해라는 용어는 실정법상 용어는 아니고, 이와 유사한 표현으로 「환경정책기본법」에서는 '환경오염', 「민법」에서는 '생활방해'라는 용어가 각각 사용되고 있으며,5) 「환경정책기본법」에서는 "환경오염"에 대해 사업활동 및 그 밖의 사람의 활동에 의하여 발생하는 대기오염, 수질오염, 토양오염, 해양오염, 방사능오염, 소음·진동, 악취, 일조 방해, 인공조명에 의한 빛 공해 등으로서 사람의 건강이나 환경에 피해를 주는 상태라고 정의하고 있다(동법 제3조 제4호). 이와 같은 환경침해가 발생하였을 때, 환경권의 법적 성질과 관련하여 사법상의 구체적인 권리로까지 인정하여 환경권 자체의 침해 또는 침해의 우려에 대하여 그 배제청구권을 인정할 수 있을 것인지의 여부를 놓고 권리의 대상이 된 환경의 범위와 이에 대한 지배의 내용, 권리의 주체, 객체 및 그 내용, 나아가 법적 안정성의 문제를 둘러싸고 논란이 있다. 환경이익에 대한 부당한 침해, 즉 부당하게 환경을 악화

면; 천병태·김명길, 「환경법론」, 삼영사, 1997년, 73면.
4) 부산고등법원 1995.5.18. 선고 95카합5 판결.
5) 안경희, 앞의 논문(주 2), 57면.

시켜 손해를 주는 것은 당연히 법률상 불법행위를 구성하여 그 손해배상책임을 부담한다고 할 것이나, 환경이익은 그 법익의 성질상 원래 금전에 의한 평가가 극히 곤란하고 금전배상만으로는 거의 그 목적을 달성할 수 없는 것이므로 환경이익 보호의 방법으로서는 손해배상만으로는 충분하지 않고 그 부당한 침해행위, 즉 환경의 부당악화 그 자체를 유효적절하게 금지시키는 방법이 강구되어야 하며, 환경이익을 누리는 구성원은 환경이익이 명백히 부당하게 침해될 위험이 발생한 경우에는 그와 같은 부당한 침해를 사전에 거절하거나 미리 방지할 수 있는 권리, 이른바 '환경이익의 부당침해 방지권'을 가진다고 봄이 상당하다. 따라서 현실적으로 부당한 침해의 위험이 있거나 이미 부당한 침해가 발생하고 있는 경우에는 특단의 사정, 예를 들면 금전적 보상에 의한 해결을 수인(受忍)할 수 있는 사유 등이 없는 한 '환경이익의 부당침해 방지권'에 기하여 위험방지를 위한 충분하고 필요한 한도 내에서 구체적인 금지청구권을 취득하고 이를 행사함으로써 환경이익을 보전할 수 있는 것으로 해석함이 상당하다 할 것이다. 「민법」 제217조는 토지 그 자체의 지배 내지 이용과는 별도로 그 토지 위에 영위하는 인간의 건강하고 쾌적한 생활이익이 소음, 진동, 매연 등으로 인하여 적극적으로 침해되었을 때에는 생활이익의 침해를 토지소유권의 침해와 동일시하여 토지소유권에 터 잡아 이러한 생활이익의 침해행위에 대한 방해배제청구권을 인정한 것이며, 「민법」 제217조 소정의 생활방해나 주거환경의 침해는 토지소유권의 침해의 범주에 넣어 볼 수 있는 것이지만, 그 주된 피해법익은 인간의 건강하고 쾌적한 생활이익으로서 이러한 주거환경의 이익은 그 법익의 법적 성격으로 보아 종래의 생명, 신체, 자유, 명예, 정조, 초상권, 신용권 등과 마찬가지로 인격권의 일종에 속한다고 보아야 하고, 이러한 인격권은 그 지배권 내지 절대권적 성격으로부터 물권적 청구권에 준하는 방해배제청구권이 인정되고 있다. 따라서 생활방해나 주거환경의 침해는 실질적으로는 신체적 자유 내지 정신적 자유의 침해에 속하는 것이고, 이 경우 일정한 한도를 초과하는 침해에 대하여는 방해배제청구권이 인정되는 토지소유권 기타 물권을 가지고 있지 않는 자라고 하더라도 곧바로 인격권의 침해를 이유로 인격권에 기초하여 방해배제 또는 방해예방청구권을 행사할 수 있다.[6]

---

[6] 부산고등법원 1995.5.18. 선고 95카합5 판결.

III. 환경침해에 대한 피해구제의 법리구성

일반적으로 환경침해로 인하여 피해를 받은 자가 그 피해의 구제를 위하여 취할 수 있는 방법에는 소송외적으로 「환경분쟁조정법」에 따라서 설치된 환경분쟁조정위원회에 조정을 신청하는 경우7)와 법원에 소송을 제기할 수 있는 방법이 있다. 소송을 제기하는 경우에는 환경보호를 위해서 공법적인 규제권을 가지고 있는 행정기관에 그 규제조치의 발동을 청구하는 행정소송과 가해자를 상대로 민법상 손해배상청구나 오염물질의 배출의 중지를 청구하는 유지청구소송을 제기할 수 있다.8) 환경침해로 인한 피해자의 구제와 관련하여서 우리 「민법」과 여타 법률의 규정은 매우 다양하게 구성되어 있다. 환경침해로 인한 불법행위에 관한 규정으로서는 「민법」 제750조가 가장 기본적인 규정으로서 적용되며, 공동불법행위와 관련하여 「민법」 제760조가 적용될 수 있다. 특별법으로서는 「환경정책기본법」 제44조에서 환경오염 또는 환경훼손으로 피해가 발생한 때에는 원인자가 무과실책임을 지도록 규정하고 있으며, 「토양환경보전법」 제10조의3에서는 토양오염에 의한 손해에 대해서 오염원인자에게 무과실책임과 정화책임을 규정하고 있다. 그리고 「광업법」 제75조에서는 광해(鑛害)로 인한 배상을 무과실책임으로 규정하고 있고, 「수산업법」 제82조에서는 수질오염으로 인하여 면허받은 어업에 피해가 발생한 경우에 오염발생시설의 경영자가 관리 법령이 정하는 바에 따라서 피해자에게 배상할 무과실책임을 지도록 규정하고 있다. 아울러 「원자력손해배상법」 제3조 제1항에서는 원자로의 운전 등으로 인하여 원자력손해가 생긴 때에는 당해 원자력사업자가 그 손해를 배상할 무과실책임을 지게 되고, 「유류오염손해배상보장법」 제5조 제1항에서 유조선에 의한 유류오염손해가 발생한 때에는 사고 당시의 선박소유자는 그 손

---

7) 환경침해로 인한 피해는 보통 피해자가 다수이고 가해자의 확정과 가해자 간 분담책임의 곤란, 가해자에 대한 피해자의 열등한 위치, 인과관계 입증의 곤란 등으로 인하여 환경소송에 의해서는 해결이 곤란한 경우가 많다. 그리하여 일종의 준사법적인 분쟁해결기능을 가진 행정위원회에 의해서 환경침해 피해를 소송외적 방법으로 해결하려는 취지에서 「환경분쟁조정법」이 제정되어 시행되고 있다. 이 법에서는 환경분쟁조정위원회의 알선·조정·재정에 의하여 환경침해로 인한 피해에 대해서 신속하고 간단한 해결을 피해자에게 제공하고 있다. 사법연수원, 「특수불법행위법연구」, 사법연수원 출판부, 2015년, 9면.

8) 사법연수원, 앞의 책(주 7), 7면.

해를 무과실책임으로 배상할 책임이 있다고 규정한다.[9]

1. 환경행정소송

현행 「행정소송법」 제12조의 '취소소송은 처분등의 취소를 구할 법률상 이익이 있는 자가 제기할 수 있다.'라는 규정을 해석함에 있어, 대법원은 일반적인 행정소송에 있어서의 "법률상 이익"이란 처분의 근거법규 및 관련법규에 따라 보호되는 개별적·직접적·구체적 이익을 말하고 간접적이거나 사실적·경제적 이익은 여기에 해당하지 않는다고 해석하여, 처분의 직접상대방이 아닌 제3자가 행정소송의 원고적격을 인정받아 본안의 판단을 받을 수 있는 사건이 극히 드물었다. 이에 따라 법원은 환경소송과 관련해서 행정처분의 근거법규 및 관련법규에 대한 합리적 해석 작업을 통하여 부수적이나마 그 법규의 개별적·직접적·구체적 이익의 보호, 즉 '사익보호성'을 도출하고 근거 및 관계 법규가 환경상침해의 영향권을 구체적으로 규정하고 있으면, 그 영향권 범위 내의 주민에 대해 환경상 이익의 침해를 사실상 추정하고, 그 영향권 밖의 주민이라도 수인한도를 넘는 환경피해를 받거나 받을 우려가 있음을 증명하여 원고적격을 인정하는 방법으로 환경행정소송의 원고적격의 확대를 꾀해왔다. 그러나 법원이 환경피해를 받을 우려가 있는 제3자의 법률상 이익을 일반적으로 인정하지는 않고 있기 때문에 환경오염물질의 배출금지를 구하는 사전조치로서의 환경행정소송은 원고적격 심사단계에서 그 요건을 충족하지 못하여 소 각하 판결을 받는 경우가 대부분이었다. 게다가 우리나라에서 1990년에 제정된 개별 환경법으로서 「대기환경보전법」 및 「물환경보전법」은 미국의 「맑은공기법(Clean Air Act)」이나 「맑은물법(Clean Water Act)」과 달리, 환경피해자들에게 규제기준을 초과하는 환경오염물질의 배출을 직접 청구할 사법적 권리를 인정하고 있지 않기 때문에, 환경피해자들은 최후적으로 민사소송을 통해 이미 발생한 피해의 배상을 구하거나 소유권에 기한 방해배제로서 오염물질의 배출금지를 청구하여 왔고, 실무에서는 주로 소음소송 및 일조소송과 관련한 이론과 판례가 정립되어 왔다.[10]

---

9) 사법연수원, 앞의 책(주 7), 8-9면.

10) 이수진, "환경분쟁 해결을 위한 한국 법원의 발전 방향", 「환경법연구」 제35권 제3호, 한국환경

2. 환경민사소송

환경침해의 경우 다른 불법행위와는 다른 특성을 지닌다. 첫 번째로 환경침해는 사람이나 물건에 대한 직접적인 침해가 아니고 대기·물·토양 등과 같은 매개체를 통하여 발생하는 간접적인 침해로서 인간이나 물건에 손해를 입힌다. 매개체를 통한 간접적인 침해이기 때문에 손해의 발생 및 정도, 내용 등이 불명확하고 인과관계의 입증이 복잡·곤란하여 손해배상의 문제가 용이하지 않다. 두 번째로 환경침해는 근대 민법의 입장에서도 시민생활 또는 기업 활동에서 일응 허용된 행위일 경우가 많고, 산업사회와 도시의 인구집중으로 어느 정도의 침해는 불가피한 현상을 가지게 된다. 그러므로 일정한 환경침해에 대해서는 피해자가 인용해야 하는 부분도 발생한다. 세 번째로 환경침해는 계속적으로 서서히 침해되는 것이 보통으로서 환경침해의 원인이 되는 인위적 활동이 계속되는 동안은 그와 함께 계속적으로 일어나는 특성을 가진다.[11] 민사소송은 사법상 권리의무의 확정·보전·실현 등 세 가지를 과제로 하는 절차로 환경민사소송과 관련해서는 환경침해의 제거 또는 예방을 구하는 유지청구[12]와 환경침해로 인한 손해의 배상을 구하는 손해배상청구가 주로 문제되며, 당사자 간에 구체적인 권리의무에 관한 분쟁을 대상으로 하므로, 자연환경 또는 생활환경 자체가 아니라 이러한 환경침해로 인한 사권의 보호를 그 대상으로 한다.[13] 환경침해로 인하여 생활에 방해를 받거나 손해를 입은 사람은 「민법」과 「민사소송법」에 근거하여 법원에 민사소송을 제기할 수 있다. 먼저 피해자는 가해자를 상대로 현재 진행되고 있는 환경침해행위에 대하여 제거를, 장래 발생할 우려가 있는 침해행위에 대하여 예방을 각각 청구할 수 있다. 환경침해는 계속성을 갖는 경우가 많고, 일단 환경이 침해되면 원상회복이 거의 불가능하다는 점에 비추어 볼 때, 사전적·적극적 구제수단인 유지청구는 환경침해에 대한 근원적인 해결수단의 하나이다. 이에 비하여 환경침해로 인하여 피해자에게 이미 손해가 발생한 경우에는 피해자는 가해자를 상대로 손해배상을 청구할 수 있을 따름이다.

법학회, 2013년, 27−31면.

11) 사법연수원, 앞의 책(주 7), 5−6면.

12) 오지용, 「불법행위의 법리」, 진원사, 2010년, 147−148면.

13) 안경희, 앞의 논문(주 2), 60−61면.

이 사후적·소극적인 권리구제수단인 손해배상청구는 피해자에게 발생한 손해의 전보를 주목적으로 하지만, 손해배상의 억지적 기능을 통하여 간접적으로 환경보호에도 기여한다.[14)

3. 소음침해와 민사소송

환경오염피해 구제를 위한 소음피해와 관련하여 법원에 제기되는 소송 중에는 소음으로 인한 손해배상청구와 유지청구가 압도적으로 많으며,[15) 중앙환경분쟁조정위원회에 접수된 환경분쟁신청사건의 조정·처리 현황(2020년 12월 31일 기준)[16)을 보더라도 중앙환경분쟁조정위원회가 설립된 1991년 7월부터 2020년까지 접수된 5,355건 중 처리(재정, 조정, 합의)된 4,557건 중 소음·진동으로 인한 피해가 3,840건(84.3%)으로 가장 많은 비중을 차지하고 있다. 일반적으로 소음이라 함은 '기계·기구·시설, 그 밖의 물체의 사용으로 인하여 발생하는 강한 소리로서 사람의 건강에 피해를 주는 것'이라고 정의할 수 있다. 반면 소음이 항상 소리의 강도에 의해 결정되기보다는 당사자의 상황과 입장, 즉 사회 심리적 강도에 달려있다는 점에서 소음을 '통상적인 수인의 한도를 넘어 사람에게 불쾌감을 야기하는 음질 또는 음량의 소리'라고 정의하기도 한다. 이러한 수인한도 내지 개인의 주관적 요소를 소음의 판단기준으로 하는 경우 구체적 사안에 따라 개별적으로 판단하여야 할 것이다. 소음에는 공장소음, 교통소음, 생활소음, 항공기소음 등 그 종류가 매우 다양하며, 다른 환경오염과 달리 피해자들에게 노출되는 즉시 인식될 수 있으며, 매우 민감한 반응을 초래하고 소음원인에 대한 파악과 인과관계가 비교적 투명하게 드러나는 특징을 갖는다.[17)

---

14) 안경희, 앞의 논문(주 2), 55−56면.

15) 이영창, "민사소송을 통한 환경오염피해 구제의 현실과 한계−소음피해로 인한 소송을 중심으로−", 「환경법연구」 제36권 제1호, 한국환경법학회, 2014년, 67면.

16) 〈https://ecc.me.go.kr/front/board/boardContentsListPage.do?board_id=15&MenuId=c38db97276f14bd5920ccc0d318f0739(환경부 중앙환경분쟁조정위원회)〉 최종검색일 2021년 12월 4일.

17) 남기연, "군용 항공기 소음피해 구제에 대한 민사법적 고찰", 「환경법연구」 제34권 제2호, 한국환경법학회, 2012년, 163−164면.

(1) 도로소음

1) 법적 근거

도로소음의 법적 근거는 도로소음 유발자의 고의, 과실에 의한 위법행위로 인한 손해를 이유로 「민법」 제750조 또는 「국가배상법」 제2조에 의해 손해배상을 청구할 수 있다. 한편 도로소음의 경우 자동차가 운행되는 도로를 공작물 또는 영조물로 보고 그 설치, 관리상의 하자에 따른 상태책임을 물을 수 있어서 도로의 설치와 관리자인 국가 등에 대하여 「민법」 제758조 또는 「국가배상법」 제5조에 의한 손해배상을 청구할 수 있다.[18]

2) 위법성 판단기준

도로소음의 피해자가 가해자를 상대로 불법행위에 의한 손해배상을 청구하는 경우, 불법행위 성립요건으로서 위법성의 판단기준은 그 유해정도가 사회생활상 통상의 수인한도를 초과하는지 여부이다. 이 수인한도의 기준을 결정할 때는 일반적으로 침해되는 권리나 이익의 성질과 침해정도뿐만 아니라 침해행위가 갖는 공공성의 내용과 정도, 지역 환경의 특수성, 공법적인 규제에 의하여 확보하려는 환경기준, 침해를 방지 또는 경감시키거나 손해를 회피할 방안의 유무 및 난이도 정도 등 여러 사정을 종합적으로 고려하여 구체적 사건에 따라 개별적으로 결정하여야 한다. 도로소음의 수인한도 기준을 위하여 대법원은 소음개선을 위한 목표치를 설정한 「환경정책기본법」이 정해 놓은 기준을 적용하고 있다. 「환경정책기본법」상 소음환경기준은 실질적인 규제가 목적이 아니라 소음기준에 대한 행정목표치를 제시하고 환경영향평가나 도시계획을 수립할 때 소음발생에 대한 척도로 활용하고 있다. 「환경정책기본법 시행령」 제2조 별표 환경기준에 의하면 도로변지역에 적용 대상지역으로서 일반주거지역 및 준주거지역의 경우 소음기준은 낮(06:00-22:00) 시간대에는 65dB(A)이고 밤(22:00-06:00) 시간대에는 55dB(A)이다. 이 소음기준은 도시지역에 포함된 주거지역, 준주거지역 등에 동등하게 적용되며 사람들의 생활에 영향을 끼치지 않을 정도로 정해 놓은 규제적 성격의 기준이다.[19]

---

18) 이승우, "도로소음으로 인한 손해배상청구에 관한 판례검토", 「환경법연구」 제39권 제1호, 한국환경법학회, 2017년, 266면.

19) 이승우, 앞의 논문(주 18), 266-267면.

3) 유지청구

인근 고속도로에서 유입되는 소음으로 인하여 입은 피해 등 생활이익의 침해를 이유로 일정 한도를 초과하는 소음이 유입되지 않도록 하라는 내용의 유지청구 소송에서 그 침해가 사회통념상 일반적으로 수인할 정도를 넘어서는지의 여부는 피해의 성질 및 정도, 피해이익의 공공성, 가해행위의 태양, 가해행위의 공공성, 가해자의 방지조치 또는 손해회피의 가능성, 인·허가 관계 등 공법상 기준에의 적합 여부, 지역성, 토지이용의 선후관계 등 모든 사정을 종합적으로 고려하여 판단하여야 하며,[20] 이 사건 빌라의 각 주택의 소음과 관련하여 환경정책기본법상 소음환경기준인 65dB 이상의 소음이 발생하는 경우에는 사회생활상 통상의 수인한도를 넘는 것으로서 위법하다고 할 것이고, 이러한 사실관계 하에서는 피고 주민들이 이 사건 고속도로의 확장공사 이후 입주하였다는 사정만으로 피고 주민들의 원고에 대한 유지청구가 신의칙에 반하여 허용될 수 없는 경우라고 볼 수도 없으므로, 원심이 1일 평균 소음이 65dB 이상인 주택에 거주하는 피고 주민들의 유지청구 및 손해배상청구에 대하여 이 사건 고속도로를 설치·관리하는 원고는 그 설치·관리상의 하자로 인한 손해배상책임 및 이 사건 고속도로에서 유입되는 소음이 65dB을 넘지 않도록 해야 할 책임이 있다고 판단한 것은 정당하고, 거기에 소음피해로 인한 수인한도에 관한 법리오해 및 유지청구와 관련한 신의칙 위반 여부의 판단에 관한 법리오해 등의 위법이 있다고 할 수 없다고 하여 유지청구를 인용하였다.[21]

(2) 공사장소음

1) 손해배상의 범위

공사장소음의 경우 주로 공사장인근에서 가축업, 어류양식업을 운영하던 주민이 공사소음으로 인하여 가축이 집단 폐사하였음을 이유로 영업 손해의 배상을 구하는 사건[22]이 대부분이며, 인근 공사장에서 발생하는 소음으로 인한 정신적 손해

---

20) 대법원 1997.7.22. 선고 96다56153 판결; 대법원 2003.11.14. 선고 2003다27108 판결.
21) 대법원 2007.6.15. 선고 2004다37904·37911 판결.
22) 대법원 2003.2.11. 선고 2001다4194 판결; 대법원 2003.9.5. 선고 2001다68358 판결; 대법원 2008.4.10. 선고 2006다40669 판결.

의 배상을 구하는 사건도 있다. 영업에 대한 손해배상을 하는 경우에는 감정결과에 의하여 폐사 및 산란율 저하에 따른 영업 손해의 배상을 명하는 것이 일반적인 민사소송의 특징이며, 정신적 손해의 배상을 청구하는 경우에는 도로소음 사건과 유사하게 처리된다.[23] 그러나 공사장소음 사건에 관하여 직접적인 판단을 한 대법원 판례는 찾아보기 어렵다.[24]

2) 설치·관리주체를 달리하는 복수의 도로에서 발생하는 복합 교통소음

각 설치·관리주체를 달리하는 복수의 도로에서 발생하는 복합 교통소음으로 인하여 인근 주택 등의 거주자에게 수인한도를 초과하는 소음피해를 유발한 경우 어느 한 도로에서 발생하는 소음이 전체 복합소음도에 미치는 영향이 미미하여 별도의 소음원으로 평가할 만한 정도에 미치지 못한다는 등의 특별한 사정이 없는 한 각 도로의 관리주체는 각자 공동불법행위자로서 그에 따른 손해배상책임을 진다 할 것이고, 기존에 설치되어 있던 도로에서 발생하는 교통소음으로 인하여 이미 수인한도를 초과하는 소음피해가 발생하고 있었다 하더라도 그 후 신설된 도로에서 발생하는 교통소음으로 인하여 소음피해의 정도가 더욱 심화된 경우에는 신설된 도로의 설치·관리자도 기존 도로의 관리주체와 함께 피해자에게 불법행위로 인한 손해배상책임을 부담한다고 할 것이며, 위자료의 액수에 대해 피해를 입은 기간, 피해의 정도, 지역적 특수성, 침해행위의 공공성 및 사회적 가치, 이 사건 우회도로 및 고속도로에서 발생하는 복합소음에 고속도로에 의한 소음이 기여한 정도, 피해자들의 입주 시기, 그 밖의 제반 사정 등을 고려하여 피고에 대한 손해배상액을 정하고 있다.[25]

3) 유지청구

유지청구에 대하여 건물의 소유자 또는 점유자는 인근의 소음으로 인하여 정온하고 쾌적한 일상생활을 영유할 수 있는 생활이익이 침해되고 그 침해가 사회통념상 수인한도를 넘어서는 경우에 그 소유권 또는 점유권에 기하여 소음피해의 제

---

23) 이수진, 앞의 논문(주 10), 42면.
24) 이승우, "법원의 배상책임 결정사유와 재정결정방향－공사장, 교통소음과 일조권침해를 중심으로－", 「환경법연구」 제34권 제1호, 한국환경법학회, 2012년, 110면.
25) 부산고등법원 2013.9.24. 선고 2011나7352 판결.

거나 예방을 위한 유지청구를 할 수 있도록 하였으며, 도로로부터 발생하는 소음이 피해 주민들 주택을 기준으로 일정 한도를 초과하여 유입되지 않도록 하라는 취지의 유지청구는 소음발생원인을 특정하여 일정한 종류의 생활방해를 일정 한도 이상 미치게 하는 것을 금지하는 것으로 청구가 특정되지 않은 것이라고 할 수 없고, 이러한 내용의 판결이 확정될 경우 「민사집행법」 제261조 제1항에 따라 간접강제의 방법으로 집행을 할 수 있으므로, 이러한 청구가 내용이 특정되지 않거나 강제집행이 불가능하여 부적법하다고 볼 수는 없다.[26] 나아가 이 경우 그 침해에 대하여는 일반적으로 수인할 정도를 넘어서는지 여부를 판단함에 있어서는 피해의 성질 및 정도, 피해이익의 공공성, 가해행위의 태양, 인·허가 관계 등 공법상 기준에의 적합 여부, 지역성, 토지이용의 선후관계 등의 사정뿐만 아니라 가해행위의 공공성, 가해자의 방지조치 또는 손해회피의 가능성 등을 고려하여 금전배상이 원칙인 손해배상청구와 달리 수인한도의 한계를 정할 수 있다고 하여,[27] 유지청구를 인정하고 있다.

(3) 항공기소음

공항 등의 소음을 원인으로 하는 손해배상청구사건은 최초 매향리 공군 사격장 인근 주민들이 1998년 2월 28일 서울지방법원에 집단으로 손해배상청구의 소를 제기한 이후 법원이 2001년 4월 11일 최초로 소음피해를 원인으로 하는 손해배상을 인정한 이래 지속적으로 제기되고 있어 우리나라 환경소송에서 가장 높은 비율을 차지하고 있고, 손해배상청구사건 1건당 당사자(원고)가 5,000명에서 50,000명으로 대규모로 제기되고 있으며, 별도의 손실보상규정이 제정되지 아니하는 한 피해가 계속되는 기간 동안 장래에도 손해배상청구소송이 제기될 성질의 사건이기 때문에, 우리나라에서는 이와 관련한 판례·이론이 상당 부분 정립되어 있다.[28]

---

26) 대법원 2007.6.15. 선고 2004다37904·37911 판결.
27) 부산고등법원 2013.9.24. 선고 2011나7352 판결.
28) 이수진, 앞의 논문(주 10), 35-36면.

제2절   항공기소음의 정의와 관련 소송의 현황

Ⅰ. 항공기소음의 정의

　　항공기소음에 대해서는 법적으로 명확한 정의가 내려져 있지 않지만,[29] 항공기의 사용으로 인해 발생하는 강한 소리라고 볼 수 있다. 여기에는 통상 항공기의 주행과 이·착륙시에 따르는 엔진소리, 배기소리, 타이어와 활주로의 마찰음 등이 포함된다. 항공기소음은 금속성 고주파음으로 상공에서 다량으로 발생하는 충격음인 만큼 그 소음 수준이 자동차소음, 공장소음, 건설소음, 일반 생활소음 등에 비해 매우 높으며, 발생장소가 고공인 만큼 소음의 영향이 미치는 범위가 다른 소음원에 비하여 매우 넓어 피해자들이 대규모인 경우가 대부분이다.[30] 특히, 군의 국가안보 수행과정에서 발생하는 군비행장의 소음[31]의 경우에는 강도가 높은 특성[32]이 있다. 민간항공기와 달리 비정기적이고 예측이 어려운 상황에서 갑자기 비행이 이루어지므로 주민들이 소음에 노출되어 느끼는 피해는 더 클 수 있다.[33] 일반적으로 항공기소음은 인근 주민들에게 신체적으로 뿐만 아니라 재산적으로도 영향을 미치는데, 우선 수면방해, 청력상실 및 소음난청, 집중력 장애 등과 같이 생명과 신체에 대한 침해를 야기한다. 또한 학습이나 독서 등의 능률 저하, 일상적인 대화나 전화통화 그리고 TV 시청 등의 생활 활동에서도 방해를 입고 있다. 나아가 토지와 건물의 재산상 가치 하락이나 가축의 유산이나 사망과 같은 재산권에 대한 침해 역시

---

29) 「공항소음 방지 및 소음대책지역 지원에 관한 법률」 제2조 제1호에 따르면, "공항소음"이란 공항에 이륙·착륙하는 항공기로부터 발생하는 소음으로 정의하고, 「군용비행장·군사격장 소음 방지 및 피해 보상에 관한 법률」 제2조 제5호에서는 "소음피해 보상"으로 명시하여, 소음대책지역 주민들 중 소음피해가 일정 수준을 넘어서는 주민들의 피해에 대하여 보상금을 지급하는 것이라고 포괄적으로 규정하고 있다.
30) 남기연, 앞의 논문(주 17), 163면.
31) 전투기가 이·착륙 하거나 공군 사격장에서 전투기 사격훈련에 의해 발생하는 등의 소음
32) 군용비행장은 군전용비행장을 비롯하여 민군공용비행장 및 군사격장으로 구분할 수 있으며, 비행장은 23개, 사격장은 17개 등 총 40개가 존재한다. 남기연, 앞의 논문(주 17), 162면.
33) 이창현, "군비행장 소음 소송에 관한 실무적 쟁점 소고", 「인권과 정의」 제450호, 대한변호사협회, 2015년, 22면.

소음에 따른 영향이라고 볼 수 있다.[34]

II. 항공기소음소송의 현황

공항주변에 거주하는 소음침해의 피해자들은 공법적인[35] 해결방안을 고려해 볼 수도 있지만 이와 관련한 규제가 미비하기 때문에, 대부분 민사소송의 방식으로 해결하고 있다. 2000년 이전에는 항공기소음피해와 관련하여 민사소송이 제기되는 경우가 적었으며, 소를 제기하는 인원도 소수에 불과하였으나, 2000년대에 들어오면서 소송의 수(마찬가지로 관련 당사자의 수)도 비약적으로 증가하였다. 아래에서는 2000년 이후 내려진 판결 중 문헌에서 자주 언급되는 중요판결을 중심으로 선별하여 소개하였다.[36]

● 표 2-1 항공기소음소송에 관한 주요 판결 정리[37]

사건	심급	판결 번호	소송 결과	판결의 중요사항
매향리 사격장 1차사건	1심	서울지법 98가단55916 판결	원고 일부승소 원·피고 항소	■ 발생소음의 수인한도 초과 (평균 90dB 이상, 순간최고평균 130dB 내외) ■ 수인한도결정시 그 소음발생의 특성참작(민간항공기의 소음에 관한 법적인 규제기준 그대로 적용 불가) ■ 위자료의 액수(70dB 이상 지역은 매월 금 300,000원, 70dB 미만 지역은 매월 금 250,000원) ■ 피해자의 위험에의 접근에 따른 국가의 책임감면 또는 면제의 불인정.
	2심	서울지법 2001나29253 판결	원고 일부승소 원·피고 상고	■ 위자료의 액수(육상사격장 및 해상사격장에 근접하여 피해가 더 큰 지역은 매월 170,000원, 이들 지역보다는 피해가 다소 적은 지역은 매월 150,000원) ■ 그 밖에는 원심판결과 동일.

---

34) 남기연, 앞의 논문(주 17), 164면.
35) 손윤하, 「환경침해와 민사소송」, 청림출판, 2005년, 264면. 즉, 국가가 공항주변의 소음영향이 심대한 지역은 이를 수용하고 거주민을 강제 이주케 하며, 그 지역을 다른 용도로 이용하거나, 그 외 개발을 제한하거나 소음방지대책을 마련하는 등의 공법적 규제를 의미한다.
36) 이준현, "군항공기·군용비행장 관련 소음소송의 법리에 대한 검토", 「홍익법학」 제14권 제4호, 홍익대학교 법학연구소, 2013년, 247면.
37) 이준현, 앞의 논문(주 36), 247−256면의 표 내용을 정리하였다.

사건	심급	판결 번호	소송 결과	판결의 중요사항
	3심	대법원 2002다14242 판결	원고 일부승소	▪ 국가배상법상 '영조물의 설치 또는 관리의 하자'에는 그 이용상태 및 정도가 일정한 한도를 초과하여 제3자에게 사회통념상 참을 수 없는 피해를 입히는 경우까지 포함. ▪ 수인한도 초과(90dB 이상 최고 133.7dB 소음 발생) ▪ 위자료 액수에 관한 원심 판단 수긍. ▪ 피해자의 위험에의 접근에 따른 국가의 책임 감면 또는 면제 인정 않음. ▪ 대법원은 매향리 사격장 1차사건에서는 소음피해자가 위험의 존재를 인식하면서 굳이 위험으로 인한 피해를 용인하였다고 볼 수 없는 경우에는 가해자의 책임이 감면되지 않는다고 보았으나, 김포공항 1차사건을 포함한 그 이후의 대법원 판결들에서는 과실상계에 준한 감액 사유로 보고 있다.
매향리 사격장 2차사건	1심	서울중앙지법 2001가합48656 판결	원고 일부승소	▪ 수인한도 초과(매일 평균 70dB 정도, 매일 10회 이상 매회 20분 정도씩 평균 90dB, 순간적으로 최대 130dB을 전후한 소음이 수년간 계속) ▪ 피해자의 위험에의 접근에 따른 국가의 책임 감면(소음 피해가 알려진 1988. 이후 입주자는 40% 감액, 세대주 아닌 자는 30% 감액) ▪ 거주기간 계산 시 주민등록표상의 전입일을 기준으로 하여, 월단위로 계산 (군에 입대한 기간, 대학에 재학한 기간 중 수업기간을 제외)
	2심	서울고법 2005나23430 판결	원고 일부승소 (국가 상고포기)	▪ 원심판결과 동일 (단, 세대주 아닌 자는 20% 감액)
매향리 사격장 3차사건	1심	서울중앙지법 2001가합48625 판결	원고 일부승소	▪ 수인한도 초과(70dB 이상) (당시 환경정책기본법 시행령 상 전용주거지역은 주간 50dB, 야간40dB, 일반주거지역은 주간55dB, 야간45dB을 기준으로 하고 있고, 상업지역인 경우 최대 65dB인 것에 비추어 일응 70dB을 수인한도로 정한 것으로 보임.) ▪ 피해자의 위험에의 접근에 따른 국가의 책임 감면(소음 피해가 알려진 1988. 이후 입주자는 40%감액, 세대주 아닌 자도 감액 않음) ▪ 육상사격장 폐쇄 이후의 해상사격장 소음에는 수인한도 초과 불인정
	2심	서울고법 2006나45758 판결	원고 일부승소 원고상고	▪ 원심판결과 동일

사건	심급	판결 번호	소송 결과	판결의 중요사항
	3심	대법원 2008다71049 판결	상고기각	▪ 원심판결과 동일
매향리 사격장 4차사건	1심	수원지법 2004가합7760, 2005가합5587 판결	원고 일부승소	▪ 수인한도 초과(매일 평균 70dB, 매일 10회 이상 매회 20분 정도씩 평균 90dB, 순간적으로 최대 130dB을 전후한 소음이 수년간 계속). ▪ 피해자의 위험에의 접근에 따른 국가에 대한 책임 감면 (소음피해가 알려진 1988. 이후 입주자는 40% 감액, 가구주(세대주) 아닌 자는 20% 감액)
	2심	서울고법 2006다34703, 2006나28104 판결	원고 일부승소 피고상고	▪ 수인한도 초과(육상사격장 폐쇄 이후의 해상사격장 소음에도 수인한도 초과 인정) ▪ 피해자의 위험에의 접근에 따른 국가의 책임 감면(소음피해가 알려진 1988. 이후 입주자는 40% 감액, 가구주(세대주) 아닌 자도 감액 않음)
	3심	대법원 2008다49875, 2008다49868 판결	일부 파기환송	▪ 육상사격장 폐쇄 이후의 해상사격장 소음에 수인한도 초과의 소음을 인정한 것은 잘못이라고 판단.
	환송심	서울고법 2010나115340 판결	원고패소	▪ 육상사격장 폐쇄 이후의 해상사격장 소음에 수인한도 초과의 소음이 있다고 할 수 없음.
김포공항 1차사건	1심	서울중앙지법 2000가합29887 판결	원고일부 승소	▪ 국가와 한국공항공단을 공동피고로 함. ▪ 수인한도 초과(85WECPNL 이상의 소음이 발생) ▪ 피해자의 위험에의 접근에 따른 국가의 책임감면(소음피해 예상지역지정·고시일인 1993.6.21. 이후 전입자 30% 감액, 소음방지대책(주택방음공사)시행 후 전입자 50%감액)
	2심	서울고법 2002나55207 판결	피고 일부승소 피고상고	▪ 한국공항공단은 김포공항의 독자적인 관리주체라고 하기 어렵고 관리운영에 있어 독립성을 인정하기 곤란. ▪ 그 외 원심판결과 동일
	3심	대법원 2003다49566 판결	상고기각	▪ 원심판결과 동일
김포공항 2차사건	1심	서울남부지법 2006가합14470 판결	원고 일부승소	▪ 수인한도 초과(80WECPNL 이상의 소음이 발생) ▪ 위자료 감액(피해주민의 위험에의 접근이 인정되나, 소음침해를 인식하였거나 과실로 이를 인식하지 못하고 그 지역에 입주하였음을 참작하여 손해배상액을 30% 감액)
	2심	서울고법 2009나114594 판결	원고패소 원고상고	▪ 수인한도(85WECPNL) 초과하지 않음

사건	심급	판결 번호	소송 결과	판결의 중요사항
	3심	대법원 2012다16643 판결	상고기각	▪ 원심판결과 동일
군산 비행장 1차사건	1심	서울중앙지법 2002가합33132 판결	원고 일부승소	▪ 수인한도 초과(80WECPNL 이상의 소음이 발생) ▪ 위자료 감액(피해주민의 위험에의 접근이 인정되나, 소음침해를 인식하였거나 과실로 이를 인식하지 못하고 그 지역에 입주하였음을 참작하여 손해배상액을 30% 감액)
	2심	서울고법 2004나26401 판결	원고 일부승소 피고상고	▪ 피해자의 위험에의 접근에 따른 국가의 책임 면책을 주장하였으나 인정되지 않음.
	3심	대법원 2005다12926 판결	상고기각	▪ 상고장에 상고이유의 기재가 없고, 또 법정기간 내에 상고이유서를 제출하지 아니함.
군산 비행장 2차사건	1심	서울중앙지법 2002가합44699 판결	원고 일부승소	▪ 수인한도 초과(80WECPNL 이상의 소음이 발생) ▪ 피해자의 위험에의 접근에 따른 국가의 책임 면책을 주장하였으나 인정되지 않음.
	2심	서울고법 2002가합4469 판결	원고 일부승소 피고상고	▪ 수인한도 초과(80WECPNL 이상의 소음이 발생) ▪ 피해자의 위험에의 접근에 따른 국가의 책임감면인정(손해배상액을 30% 감액)
	3심	대법원 2008다12514 판결	상고기각	▪ 원심판결과 동일
웅천 사격장 사건	1심	서울중앙지법 2001가합75962 판결	원고 일부승소	▪ 당해소음의 특성상 WECPNL이 아닌 dB로 평가하는 것이 합리적으로 판단하였으며, 수인한도 초과(75dB 이상) ▪ 위자료 감액(피해주민의 위험에의 접근이 인정되나, 피해 주민들이 소음침해를 인식하였거나 과실로 이를 인식하지 못하고 그 지역에 입주하였음을 참작하여 감액) ▪ 구체적 감액 비율(1987~1997년 입주자 30%, 1998-2000년 입주자 50%, 2001년 입주자 80% 감액)
	2심	서울고법 2004나25934 판결	원고 일부승소 원·피고 상고	▪ 수인한도 초과(70dB 이상) ▪ 원고들이소음으로 인한 피해를 인식하였거나 과실로 이를 인식하지 못하고 입주하였다고 봄이 상당하다고 판단하였으나, 국가의 책임감면 인정 않음.
	3심	대법원 2008다57975 판결	파기환송	▪ 원고들이 소음으로 인한 피해를 인식하였거나 과실로 이를 인식하지 못하고 입주하였다고 보면서도 배상액을 감액하지 않은 것은 불법행위로 인한 손해배상액의 산정에 관한 법리를 오해한 것이라는 이유로 원심을 파기환송.

사건	심급	판결 번호	소송 결과	판결의 중요사항
	환송심	서울고법 2010나111928 판결	원고 일부승소	▪ 원고들의 위험에의 접근 인정하고 배상액 30% 감액
대구 비행장 1차사건	1심	서울중앙지법 2006가합23904 판결	원고 일부승소	▪ 수인한도 초과(85WECPNL 이상의 소음이 발생) ▪ 피해주민의 위험에의 접근 인정하지만 손해배상액의 산정에 있어 감액사유로 고려(30% 감액)
	2심	서울고법 2007나4440 판결	원고 일부승소 피고상고	▪ 원심판결과 동일
	3심	대법원 2007다74560 판결	상고기각	▪ 원심판결과 동일 대구비행장 1차사건의 대법원 판결은 "특히 소음 등의 공해로 인한 법적 쟁송이 제기되거나 그 피해에 대한 보상이 실시되는 등 피해지역임이 구체적으로 드러나고 또한 이러한 사실이 그 지역에 널리 알려진 이후에 이주하여 오는 경우에는 위와 같은 위험에의 접근에 따른 가해자의 면책여부를 보다 적극적으로 인정할 여지가 있다."라고 명확히 기술함으로써, 이전 판결과 달리 가해자인 국가의 면책 가능성을 보다 분명히 부각시키고 있음.
대구 비행장 2차사건	1심	대구지법 2005가합1180 판결	원고 일부승소 원·피고 항소	▪ 수인한도 초과(85WECPNL 이상의 소음이 발생) ▪ 피해주민의 위험에의 접근 인정하지만 손해배상액의 산정에 있어 감액사유로 고려(30% 감액)
	2심	대구고법 2008나8080 판결	원고 일부승소	▪ 수인한도 초과(85WECPNL 이상의 소음이 발생) ▪ 위험에의 접근 인정하나 국가의 책임이 면제되지 않고 그 배상액만 감액(1989.1.1. 이후 전입한 주민들은 30% 감액) ▪ 1989.1.1. 이전에 소음피해예상지역이 아닌 소음도 75웨클 미만 지역에 거주하다가 위 일자 이후 소음도 85웨클 이상 지역으로 전입한 자: 위자료 감액사유 인정 ▪ 1989.1.1. 이전에 소음도 75웨클 이상 지역에 거주하다가 위 일자 이후 소음도 85웨클 이상 지역으로 전입한 자: 위자료 감액사유 부정 ▪ 소음도 85웨클 또는 75웨클 이상 지역에 전입하여 거주하다가 소음도 85웨클 또는 75웨클 미만 지역으로 전출하였다가 다시 종전의 거주지로 재전입 한 경우: 위자료 감액의 기준이 되는 전입일은 최초에 종전 거주지로 전입 한날 ▪ 비행장에 근무하는 군인, 군무원도 그 소음 피해를 입은 경우 손해배상을 청구할 수 있음.

사건	심급	판결 번호	소송 결과	판결의 중요사항
				▪ 비행장에 근무하는 군인, 군무원 또는 그 가족이 소음피해를 인식하고도 출·퇴근 편의를 위하여 비행장 인근으로 전입한 경우에도 소음소송에 있어서 일반인과 다르게 취급되지 않음. 즉, 소음으로 인한 위해상태를 이용하기 위하여 이주하였다는 등의 특별히 비난할 사유가 없는 한 국가의 면책이 인정될 수 없음.
대구 비행장 3차사건	1심	서울중앙지법 2011가합6873 판결	원고 일부승소 원·피고 항소	▪ 수인한도 초과(85WECPNL 이상의 소음이 발생) ▪ 위험에의 접근 인정하나 국가의 책임이 면제되지 않고, 그 배상액만 감액(대구비행장 주변이 계속적인 항공기소음노출 지역이라는 것이 널리 알려졌다고 보이는 1989. 1.1. 이후 전입한 주민들은 30% 감액, 그 밖의 감액사유는 인정하지 않음)
	2심	서울고법 2011나7598 판결	원고 일부승소 원고상고	▪ 위험에의 접근 인정하나 국가의 책임이 면제 되지 않고 그 배상액만 감액(대구비행장 주변이 계속적인 항공기소음 노출지역이라는 것이 널리 알려졌다고 보이는 1989. 1.1. 이후 전입한 주민들은 30% 감액, 대구비행장 항공기소음에 대해 국가배상책임을 인정한 대법원 판결(대구비행장 1차사건)의 내용이 널리 알려졌다고 보이는 2011. 1.1. 이후 전입한 주민들은 50% 감액) ▪ 그 밖에는 원심판결과 동일
	3심	대법원 2012다13576 판결	상고기각	▪ 원심판결과 동일
평택 비행장 사건	1심	서울중앙지법 2004가합33259 판결	원고 일부승소	▪ 수인한도 초과(K-55 비행장의 경우 85WECPNL 이상, K-6 비행장의 경우 70Ldn(WECPNL≒Ldn + 13) 이상) ▪ 손해배상청구권의 소멸시효 기산점은 사격장 및 비행장 주변 소음피해가 사회문제화된 1989.1.1. ▪ 피해주민의 위험에의 접근 인정하나 국가의 책임이 면제되지 않고 그 배상액만 30% 감액.
	2심	서울고법 2007나5511 판결	원고 일부승소 피고상고	▪ 수인한도 초과(K-55 비행장의 경우 80WECPNL 이상, K-6 비행장의 경우 원심판결과 동일) ▪ 그 밖에는 원심판결과 동일
	3심	대법원 2009다10928 판결	상고기각	▪ 원심판결과 동일
광주 전차포 사격장 사건	1심	광주지법 2002가합5868 판결	원고 일부승소 원·피고 항소	▪ 수인한도 초과(사격 시 1시간 등가소음도 69dB, 순간최고소음도 100dB 이상임) ▪ 국가는 피해주민의 위험에의 접근에 따른 면책을 주장하였으나 인정되지 않고 손해배상액 사정에 이를 고려.

사건	심급	판결 번호	소송 결과	판결의 중요사항
	2심	광주고법 2006나5412 판결	항소기각 원·피고 상고	▪ 원심판결과 동일
	3심	대법원 2007다42907 판결	피고 상고각하, 원고 상고기각	▪ 원심판결과 동일 ▪ 재산적 손해액의 확정이 가능한데도 위 자료의 명목으로 사실상 재산적 손해의 전보를 꾀하는 것은 허용되지 않음. ▪ 광주 전차포 사격장 판결은 직접적으로 군항공기·군용비행장 소음분쟁을 다룬 것은 아니지만, 전차포사격훈련으로 인한 소음피해소송에 관한 선례가 없는 상황에서 법원이 전차포 사격장이 가지는 고도의 공익성과 사격장 인근 주민들의 인격권·생활보호권을 비교 형량하여 최초로 일정한 기준을 제시하였다는데 그 의미가 있음. 전차포사격훈련으로 인한 소음피해소송의 경우에도 그 기본 법리는 군항공기·군용비행장 소음소송의 경우와 같음.
서산 비행장 사건	1심	대전지법 2001가합979 판결	원고 일부승소	▪ 수인한도(75WECPNL) 초과
	2심	대전고법 2005나2491 판결	원고 일부승소 원·피고 상고	▪ 수인한도(80WECPNL) 초과
	3심	대법원 2007다20112 판결	상고기각	▪ 원심판결과 동일
충주 비행장 사건	1심	서울중앙지법 2005가합56815 판결	원고 일부승소	▪ 손해배상이 인정되기 위해서는 수인한도(85WECPNL) 이상의 소음 발생이 필요 ▪ 위험에의 접근 인정하나 국가의 책임이 면제되지 않고 그 배상액만 감액(비행장이 설치된 1991.5.15. 이후 전입한 주민들은 30% 감액)
	2심	서울고법 2006나108499 판결	원고 일부승소 피고상고	▪ 수인한도 초과(80WECPNL 이상의 소음 발생) 그 밖에는 원심판결과 동일
	3심	대법원 2007다73093 판결	상고기각	▪ 원심판결과 동일

제3절 항공기소음침해에 대한 규제

소음침해에 대한 사회적 문제가 급격히 증가하고 있으며, 그중에서도 항공기로 인한 소음침해가 그 규모와 피해로 볼 때 가장 심각하다고 볼 수 있다. 항공기의 운항 등으로 인해 발생하는 소음은 개인과 개인의 문제가 아닌 국가와 개인의 문제라고 볼 수 있다. 현재까지 항공기소음침해의 피해자에 대한 실질적 구제수단이 마련되지 않아, 우선적으로 이와 관련한 법률을 살펴볼 필요가 있다. 항공기소음에 대한 규제는 「소음·진동관리법(「구 소음·진동규제법」)」 및 그 시행령·시행규칙, 그리고 「항공사업법」, 「항공안전법」, 「공항시설법」(「구 항공법」) 및 그 시행령·시행규칙, 「공항소음 방지 및 소음대책지역지원에 관한 법률(이하 「공항소음방지법」이라 한다)」 및 그 시행령·시행규칙, 마지막으로 최근에 제정된 「군용비행장·군사격장 소음 방지 및 피해 보상에 관한 법률(이하 「군소음보상법」이라 한다)」 및 그 시행령·시행규칙이 있다.38)

Ⅰ. 소음·진동관리법

소음 등에 대한 일반법인 「소음·진동관리법」은 주로 건설공사장·도로·철도 등으로부터 발생하는 소음·진동으로 인한 피해를 방지 및 관리하는 것을 목적으로 하며(동법 제1조), 항공기소음이 대통령령으로 정하는 항공기소음의 한도를 초과하여 공항주변의 생활환경이 매우 손상된다고 인정하면 환경부장관은 관계 기관의 장에게 방음시설의 설치나 그 밖에 항공기소음의 방지에 필요한 조치를 요청할 수 있다고 규정하고 있다(동법 제39조 제1항). 그러나 이러한 조치에 대해 항공기소음 관리에 관한 다른 법률이 있으면 그 법률로 정하는 바에 따르도록 하고 있다(동법 제39조 제3항).

---

38) 이하의 관련 법률은 〈https://www.law.go.kr/LSW/main.html(법제처 국가법령정보센터)〉와 〈https://glaw.scourt.go.kr/wsjo/intesrch/sjo022.do(대법원 종합법률정보센터)〉를 참고하였다(최종검색일 2021년 12월 3일).

Ⅱ. 항공사업법·항공안전법·공항시설법

1961년 제정된 「항공법」은 항공사업, 항공안전, 공항시설 등 항공 관련 분야를 망라하여 국제기준 변화에 신속히 대응하는데 미흡한 측면이 있어 이를 폐지하고 「항공사업법」, 「항공안전법」 및 「공항시설법」으로 분법하였다. 과거에는 소음의 피해를 방지 또는 저감하기 위하여 「구 항공법」 제107조(소음피해방지대책의 수립 등), 「구 항공법 시행령」 제40조(소음대책 수립 등), 「구 항공법 시행규칙」 제271조(공항소음피해지역 등의 지정)와 제272조(소음피해방지대책사업 시행의 범위)에 소음방지대책 등에 관한 규정을 두었으나, 현재는 「항공사업법」, 「항공안전법」, 「공항시설법」 중 「항공안전법」에 소음관련 규정을 두고 있다. 「항공안전법」 제25조 제1항은 국토교통부령으로 정하는 항공기의 소유자 등은 감항증명을 받는 경우와 수리·개조 등으로 항공기의 소음치가 변동된 경우에는 국토교통부령으로 정하는 바에 따라 그 항공기가 제19조 제2호(항공기등의 환경기준)의 소음기준에 적합한지에 대하여 국토교통부장관의 증명(소음기준적합증명)을 받아야 한다고 명시되어 있다. 「항공안전법」은 국제민간항공협약 및 같은 협약의 부속서에서 채택된 표준과 권고되는 방식에 따라 항공기, 경량항공기 또는 초경량비행장치의 안전하고 효율적인 항행을 위한 방법과 국가, 항공사업자 및 항공종사자 등의 의무 등에 관한 사항을 규정하고 있으나(동법 제1조), 군용항공기 등의 적용 특례규정을 두어 군용항공기와 이에 관련된 항공업무에 종사하는 사람에 대해서는 적용하지 않고 있다(동법 제3조 제1항).

Ⅲ. 공항소음 방지 및 소음대책지역 지원에 관한 법률

「공항소음방지법」 및 그 시행령은 민간공항주변의 소음대책이 필요한 지역을 그 소음의 정도에 따라 제1종 구역, 제2종 구역 및 제3종 구역으로 나눈다(동법 제5조 제1항). 제3종 지역은 그 소음의 정도에 따라 가, 나, 다 지구로 세분된다(동법 시행령 제2조 제1항, 동법 시행규칙 제3조). 「공항소음방지법」은 각각의 소음의 한도에 맞는 대책을 수립할 것을 규정하고 있으며, 「소음·진동관리법」과 결합한 소음영향도에 관한 표는 다음과 같다.

● **표 2-2** 「소음·진동관리법」과 「공항소음방지법」에 의한 소음영향도

소음·진동관리법	공항소음방지법		소음영향도(WECPNL, 웨클)
공항 인근지역	제1종 구역		95이상
	제2종 구역		90이상 95미만
그 밖의 지역	제3종 구역	가 지구	85이상 90미만
		나 지구	80이상 85미만
		다 지구	75이상 80미만

「공항소음방지법」은 국가와 지방자치단체 등의 책무(제4조), 소음대책지역의 지정·고시 등(제5조), 소음대책지역에서의 시설물의 설치 제한 등(제6조), 공항소음 방지 및 주민지원에 관한 중기계획의 수립(제7조), 공항소음대책사업의 계획수립 등(제8조), 소음저감운항 의무 등(제9조), 자동소음측정망의 설치(제10조), 손실보상(제11조), 토지매수의 청구 등(제12조), 토지매수의 절차 등(제13조), 비용의 부담(제14조), 기부채납된 토지의 관리(제15조), 구분소유권의 매수청구 등에 관한 특례(제15조의2), 항공기소음등급의 설정(제16조), 부담금의 부과·징수(제17조), 지원사업계획의 수립 등(제18조), 주민지원사업의 종류 등(제19조), 소음피해지역권 개발구역의 지정(제20조), 소음피해지역권 개발사업의 시행 등(제21조), 공항소음대책위원회의 설치 및 기능(제22조), 자금(제23조), 공항소음대책사업 등의 본인 부담 시행(제24조), 각종 부담금의 면제(제25조), 세제 지원(제26조), 보고·검사 등(제27조), 권한의 위임(제28조), 과태료(제29조)에 대한 내용을 규정하고 있으며, 다른 법률과의 관계에 있어서 공항소음의 방지와 소음대책지역 지원에 관하여 다른 법률에 우선하여 적용하도록 규정하고 있다(동법 제3조).

Ⅳ. 군용비행장·군사격장 소음 방지 및 피해 보상에 관한 법률

군용항공기의 시설과 운영에 관한 사항은 「군사기지 및 군사시설 보호법」,[39] 「군용항공기 운용 등에 관한 법률」[40]에 근거를 두고 있다. 항공기소음과 관련하여 「항공안전법」은 군용항공기 등의 적용 특례규정을 두어, 군용항공기와 이에 관련된 항공업무에 종사하는 사람에 대해서는 「항공안전법」을 적용하지 않도록 하고 있으며(동법 제3조 제1항), 마찬가지로 「공항소음방지법」은 항공작전기지를 겸하는 공항은 법률의 적용범위에서 원칙적으로 제외하고 있어(동법 제2조 제4호), 군용항공기의 운용 등으로 발생하는 소음피해에 대해서는 보상방안이 마련되지 않은 한계가 있었다. 이를 해결하기 위해 「군용비행장·군사격장 소음 방지 및 피해 보상에 관한 법률(법률 제16582호, 2019년 11월 26일 제정, 2020년 11월 27일 시행)」이 제정되었다. 이와 관련한 내용에 대해서는 **제4장 제3절 그 밖의 특별법상 보상책임**에서 상세히 다루도록 한다.

---

39) 「군사기지 및 군사시설 보호법」은 국민의 재산권 행사와 관련하여 군사시설보호구역의 축소와 토지이용규제의 완화를 요구하는 민원의 증가 및 군사시설보호와 관련된 규제사항이 여러 법률에 분산되어 국민의 토지이용 불편을 초래하고 있으므로, 군사작전에 지장이 없는 범위 안에서 각종 군사시설 보호와 관련된 구역의 지정범위와 행위규제 등을 정비하고 그 성격이 유사한 「군사시설보호법」, 「해군기지법」 및 「군용항공기지법」 등을 하나의 법률로 통합하여 국민의 재산권 보장과 토지이용의 불편을 해소하고, 본질적으로는 군사기지 및 군사시설을 보호하고 군사작전을 원활히 수행하기 위하여 필요한 사항을 규정(제1조)한 법률이다.

40) 「군용항공기 운용 등에 관한 법률」은 군용항공기의 운용 등에 관하여 필요한 사항을 정함으로써 항공작전의 원활한 수행과 군용항공기의 비행 안전을 도모하여 국가안전보장에 이바지하는 것을 목적으로 제정되었으며(제1조), 비행기준의 준수(제3조), 비행제한 등(제4조), 비상 군용항공기의 조치(제5조), 군 항공교통관제사 자격증명 등(제6조), 자격증명의 취소 등(제7조), 방공식별구역의 설정·변경(제9조), 방공식별구역을 비행하는 항공기의 비행 및 식별 절차(제9조의2), 영공을 침범한 항공기 등에 대한 조치(제10조), 항공운항 및 항행안전시설의 통제 등(제12조) 군용항공기의 운용에 관한 사항을 주로 담고 있다.

제3장

항공기소음침해 소송에 관한 외국의 입법례

제1절 미 국
제2절 일 본

항공기소음침해 소송에 관한 외국의 입법례

제1절 미 국

Ⅰ. 항공기소음침해 소송의 이론적 구성

항공기소음에 대한 사법적 구제를 위한 소송원인으로써, 미국에서는 이론상 ① 불법침해, ② 생활방해, ③ 헌법상의 재산수용 내지 손실보상이 존재한다. 이 소송원인은 일정범위의 비행금지라고 하는 중지를 요구하는 것으로, 이른바 손해 배상을 구하는 소송에서 침해행위 여부에 따라 선택적 또는 중첩적으로 주장되고 있다.[1]

1. 불법침해

토지의 배타적 점유의 보호를 목적으로 하는 불법침해소송에 의한 구제는 초기의 판례에서 '상공비행이 무단으로 타인의 토지에 대한 물리적, 직접적 침입이 되어 그 토지의 사용과 향유를 방해한 경우' 명목적인 손해배상 또는 일정고도 이하의 비행을 금지하는 형태로 인정됐다. 이윽고 항공의 발전과 함께 입법 혹은 판례에서 토지소유권의 상공에 미치는 범위가 일정한 높이로 제한되고, 비행의 최저 안전고도이상의 공역을 가항공역(可航空域)으로써 항공의 자유를 보장하게 된 후에

---

[1] 정학진, "항공기소음피해 구제에 관한 법적 문제점", 「저스티스」 통권 제70호, 한국법학원, 2002 년, 299면.

는, 특히 1958년 연방항공법(Federal Aviation Act)의 제정 이후 불법침해의 소송원인은 공항공해 소송에 관해서는 거의 주장되고 있지 않다. 요즘에도 정당한 이유 없이 법령으로 정한 안전고도이하의 비행이 있다면 불법침해가 인정될 여지가 있지만, 최근에 문제되고 있는 것과 같은 대규모 공항공해 소송에는 별로 도움이 되지 않는 것으로 보인다.[2]

2. 생활방해

생활방해에 의거한 구제는 토지의 사용과 향유에 대한 실질적인 방해가 있는 경우에 인정되는 것으로 손해배상 또는 중지의 소송원인으로 이용되고 있다. 그러나 불법침해와는 달리 타인의 토지에의 직접적인 침입 또는 토지소유권의 직접적인 침해를 요하는 것이 아닌 소음에 의한 생활방해의 성립에는 특별한 장해가 있다. 그 하나는 항공기소음을 포함해서 대략 소음이 어떤 경우에 토지의 사용과 향유에 대해 실질적인 방해가 되는가에 대한 명확한 기준이 결여되어 있는 점이다. 그 때문에 법원은 소음행위의 사회적 유용성과 소음에 의한 피해정도를 비교한다는 방법을 취했다. 그 결과 사영공항(私營空港)에서는 매우 쉽게 생활방해의 성립을 인정하고 때로는 중지도 허용하면서, 공공용 공항 특히 공영공항(公營空港)에서는 공항주변주민에게 엄격한 판결을 하였다. 그리고 그 방향을 결정지은 것이 철도공해에 관한 판결[3]을 선례로 한 소위 '합법적 생활방해(legalized nuisance)의 법원칙'의 전개이다. 이것은 철도나 공항과 같은 공공사업에 관해서는 그것이 법률의 명시적인 수권에 의거한 경우 그 적정한 운영에서 발생하는 손해는 우연한 것으로 보고 과실이 없는 결과, 공영공항의 생활방해를 소송원인으로 한 중지의 주장은 그 공항이 공공용으로서 적정하게 사용되고 있는 한 대부분 청구 기각되었다.[4]

3. 헌법상의 재산수용 내지 손실보상

위의 내용과 같이 소송의 최대목표인 중지청구가 막히게 되어 공영공항에 관

---

2) 정학진, 앞의 논문(주 1), 299-300면.
3) Richards v. Washington Terminal Co. 233 U.S. 546 (1914)
4) 정학진, 앞의 논문(주 1), 300면.

한 소음소송의 주요한 쟁점은 손해배상 또는 손실보상의 문제로 옮겨졌다. 이것은 시기적으로는 1950년대 후반에 제트기가 민간항공에 취항했던 것과 무관하지는 않다. 즉, 민간공항 제트기의 출현은 항공의 이용을 비약적으로 증대시키고 그것이 이·착륙이 가능한 것은 규모가 큰 공영공항에 한정될 것이기 때문에, 그때까지 사영공항을 중심으로 이루어지던 사적인 분쟁으로부터 항공의 사회적 유용성 또는 공항의 공공성을 전제로 한 공항소음문제로의 질적인 변화를 이루었다. 이러한 경우 제트기에 의한 공항주변주민의 피해는 질적, 양적으로 모두 증대했지만 그 피해는 어디까지나 개별적인 사적이익의 관점에서 받아들여져서 상대가 공영공항이라고 한다면, 그만큼 공항의 사회적 유용성 쪽이 중시되기 때문에 중지보다도 금전보상을 이해 조정하기 위한 이론적 근거로서 등장한 것이 헌법상의 재산수용 내지 손실보상이다.[5] 보상방법은 비행장에 따른 소음에 의해 토지의 평온한 향유가 방해받을 경우, 토지의 수용권(eminent domain)을 갖는 공영공항의 설치·관리자가 그 토지를 수용한 것으로 간주하고 재산권의 보장을 규정한 연방수정헌법 제5조, 제14조, 그 밖에 이와 유사한 주 헌법의 규정에 의거하여 토지소유자를 위해 그 수용에 대한 정당한 보상을 하게 하는 것이다. 이 수용이론의 원형은 연방대법원 판례[6]에 의해 전개되었으며, 이후 대법원 판례[7]에서 재확인됨에 따라 그 후의 공영공항에 있어서 소음소송의 불가결의 소송원인으로서 정착되었다. 당초에는 United States v. Causby 판례[8]에 따라 불법침해이론과 똑같은 구성을 취하고 상공비행의 요건이 부과되었지만, 1962년의 Thornburg v. Port of Portland 판례[9]에 의해, 상공비행에 의한 것인지 근린비행에 의한 것인지를 묻지 않고 항공기소음이 토지의 이용과 향유를 실질적으로 방해한 경우 손해배상이 인정되었다. 이것은 한편으로 수용

---

5) 정학진, 앞의 논문(주 1), 299-300면.

6) United States v. Causby. 328 U.S. 256 (1946)

7) Griggs v. Allegheny County. 369 U.S.84, 82 S.Ct. 531 (1962)

8) United States v. Causby. 328 U.S. 256 (1946)

9) Thornburg v. Port of Portland. 233 Or. 178, 376 P.2d 100 (1962)
　　한편 Thornburg 사건이 발생한 오리건 주의 헌법에서는 연방헌법과 마찬가지로 수용보상을 규정하지 않았지만 워싱턴 주, 캘리포니아 주 등 20여 주의 헌법에서는 토지소유권의 보상범위를 확대하는 취지에서 수용조항을 추가수정해서 손실보상의 조항이 되었다. 정학진, 앞의 논문(주 1), 301면.

이론에 대한 적용범위의 확대를 가져왔지만 실질적인 방해요건을 위해 토지소유자는 소음에 의해 재산의 시장가치가 실질적 손해를 가져올 만큼 저하됐다는 것의 입증이 필요하게 되어 토지소유자에 대한 수용보상을 어렵게 했다는 측면도 존재하였다.[10]

II. 실무상의 운용

1. 역수용 소송의 청구

항공기소음으로 인한 손해배상청구는 일반적으로, 구제책에 대한 대체 이론인 "takings(inverse condemnation action, 역수용 소송)"와 함께 주장된다.[11] 공항이 항공지역권을 가지고 있다고 변론할 경우, 역수용 소송이 필요하다. 경우에 따라 법원들은 수용이론을 선호하는데, 사실상 일부 주(통상 주 헌법에 있는)에서는 정부가 재산을 수용하는 것의 정의에 생활방해와 같은 손해가 포함된다.[12]

두 가지 기념비적인 대법원 판결로 항공기소음에 대한 책임이 입증되었다. 앞에서도 언급하였듯이 United States v. Causby 사건[13]에서 관할 법원은 군용항공기로 인한 소음에 대해 미국 정부가 재산의 소유자(소음침해 피해자)에게 책임이 있다고 판결하였으며, 이후 Griggs v. Allegheny County 사건[14]에서 관할법원은 수정헌법 제14조를 통해 Causby rule을 지역의 공항 소유주들에게 확장·적용하였다. 여러 주 법원들도 공항, 조종사 또는 항공기 소유주에게 소음 피해에 대한 책임이 있다고 판결하고 있다.[15]

항공기소음피해는 통상적으로 그 소음으로 인한 재산의 가치 감소로 귀결된

---

10) 정학진, 앞의 논문(주 1), 300-301면.

11) 역수용 소송은 미국의 "사유재산의 수용 및 그에 대한 보상은 사유재산은 정당한 보상(Just Compensation)없이는 공공사용을 위하여 수용(taking)되지 아니한다."라는 미연방 제5차 수정 헌법조항에 근거를 이룬다.

12) "역수용 소송의 청구"와 아래의 "판례"에 대해서는 Howard Beckman(Attorney at Law), "Aircraft Noise Damages", AVIATION NOISE LAW, 2013.7, pp. 1-9를 정리하였다.

13) United States v. Causby. 328 U.S. 256 (1946)

14) Griggs v. Allegheny County. 369 U.S.84, 82 S.Ct. 531 (1962)

15) Howard Beckman, 앞의 자료(주 12), pp. 1-9.

다. 가치 하락을 군이 실제적인 금전적 손실로만 해석할 필요는 없다. 적어도 하나의 법원은, 주변 부동산에 비해 가치 상승이 적다는 의미에서 가치 하락이 있다고 보았다. 손해도 그 소음이 지속적인 생활방해인지 아니면 영구적인 생활방해인지 여부에 의해 달라진다. 일부 사례에서는 손해배상에 더해 원고가 선호하는 구제수단으로 금지명령에 의한 구제를 구한다. 원고는 특정 비행기 운항, 일반적인 이·착륙 패턴 또는 특정 고도에서의 비행을 규제하는 법원명령을 구한다. 금지명령에 의한 구제는 비행 중인 항공기에 대한 연방 규제 우선권 때문에 거의 허용이 불가능하다. 공항 소유주들은 소멸시효를 주장함으로써 소송을 방어한다.16) 소음으로 인한 생활방해의 시작점을 결정하는 것은 중요한 문제이다. 특히 해당 공항의 항공기 기종 조합, 소음의 진폭, 주파수 또는 형질의 변화로 인한 시간경과에 따라 변경될 경우는 더욱 그러하다.17)

2. 역수용 소송과 미국의 행정소송과의 차이

미국은 정부의 규제권 행사와 관련하여 주정부가 일반적 규제권(general police power)을 가지고 연방정부는 외교권, 통상규제권, 화폐권 등 제한된 권리(limited power)를 가지는 것으로 알려져 있다.18) 규제적 수용(regulatory takings)은 전통적인 수용(physical takings)이 재산권을 박탈하거나 물리적으로 점유할 때 성립되는 반면에 정부의 규제가 과도한 경우 재산권 박탈 혹은 물리적 수용과 같이 정당한 보상을 해야 한다는 이론으로, 판례법상 발전하였다.19) 규제적 수용(regulatory takings)의 경우 토지권의 보유자가 규제권 행사 주체에 대하여 역수용 소송(inverse condemnation action)을 제기하여 정당보상을 받는 것으로써 역수용 소송은 정부의 규제행위를 대

---

16) 연방법률은 청구 재판소가 관할권을 가지는 배상청구서의 제출과 관련하여 '배상청구가 발생한 날로부터 6년'이라는 기한을 정하고 있다. 28 U.S.C. 2501(Time for filing suit): U.S.C.(United States Code, 2015 Edition) TiTle 28(JUDICIARY AND JUDICIAL PROCEDURE)의 PART VI(PARTICULAR PROCEEDINGS) 제165장(UNITED STATES COURT OF FEDERAL CLAIMS PROCEDURE).
17) Howard Beckman, 앞의 자료(주 12), pp. 1-9.
18) 정하명, "역수용 소송의 주법원소송요건에 관한 미국연방대법원 판결례", 「행정판례연구」 제24권 제2호, 한국행정판례연구회, 2019년, 518면.
19) 김성배, "우리나라 토지수용법제와 간접수용: 한미FTA의 간접수용을 중심으로", 「토지법학」 제28권 제2호, 한국토지법학회, 2012년, 140면.

상으로 한다는 측면에서 미국에서 행정법령 등에 대한 행정소송과 비슷한 측면도
있다. 미국에서 행정소송을 제기하는 경우는 행정법령 등에 의하여 자신의 법익이
침해당하는 경우에 연방행정절차법(A.P.A)에 따라 행정법령 등의 효력을 부정하는
것을 그 내용을 하는 소송이라면, 역수용 소송은 토지권자가 규제권의 행사주체에
대하여 손실보상을 구하는 소송이라는 측면에서 차이가 있다. 역수용 소송이 제
기되는 경우 피고가 주정부 등 지방자치단체인 경우에는 주정부 등의 규제행위를
포함한 행위로 인하여 연방헌법[20]에서 보장받은 권리, 면책 등이 침해받는 경우에
는 주정부, 관련공무원 등을 피고로 연방법률 제42장 제1983조에 의한 소송을 제
기하여야 한다.[21]

3. 판 례

아래[22]에서는 미국의 판례에 대해서 살펴보았다.

(1) City and County of San Francisco v. Small Claims Court (1983)

샌프란시스코 국제공항의 소유주인 샌프란시스코시는, 항공기소음으로 생활
방해를 당했다는 주장을 하는 170명 이상의 개인들이 별건으로 소액 청구 법원에
소송을 제기함으로써 고소를 당하였다. 법원은 심리를 위하여 해당 소송들을 병합
하였다. 추가로 183건의 민원이 신청된 후, 시는 상급법원에 청원서를 제출해서 소
액 청구 법원이 해당 배상청구를 심리하지 못하도록 하는 명령서를 요청하였다. 상
급 법원은 "소액 청구 법원은 원고들의 사건을 함께 심리할 수 있는 관할권을 가지
고 있다."라고 판단하고, 모든 배상청구들이 집단소송에 해당하거나 배상을 청구한
총액이 소액 청구 법원이 취급하기에는 너무 크다는 시의 주장을 거부하였다. 항소
법원은 "소액 청구 법원도 복합적인 문제를 제기하는 배상청구 사건을 심리할 관할

---

20) 미국의 연방헌법은 연방정부의 권한을 규정하여 두고 그 이외의 사항은 모두 주정부의 권한으로
   하여 두고 있다. 연방정부가 주정부를 규제할 수 있는 사항은 연방헌법이 연방의회에 권한을 부
   여한 사항에 한정된다(단 연방법과 주법이 상충할 경우 연방법 우선). 〈https://mex.mofa.go.kr/
   us-ko/brd/m_4489/view.do?seq=952218&srchFr=&amp%3BsrchTo(주 미국 대한민국대사관)〉
   최종검색일 2021년 11월 7일.

21) 정하명, 앞의 논문(주 18), 528-529면.

22) 이하의 "판례"는 Howard Beckman, 앞의 자료(주 12), pp. 1-9를 정리하였다.

권이 있으며, 더욱이 손해배상에 대한 관할권의 한도는 개별 원고들에게 적용되고, 모든 소송들을 합한 금액에 적용되는 것은 아니다.”라고 판시하여 이를 확인해 주었다. 결론적으로 해당 법원은 소액 청구 법원에서 청구인들이 변호인들과 상의하는 것은 미국 수정 헌법 제1조(고충 구제를 청원할 권리)에 의해 헌법적으로 보호된다고 판결하였으며, 따라서 민사소송법 117.4항(변호사 또는 비청구인이 소액 청구 법원 소송에 참여하는 것의 금지)은 법원의 소송에서 집단적으로 행동할 수 있는 시민들의 기본적인 권리와 충돌할 경우 아무런 효력이 없다고 판시하였다.[23] 이 항소가 진행될 당시, 시에서는 이 소송을 방어하기 위해 80만 달러 이상을 지출하였다. 더 이상 어떠한 소송도 제기하지 않겠다는 시민단의 약속에 대한 대가로 시는 소음 감소 프로그램을 운영하였는데, 이에는 콩코드 항공기가 해당 공항을 사용하지 못하게 하는 조치도 포함되었다.[24]

(2) City of Los Angeles v. Japan Airlines Co. (1974)

로스엔젤레스 국제공항의 소유주인 로스엔젤레스시는 인근 거주자들의 소음 피해에 대해 책임이 있는데, 그 이유는 캘리포니아 법령에서, 해당 시가 항공지역권을 취득하도록 하는 메커니즘을 규정하였기 때문이다.[25]

(3) Bacon v. United States (1961)

원고들은 인근 공군기지의 제트기 운항에서 나는 소음으로 인한 손해배상청구 소송을 제기하였다. 원고들의 토지 구입 시기는 1923 – 1946년 사이였다. 이 비행장은 2차 세계 대전 중에 운영을 시작하였으며, 해당 기지에서의 운영 유형은 시간이 경과하면서 변화하였다. 판결은 1954년 이전에는 비행이 원고들의 재산 사용에 심각한 방해를 초래하지 않았으며, 원고들의 토지 가치를 미약한 정도도 감소시켰다고 판단하였다.[26]

---

23) Ct. App. 1st Dist.; 141 Cal.App.3d 470, 190 Cal.Rptr. 340
24) 소액 청구 소송에 대한 자세한 기록은 Andrew D. Freeman and Juli E. Farris, "Grassroots Impact Litigation: Mass Filing of Small Claims", University of San Francisco Law Review, Vol. 26, 1991, pp. 261 – 281을 참조.
25) Ct. App. 2nd Dist.; 41 Cal.App.3d 416, 116 Cal.Rptr. 69
26) U.S. Ct. Claims; 295 F.2d 936, 155 Ct.Cl. 441

(4) Institoris v. City of Los Angeles (1989)

시 소유 로스엔젤레스 국제공항 인근의 부동산 임차인은 항공기소음이 지속적인 공공의 생활방해라고 주장하면서, 공항소음으로 인한 재산 피해를 복구하기 위해 시를 고소하였다. 소송 당사자들이 합의한 내용은, 해당 공항을 사용하는 항공기에서 발생하는 소음 수준이 정부 조치(항공지역권)를 통한 재산 수용에 해당한다는 것이었다. 해당 법원은 재산 소유자는 공항 운영으로부터 발생하는 재산상의 피해에 대해서 역수용 구제권을 가지며, 공항 운영으로부터 발생하는 개인적인 피해에 대한 생활방해를 근거로 하는 보통법 또는 법적 구제책을 가진다는 "잘 정립된 법률"에 의존하였다. 재산 피해에 대한 회복은 공적 또는 사적 생활방해 이론 중 하나에 따라 가능하다(생활방해 이론에 따른 개인 피해에 대한 회복은 원고가 공적 생활방해를 주장하고 입증하는 경우에만 가능함). 해당 법원은 그 수용 당시에 원고가 재산권을 소유하고 있지 않았기 때문에, 역수용 (재산)손해배상을 청구할 수 없다고 판결하였다. 원고의 재산권에 대한 규정적인 항공지역권을 시가 취득함으로써, 공적 또는 사적 생활방해 이론 중 어떤 것에 근거하는지 여부와 관계없이, 재산 피해에 대한 회복을 하지 못하도록 하였다.[27]

(5) Baker v. Burbank-Glendale-Pasadena Airport Authority (1985)

공항소음 관련 지역 규제에 대한 연방의 우선권은 절대적이지 않다. 연방법이 공항소음을 줄이기 위한 경찰권의 행사만을 우선시하기 때문에, 연방법이 상업적 비행 패턴과 스케줄을 간섭한다는 사실에도 불구하고, 공항 소유주에 대해서 여전히 주법의 손해구제권을 행사할 수 있다. 공항 소유주들은 주법에 따라 공항소음을 줄여야 할 의무가 있다. 원고들은 공항소음을 지속적인 생활방해 또는 영구적인 생활방해로 취급할 수 있다.[28]

(6) Luedtke v. County of Milwaukee (1975)

주 소유 공항 근처 부동산 소유자들이 과실에 의한 불법행위 및 생활방해 이론에 따라 주 및 여러 항공사들을 고소하였다. 항소 법원은 공항이 연방법률 및 규

---

27) Ct. App. 1st Dist.; 210 Cal.App.3d 10, 258 Cal.Rptr. 418
28) 39 Cal.3d 862, 218 Cal.Rptr. 293, 705 P.2d 866; cert. denied 475 U.S. 1017, 106 S.Ct. 1200, 89 L.Ed.2d 314

정을 준수하면서 운영된 경우, 저고도 비행에 대한 책임을 다루는 위스콘신 주법에 근거하여, 소음과 관련하여 원고들은 항공사에게 생활방해나 과실에 의한 불법행위에 의한 손해배상을 구할 수 없다고 판정하였다. 수정 헌법은 연방정부가 취하는 조치에만 적용되므로, 주 소유의 공항 또는 개인 항공사들에 대하여, 수정 헌법에 따른 어떠한 소송 사유도 존재하지 않았다.[29]

(7) Anderson v. Souza (1952)

해당 법원은 이웃 주민들에게 가해지는 소음을 이유로 교외 민간 비행장의 특정한 운영 상태에 대해 내린 금지명령을 확인하였다. 이 사건은 소음으로 인한 손해에 대해서 주민들에게 져야 할 공항의 책임에 대한 캘리포니아 내 일련의 강력한 사법적 진술 중 첫 번째였다. 해당 법원은 이 사건에서 "해당 공항이 공공을 위한 것이 아닌, 사적인 것이었음을 강조하면서 생활방해를 초래하는 운영을 금지하는 점에 있어서는 민간공항과 다른 민간 비즈니스를 구분할 실익이 없다."라고 판시하였다.[30]

(8) Emerald Development Co. v. McNeill (2003)

법원은 신 공항이 생활방해 요인이 될 것이라는 이유로, 다른 공항과 가까운 신 공항 건설에 대한 금지명령을 확정하였다. 즉, 신 공항 입지는 기존 인근 공항의 소유자들의 권리를 침해한다고 판단한 것이다.[31]

(9) Greater Baton Rouge Airport District v. Hays (1976)

공항은 활주로 확장을 위한 FAA 자금 조달 조건인, 해당 공항 인근 부동산에 대한 항공지역권을 신청하였다. 해당 법원은 항공지역권에 기인한 재산 가치의 하락은, 재산 관련 "손해"가 아니라 "수용"이었다고 판시하였다. 따라서 재산상의 손해배상청구에 대한 소멸시효는 적용되지 않았다. 또한 이 법원의 견해는 지역권에 대한 보상을 계산하기 위한 재산 평가에 대한 상세한 통찰력을 제공하고 있다.[32]

---

29) 7th Cir.; 521 F.2d 387
30) 38 Cal.2d 825, 243 P.2d 497
31) 120 S.W.3d 605
32) 339 So.2d 431

(10) Loma Portal Civic Club v. American Airlines (1964)

주민들은 샌디에이고 린드버그 필드에서 자신들의 집 위로 날아다니는 저고도 비행에 대한 금지명령을 요청하였으며 이러한 비행을 생활방해로 특정하였다.[33] 법원은 이 금지명령에 의한 구제는 공공 정책의 문제로 적용할 수 없다고 판단하였다. 그 이유는 "급박한 위험을 일으키지 않는 방식으로, 그리고 관련 법령 및 규정들에 따라서 연방에서 인증하는 연방 감항증명서를 소지한 항공기를 정기 여객 서비스를 위해 운영함에 있어 공익이 최우선이 된다."라는 것이다.[34]

(11) Nestle v. City of Santa Monica (1972)

정부 소유 공항으로부터 발생하는 소음 피해는 생활방해 소송을 통해 구제받을 수 있다. 이러한 소송은 그 법적 근거(Civil Code s. 3479, nuisance)가 있기 때문에 캘리포니아 불법행위 청구법에 의해 금지되지 않는다.[35]

(12) Aaron v. City of Los Angeles (1974)

제트 항공기소음 제어 분야에 어떠한 연방 우선권도 없다. 연방이 영공을 통제한다는 사실은 공항 소유주가 적절한 공항 부지를 구매하지 못한 것에 대한 변론이 되지 않으며, 재산 수용을 구성하는 상공 비행에 대해, 토지소유자들이 공항 자치 운영자들에게 손해배상을 청구하는 것을 막을 수 없다.[36]

(13) Baker v. Burbank-Glendale-Pasadena Airport Authority (1990)

해당 법원은 항공기 운항으로 인한 소음, 매연 및 진동을 근거로 하는 역수용 및 생활방해에 대한 원고들의 소송은 해당 소멸시효로 인해 금지된다는 원심 법원의 판결을 확정하였다.[37]

---

33) 원고들은 금전적인 손해배상을 청구하지는 않았다.
34) 61 Cal.2d 582, 39 Cal.Rptr. 708, 394 P.2d 548
35) 6 Cal.3d 920, 101 Cal.Rptr. 568, 496 P.2d 480
36) Ct. App. 2nd Dist.; 40 Cal.App.3d 471, 115 Cal.Rptr. 162; cert. denied 419 U.S. 1122, 95 S.Ct. 806, 42 L.Ed.2d 822
37) Ct. App. 2nd Dist.; 220 Cal.App.3d 1602, 270 Cal.Rptr. 337

(14) San Diego Unified Port District v. Superior Court of San Diego County (1977)

주택 소유자들은 생활방해 및 과실에 의한 불법행위 이론에 따라 공항소음에 기인하는 손해에 대해서 샌디에이고 국제공항 운영자를 고소하였다. 해당 법원은 연방 법률 및 규정들이 비행 중인 항공기에 관한 우선적인 현지 통제권을 가지고 있으므로, 해당 법률 및 규정을 준수한 비행은 과실에 의한 불법행위, 생활방해 또는 무단 침입으로 분류될 수 없으며, 해당 공항 운영자는 그로부터 기인한다고 주장되는 불법 손해에 대한 책임을 질 수 없다고 판결하였다. 하지만 해당 공항 운영자가 일부 주택 소유자들이나 전부에게 피해를 입히는 방식으로 공항 시설을 불법하게 관리, 유지하였다면 연방 우위를 이유로 해당 소송을 막을 수는 없을 것이다. 본 사건은 해당 공항 운영자가 책임을 면한 몇 안 되는 사례 중의 하나이다.[38]

(15) Northeast Phoenix Homeowners Assn. v. Scottsdale Municipal Airport (1981)

1심 법원은 해당 공항에서 1,000피트 내에 있는 원고들의 집 위로 항로가 확장된 공항에 대해서(무단침입, 생활방해 및 비행 운항 관련 법령 위반을 근거로) 금지명령에 의한 구제를 요청한 원고들의 청구를 기각하였다. 판결은 "연방법이 아주 광범위하게 공항 운영을 규제하고 있기 때문에, 이러한 사안에 대하여 금지명령을 내릴 수 있는 주 법원의 권한은 연방 법령이나 규정에 의해 완전히 배제된다. 법원들은 금지명령권을 통해 항공기 운항을 규제할 수 없으며, 더불어 법원들은 공항 소유주인 시가 하지 않겠다고 결정한 소음 영향 감소와 같은 것을 시에게 하라고 요구할 수 없다."라고 판단하였다.[39]

(16) Bormann v. Board of Supervisors in and for Kossuth County (1999)

생활방해 소송으로부터의 면책을 제공하는 주 법령은 공적 사용을 위해 정당한 보상 없이 사유 재산을 수용하여 미국 및 아이오와 주 헌법을 위반하는 결과를 초래한다. 이 법령은 비농업적 개발로부터 농지를 보호하기 위하여, 주 감독 위원

---

38) Ct. App. 4th Dist.; 67 Cal.App.3d 361, 136 Cal.Rptr. 557
39) 130 Ariz. 487, 636 P.2d 1269

회들이 부동산을 "농업 지역"으로 지정할 수 있는 권한을 부여한다. 이 법령에는, 지정된 "농업 지역" 내 부동산 소유자들에게 인근 부동산에 대한 생활방해를 만들고 유지할 수 있는 권리를 주어서, 사실상 지역권을 생성하도록 하는 면책 규정이 포함되어 있다. 해당 법원의 의견에는 수용 법리에 관한 잘 축약된 개요가 포함되어 있다.[40]

(17) City of Atlanta v. Watson (1996)

아파트 건물들의 소유자가 생활방해 및 역수용에 대해서 공항 소유주인 애틀랜타시를 고소하였다. 원고는 시의 "소음 완화 프로그램"에 이의를 제기하였는데, 이 프로그램을 통해 시는 공항 옆 단독 주택들을 매입해서 철거하였으나 다가구 주택은 매입하지 않아서, 나머지 주거용 건물 주변을 "불모지"로 만들었다는 주장이었다. 법원은 단독 주택과 다가구 주택 간의 구분은 해당 프로그램에 명시된 목표와 합리적인 관계를 가지므로, 시는 원고들에 대해 책임이 없다고 판단하였다.[41]

(18) Culley v. County of Elko (1985)

원고들은 해당 주 공항 활주로 확장으로 인한 소음, 먼지, 매연 및 진동 수준이 높아진 결과 재산의 가치가 감소하게 되었다고 주장하면서 생활방해 및 역수용에 대한 소송을 제기하였다. 주 대법원은 1심 법원이 원고들의 소송을 기각한 잘못이 있었다고 판시하였다(이 사건에 대해서, 1심 법원은 주 감독 위원회들이 공항 운영의 소음 영향을 Elko로부터 원고들의 부동산으로 이동시키기 위해 부분적으로 활주로 확장을 승인하였음을 보여주는 문서들은 증거에서 부적절하게 배제하였다).[42]

(19) Krueger v. Mitchell (1983)

인근 부동산 소유자들은 항공기소음으로 발생한 피해에 대해 민간공항 소유주들을 고소하였다. 이에 대해 법원은 "주법과 연방법에 따라 운영하는 공항은 그럼에도 불구하고 생활방해를 초래할 수 있으며, 어떤 공항으로부터 발생하는 불합리한 소음에 대해서는 연방항공법이 우선권을 가지지 않는다. 불합리한 소음 수준에

---

40) 584 N.W.2d 309
41) 267 Ga. 185, 475 S.E.2d 896
42) 711 P.2d 864, 101 Nev. 838

기인한 피해에 대해 공항 소유주에게 책임을 묻는 것은 항공소음 감소에 대한 국가 정책에 반하지 않으며, 이와 더불어 원고 자신들의 부동산 이용 및 향유에 대한 방해의 정도가 불합리하고 상당한 경우라면, 원고들은 생활방해로 인한 불편, 괴로움 및 불안에 대해서 배상받을 수 있다."라고 판시하였다.43)

(20) Benton v. Savannah Airport Commission (1999)

부동산 소유자들은 항공 교통량 및 소음 증가에 원인이 있다고 주장하는 자신들의 재산상 피해에 대해 사바나 공항위원회를 고소하였다. 원고들은 역수용 및 생활방해를 포함하여 여러 법령을 자신들의 배상청구의 근거로 주장하였다. 해당 법원은 소멸시효에 의해서 그 배상청구를 할 수 없음을 근거로 역수용 및 생활방해에 대한 배상청구의 기각을 확인하였다. 해당 법원은 공항소음을 (지속적이라기보다는) 영구적인 생활방해로 규정하였으므로, 원고들의 재산상 손해는 공항의 활주로가 현재의 길이로 운영되게 되었을 당시에 "완전하고 충분히 보상받을 수 있었다."라고 판단하였다.44)

(21) Southfund Partners v. City of Atlanta (1996)

활주로 건설이 완료되면 주거 부동산에 대한 피해도 완결 상태가 되기 때문에, 즉 해당 공항을 폐쇄하지 않고는 생활방해를 줄일 수 없기 때문에, 공항은 지속적이라기보다는 영구적인 생활방해 요소이다. 따라서 생활방해가 더 늘어나지 않았다면, 생활방해 민원 제출에 대한 소멸시효는 그 활주로가 완공된 시점부터 시작된다.45)

(22) Ursin v. New Orleans Aviation Board (1987)

시립공항주변 주민들과 부동산 소유자들이 해당 공항을 이용하는 항공기로 인한 과도한 소음에 따른 생활방해 및 역수용에 대한 손해배상을 청구하였다. 이 소송은 원래 집단소송으로 제소되었다가 기각된 후, 개별 소송으로 다시 제소되었다. 이후 동 원심 법원은 해당 공항주변 65dB 소음 범위 내에 있는 모든 주민들을 해

---

43) 112 Wis.2d 88, 332 N.W.2d 733
44) 525 S.E.2d 383
45) 472 S.E.2d 499

당 소송에 대한 필수당사자로 선정해 달라는 원고들의 청구를 승인하였다. 이 주민들은 소송에 참여할 수 있다는 통보를 받았으며 그 결과 약 6,500여명의 'postcard plaintiffs'가 추가되었다. 항소 법원은 그 공동소송이 적합하다고 확인하였다. 이와 더불어 피고는 원고들이 공항소음으로 인한 피해에 대하여 배타적인 구제를 받는 것은 역수용이라고 주장하였으나, 법원은 "원고들의 구제책에는 주 생활방해법에 따른 손해배상도 포함될 수 있다."라고 판시하였다.[46]

(23) Bryski v. City of Chicago (1986)

시카고시 소유의 오헤어 국제공항 인근 주민들은 과도한 소음, 진동 및 공해를 이유로 해당 시와 여섯 개의 항공사들을 고소하였다. 이에 대해 법원은 생활방해 및 무단침입 주장을 항공 관련 연방 규정의 우선권에 의해 인정하지 않았다.[47]

(24) Christie v. Miller (1986)

원고는 민간 활주로 소유주가 원고 소유의 부동산 위를 비행하는 방식으로 해당 활주로에 이·착륙하는 것을 금지하고, 생활방해로 인한 피해회복을 청구하는 소를 제기하였다. 해당 항소법원은 금지명령신청을 기각한 원심을 확정하였으며 ① 소음으로 인한 불합리한 간섭에 관한 문제를 배심원에 제출하기에 증거가 충분하지 않았고, ② 피고가 규정에 따라 지역권을 취득하였다는 사실을 근거로 판결에 오류가 없다고 판단하여, 그 생활방해 소송에서 피고의 손을 들어준 원심을 확정하였다.[48]

---

46) 506 So.2d 947
47) 법원은 Burbank(미국 대법원)에 대해 'proprietor exemption'을 거부하고, 대신 Luedtke(제7순회 미국 항소법원)에 따라, 공항이 연방 규정을 준수할 경우, 공항은 과실에 의한 불법 또는 생활방해로 기소될 수 없다고 하였다. 148 Ill.App. 556, 499 N.E. 162; cert. denied 113 Ill.2nd 572
48) 79 Or.App. 412, 719 P.2d 68

제2절 일 본

Ⅰ. 항공기소음대책의 현황

1. 공공용 비행장의 소음대책

일본[49])에서 항공기소음대책은 일본의 종합 교통 체계상 요구되는 항공 운송 능력의 확보와 공항주변 환경의 유지를 양립시켜, 사회 전체의 복지를 증진하는 것을 목적으로 하고 있다. 항공 행정의 일환으로 실시되어 온 항공기소음대책을 크게 나누면 ① 발생원 대책(장비의 개량, 발착 규제, 운항 방법 개선)[50])과 ② 공항주변 대책으로서의 토지 이용 규제, 보상 제도로 나뉜다. 공항주변 대책의 근거법은 「공공용 비행장 주변의 항공기소음으로 인한 장애의 방지 등에 관한 법률(公共用飛行場周辺における 航空機騒音による障害の防止等に関する法律, 1967년 법률 제110호)」[51])이다. 동법은 항공기소음에 의한 장애를 방지하기 위한 조치로, 특정 비행장의 설치자 및 사용자의 책무(제4조), 학교 등의 소음방지 공사의 조성(제5조), 공동이용시설의 조성(제6조), 주택 소음방지 공사의 조성(제8조의2), 이전 보상 등(제9조), 녹지대 등의 정비(제9조의2), 손실보상(제10조), 손실보상신청(제11조), 이의신청(제12조), 보상금교부(제13조), 증액청구의 소(제14조), 쟁송방식(제15조), 成田국제공항 또는 大阪국제공항과 관련된 손실보상 절차 등(제16조)을 규정하고 있다.[52])

---

49) 일본정부가 미일안보조약과 지위협정에 의거해 미국에 제공하는 시설·지역 중 橫田비행장, 厚木해군 비행장, 嘉手納비행장 등은 기지 주변에 거주하는 주민들로부터 수차례에 걸쳐 기지 소음 소송이 제기되고 있다. 이 중 사회적 관심이 높은 厚木해군 비행장에 관한 소송을 중심으로 기술하였으며, 이와 관련된 자료는 大和市, 大和市と厚木基地, 2016(平成 28)年 6月, 58−61頁. 厚木 제4차 소송 1심 판결인 橫浜地判平成26年5月21日(사건번호: 平成19(行ウ)100)과 厚木 제4차 소송 대법원 판결인 最判平成28年12月8日(사건번호: 平成27年(行ヒ)第512号, 第513号)의 판결문을 정리하였다.

50) 澤野孝一郎, "日本における航空機騒音対策−那覇空港を事例として−", 「オイコノミカ」 第41巻 第1号, 名古屋市立大学, 2004年, 81頁.

51) 昭和42年8月1日(공포일), 平成26年 법률 제69호에 의한 개정, 平成28年4月1日(시행일).

52) 〈https://elaws.e−gov.go.jp/(일본전자정부종합창구)〉 최종검색일 2021년 9월 5일.

2. 미군 비행장의 소음대책

미군 비행장의 발생원 대책 중, 장비의 개량은 군용기의 특성상 곤란하다. 발착의 규제에 대해서는 1963년 9월에 「厚木비행장 주변의 항공기소음 경감 조치」라는 비행협정이 미일합동위원회에서 합의되어 비행 활동의 규제에 대해 기술하였으나,[53] "운용상의 필요성"이라는 예외 규정이 많아, 비행협정에 법적 구속력은 없다는 지적이 있었다.[54] 이에 따라 미군 비행장 주변의 소음대책은 「방위시설 주변의 생활환경 정비 등에 관한 법률(防衛施設周辺の生活環境の整備等に関する法律, 1974년 법률 제101호)」[55]에 근거한 기지 주변 대책이 중심이 될 수밖에 없었다.[56] 동법은 자위대 또는 미군의 행위 또는 방위시설(자위대 시설 또는 일미지위협정 제2조 제1항의 시설 및 구역)의 설치나 운용으로 인해 발생하는 장애의 방지 등을 위해 방위시설 주변지역의 생활환경 등의 정비에 대해 필요한 조치를 강구하는 동시에 자위대의 특정 행위로 인해 발생하는 손실을 보상하도록 규정되어 있으며(동법 제1조), 주택 방음 공사의 조

---

53) 미일합동위원회는 1963년 9월 19일, 厚木기지 주변에서 미군의 항공기소음의 규제에 관해 여러 조치를 마련하는 데 합의하였으며, 1969년 11월 20일에 일부 개정 후 합의사항의 개요는 다음과 같다. ① 오후 10시부터 오전 6시까지, 厚木기지의 모든 활동은 운용상의 필요에 따라 그리고, 미군의 태세를 유지하는 데 긴요하다고 인정되는 경우를 제외하고 금지된다. ② 훈련비행은 일요일에는 최소한으로 한다. ③ afterburner장치의 항공기는, 기지 공역 내에서 가능한 한 신속하게 이륙·상승하는 것이 요구된다. afterburner는 안전 비행 상태를 지속하기 위하여, 계속해서 사용해야 하는 경우 또는 운용상 필요에 의한 경우를 제외하고, 비행장의 경계선에 도달하기 전에 사용을 정지하여야 한다. ④ 이륙 및 착륙 사이를 제외하고, 항공기는 인구조밀지역의 상공을 저공으로 비행하지 않는다. ⑤ 기지 주변의 공역에서는, 곡기비행 및 공중전투훈련을 실시하지 않는다. 다만 연간 정기행사로 계획된 곡기비행의 전시는 예외로 한다. ⑥ 착함훈련을 위한 항공기는 장주경로(場周経路)에서는 2기(機)로 제한된다. ⑦ 이륙 및 착륙 사이를 제외하고, 항공모함착함훈련 등을 위한 항공기는, 특정 유형의 훈련을 필요로 하는 경우를 제외하고, 평균 해면상 1600피트 이하로 비행하지 않는다. 특수한 훈련은 훈련의 필요에 알맞은 필요 최소한도로 하고, 또한 그 패턴은 평균 해면상 800피트 이하는 통과하지 않는다. ⑧ 운용능력 또는 태세가 손상되는 경우를 제외하고, 제트엔진은 오후 6시부터 오전 8시 사이, 시운전 되지 않는다. ⑨ 제트엔진 테스트 등의 실시에 있어서는, 厚木기지는 실행 가능한 한, 빠른 시기에 효과적인 소음기를 장착하고, 그것을 소음 감쇠를 위해 사용한다. ⑩ 조종사는 소음 문제에 대해 기회가 있을 때마다 충분한 교육을 받는다.
54) 朝井志歩, "基地騒音-厚木基地騒音問題の解決策と環境的公正", 法政大学出版局, 2009年, 40頁.
55) 昭和49年6月27日(공포일), 平成26年 법률 제69호에 의한 개정, 平成28年4月1日(시행일).
56) "방위 시설"이라 함은 ① 자위대의 시설, ② 지위 협정에 따라 미국에 제공하는 시설·지역을 말한다(「방위시설 주변의 생활환경 정비 등에 관한 법률」 제2조 제2항).

성57)과 이전의 보상,58) 녹지대의 정비59) 등에 대한 내용 등으로 구성되어 있다. 「방위시설 주변의 생활환경 정비 등에 관한 법률」의 위임을 받은 「방위시설 주변의 생활환경 정비 등에 관한 법률 시행령」 제8조는 동 시행령 제4조의 규정에 따른 제1종 구역의 지정, 제5조 제1항의 규정에 따른 제2종 구역의 지정 및 제6조 제1항의 규정에 따른 제3종 구역의 지정은, 자위대 등 항공기의 이·착륙 등의 빈번한 실시에 의해 발생하는 음향의 영향도를 그 음향의 강도, 그 음향 발생의 횟수 및 시간 등을 고려하여 방위성령으로 정하는 산정방법으로 산정한 값이 그 구역의 종류별로 방위성령으로 정하는 값 이상인 구역을 기준으로 하여 실시하는 것으로 규정하고 있다.60)

II. 손해배상청구의 쟁점

1. 영조물의 설치 또는 관리의 하자

(1) 일본 「국가배상법」 제2조 제1항

기지 주변 주민들이 미군기지의 설치·관리의 위법성과 관련하여 국가에 손해배상을 청구하는 근거법조로서 "공공영조물의 설치 또는 관리에 하자로 인하여 타인에게 손해를 발생한 경우에 국가 또는 공공단체가 이를 배상할 책임을 진다."라

---

57) 자위대 등의 항공기 이륙, 착륙 등의 빈번한 실시로 인해 발생한 음향에 기인하는 장애가 현저하다고 인정하여 방위대신이 지정하는 방위시설 주변 구역(제1종 구역)에 해당·지정 시 현재 소재하는 주택에 대하여 그 소유자 또는 해당 주택에 관한 소유권 이외의 권리를 갖는 자(소유자 등)가 장애를 방지하거나 또는 경감하기 위해서 필요한 공사를 할 경우, 그 공사에 관해 조성의 조치를 취하도록 한다(「방위시설 주변의 생활환경 정비 등에 관한 법률」 제4조).

58) 제1종 구역 중 항공기의 이·착륙 등의 빈번한 실시로 인해 발생하는 음향에 기인하는 장애가 특히 현저하다고 인정하여 방위대신이 지정하는 구역(제2종 구역)에 해당·지정 시 현재 소재하는 건물, 입목 및 기타 토지에 정착하는 물건의 소유자가 해당 건물 등을 제2종 구역 이외의 구역으로 이전하거나 또는 제거할 경우 해당 건물 등의 소유자 등에게 정령으로 정하는 바에 따라 예산의 범위 내에서 해당 이전 또는 제거에 의해 통상적으로 발생하는 손실을 보상할 수 있다(「방위시설 주변의 생활환경 정비 등에 관한 법률」 제5조).

59) 제2종 구역 중 항공기의 이·착륙 등의 빈번한 실시에 의해 발생하는 음향에 기인하는 장애가 새롭게 발생하는 것을 방지하고, 아울러 그 주변의 생활환경의 개선에 기여할 필요가 있다고 인정하여, 방위대신이 지정하는 구역(제3종 구역)에 소재하는 토지로서 동법 제5조 제2항의 규정에 따라 매입한 것이 녹지대와 그 밖의 완충지대로 정비되도록 필요한 조치를 취하도록 한다(「방위시설 주변의 생활환경 정비 등에 관한 법률」 제6조).

60) 〈https://elaws.e-gov.go.jp/(일본전자정부종합창구)〉 최종검색일 2021년 9월 5일.

고 규정하는 일본 「국가배상법」 제2조 제1항의 적용을 우선 생각한다.

판례에 의하면 영조물의 설치 또는 관리의 하자라 함은 영조물이 통상적으로 가져야 할 안전성을 결여하고 있는 것을 말하는 것으로, 그것은 객관적으로 판단될 것이며, 그 과실의 존재를 필요로 하지 않는다. 영조물의 설치 또는 관리의 하자 유무는 해당 영조물의 구조, 용법, 장소적 환경 및 이용 상황 등 제반사정을 종합 고려하여 구체적, 개별적으로 판단하여야 한다.[61] 공공영조물은 널리 공공용으로 제공된다. 공항·도로와 같은 공공영조물이 그 이용자와의 관계에서는 하자가 없지만, 그 이용자 이외의 제3자인 주변 주민에 소음·진동, 대기오염 등에 의한 생활방해와 건강피해를 미치는 경우가 있다(기능적 결함·공용 관련하자). 大阪공항 소송의 대법원 판결은 기존 하자의 개념을 확장하여 이용자 이외의 제3자인 주변 주민과 관련하여 "해당 영조물 이용의 상태 및 정도가 일정한 한도에 머무르는 한, 그 시설에 위해를 일으킬 위험성이 없더라도, 이를 초과하는 이용에 따라 위해를 일으킬 위험성이 있는 상황에 있는 경우에는 그러한 이용에 제공되는 범위 내에서 영조물의 설치·관리에 하자가 있음을 방지하지 않고, 잇달아 영조물의 설치·관리자가 이러한 위험성이 있음에도 불구하고 이에 대해 특단의 조치를 강구하지 않고, 적절한 제한을 가하지 않은 채 이를 이용에 제공하여, 그 결과 이용자 또는 제3자에게 현실에 위해를 생기게 한때에는 그것이 설치·관리자의 예측할 수 없는 사유에 의하지 않는 한 일본 「국가배상법」 제2조 제1항의 규정에 의한 책임을 면할 수 없다." 라고 해석했다. 위 대법원 판결은 공공용 비행장에 관한 것이지만, 그 기능적 결함·공용 관련 하자에 대한 판단은 미군 비행장 최초의 대법원 판결인 橫田 제1·2차 소송 상고심 판결과 厚木 제1차 소송 상고심 판결로 환송된, 厚木 제1차 소송 환송 후 항소심 판결에서도 답습하였다.[62]

(2) 「일본과 미국 간의 상호협력 및 안전 보장 조약 제6조에 따른 시설 및 구역 및 일본의 합중국 군대의 지위에 관한 협정의 실시에 따른 민사특별법」 제2조

미군기지의 설치·관리의 위법성과 관련하여 국가에 손해배상을 청구하는 근거법조로 일본 「국가배상법」 제2조 제1항 외에 「일본과 미국 간의 상호협력 및 안

---

61) 宇賀克也, 「行政法概説Ⅱ 行政救済法」, 有斐閣, 2006年, 401頁.

62) 阿部泰隆, 「行政法解釈学Ⅱ」, 有斐閣, 2009年, 539頁.

전 보장 조약 제6조에 따른 시설 및 구역 및 일본의 합중국 군대의 지위에 관한 협정의 실시에 따른 민사특별법(1952년 법률 제121호)」[63]도 생각할 수 있다. 동법 제2조는 "합중국 군대가 점령하여 소유하거나 관리하는 토지의 공작물 기타 물건의 설치 또는 관리의 하자로 인해 일본국 내에서 타인에게 손해가 발생한 때에는 국가가 점유하고 소유하거나 관리하는 토지의 공작물 기타 물건의 설치 또는 관리의 하자로 인해 타인에게 손해가 발생한 경우의 예에 의하여 국가가 그 손해를 배상할 책임을 진다."라고 규정하고 있다.

판례를 살펴보면 橫田 제1·2차 소송 항소심 판결은 「민사특별법」의 요건에 대하여 검토하고, 일본 「국가배상법」 제2조 제1항의 취지는 「민사특별법」 제2조에도 그대로 타당한 것으로 판단하고 있다. 또한 橫田비행장에서 항공기의 운항활동을 규제할 권한을 가지지 않기 때문에, 위험 발생의 회피가능성이 없다고 주장한 피고(국가)에 대해 "「민사특별법」 제2조의 적용상 회피 가능성 여부가 문제가 되는 것은 영조물의 설치·관리자인 미군에 대한 것이며, 제3자인 국가에 대한 것은 아니라고 하여, 비행장의 관리·운영에 대한 국가의 권한유무는 전혀 무관하다."라고 판시하였다. 또한 橫田 제1·2차 소송 상고심 판결 이후의 厚木 제2차 소송 항소심 판결은 "「민사특별법」 제2조는 일본 「국가배상법」 제2조 제1항과 약간 표현을 달리하는 점도 있지만, 동조에서 말하는 토지의 공작물 기타 물건의 설치 또는 관리의 하자에 그동안 일본 「국가배상법」 제2조 제1항에 대해 설시해온 것이 그대로 타당하다고 해석하는 것이 상당하다."라고 판시하였다.

2. 수인한도론

공항이나 도로, 철도 등 제3자와의 관계에서 생활방해가 되는 사안에 있어 그 판단기준은 대체로 침해가 수인한도를 초과하는지 여부를 가지고 위법성을 판단하고 있다.[64] 다시 말해, 기능적 결함·공용 관련하자를 판단함에 있어서는 수인한도론이 이용된다.[65] 橫田 제1·2차 소송 상고심 판결은 大阪공항 소송의 대법원 판결

---

63) 〈https://elaws.e‒gov.go.jp/(일본전자정부종합창구)〉 최종검색일 2021년 9월 5일.

64) 井上繁規, 「受忍限度の理論と実務」, 新日本法規出版, 2004年, 16頁.

65) 宇賀克也, 앞의 책(주 61), 407頁.

을 참조하면서, "본건 비행장의 사용이 제3자에 대한 관계에서 위법한 권리침해 내지 법익침해가 될지 여부는 침해행위의 태양과 침해의 정도, 피 침해이익의 성질과 내용, 침해행위가 갖는 공공성 내지 공익상 필요성의 내용과 정도 등을 비교 검토하는 한편, 침해행위의 개시와 그 이후 계속된 경과 및 상황, 그사이에 채집된 피해를 방지하기 위한 조치여부 및 그 내용, 효과 등의 사정을 고려하여 이들을 종합적으로 고찰하여 판단해야 할 것이다."라고 판시했다.

3. 비행장의 공공성 평가

수인한도를 판단함에 있어 문제가 되는 것은 '침해행위가 갖는 공공성'이다. 즉 미군 비행장이 갖는 공공성을 기능적 하자·공용 관련하자에 따른 위법성의 판단에서 어떻게 평가할 것인가이다. 厚木 제1차 소송 항소심 판결은 厚木해군 비행장이 가진 고도의 공공성을 강조하고 "공공성이 높으면 그에 따른 수인한도도 높아진다."라고 하며, 1심에서 인정한 기지 주변 주민의 손해배상을 배척하였으나 이 판단은 상고심에서 부정되었다. 공공성을 수인한도 판단의 요소로 하는 것에 대하여 학설에 반대도 있지만, 많은 판례는 이를 긍정하고 있으며, 구체적인 적용에 있어서 어느 정도를 고려할 것인지, 기준을 명확히 할 수 없다는 것이 검토 과제가 되고 있다.[66]

Ⅲ. 판 례

1. 厚木해군 비행장의 연혁

일본 정부가 미일안보조약과 지위협정에 의거해 미국에 제공하는 시설·지역[67] 중 橫田비행장, 厚木비행장, 嘉手納비행장 등은 기지 주변에 거주하는 주민들로부터 수차례에 걸쳐 소음 소송이 제기되고 있다. 橫田비행장, 厚木비행장, 嘉手納비행장 등은 기지 소송에서 ① 야간부터 새벽 사이에 미군기의 비행금지, ② 주간에 일정 수준 이상의 소음의 거주 지역에 도달 금지, ③ 소음·진동 등의 침해

---

66) 丸茂雄一, "基地騒音訴訟を巡る判例の動向 —飛行場の公共性の評価と危険への接近の法理—, Discussion Paper, 2009年, 10頁.

67) 주일 미군기지, 연습장, 비행장, 항만 시설, 통신 시설, 탄약고 등.

행위에 대한 손해배상, ④ 소음·진동 등을 이유로 장래의 손해배상 등의 내용이 원고(피해 주민)의 청구에 있어 공통으로 주장되고 있다.[68]

(1) 厚木기지의 현황

神奈川현의 중앙부 동쪽, 大和시, 綾瀬시 및 海老名시에 걸쳐, 총면적 약 507만㎡의 厚木기지가 있다(단, 海老名시에 있는 것은 극히 일부이다). 厚木기지는 현재, 미 해군 厚木항 공시설 및 해상자위대 厚木항공기지로 사용되고 있으며, 미 해군은 시설·관리를 하는 厚木항공시설사령부를 비롯하여, 서태평양함대 항공사령부, 제5항공모함 항공단, 제51대잠 헬기 비행중대 등을 厚木기지에 주둔시키고, 항공기의 정비·보급·지원 업무 외에도 항공모함 함재기의 조종사를 위한 비행훈련을 이곳에서 하고 있다.[69]

(2) 厚木기지에 배치되어 있는 미군 및 자위대기

厚木기지에 비행하는 미 해군의 항공모함 함재기는 제5항공모함 항공단 소속 이며, 기종은 F/A18-E 및 F/A18-F(전투공격기), EA-18G(전자전기), E-2C(조기경보 기), C-2A(수송기), SH60-F(대잠헬기), HH-60H(구난헬기) 등이 있으며,[70] 해상자위

---

68) 横浜地判平成26年5月21日(사건번호: 平成19(行ウ)100)
69) 해상자위대는 항공집단사령부, 제4 항공군, 제51 항공대, 제61 항공대, 항공관제대 등을 厚木기 지에 주둔시키고 있다. 제4 항공군은 일본 주변 해역에서의 경계 감시 임무를 활동의 중심으로, 재해 파견 등의 민생 협력 활동과 교육 훈련 활동 등을 실시하고, 제51 항공대는 항공기의 운용 에 관한 조사연구 등을, 제61 항공대는 인원 및 화물 수송 업무를, 항공관제대는 해상자위대의 항공기 운항에 필요한 항공정보의 통보, 비행계획의 신청 및 승인에 관한 연락사무, 운항관제에 관한 교육지도 등을 담당하고 있다.
   厚木기지는 한때 구 해군성의 소속 재산이었지만, 해군성이 폐지됨에 따라, 대장성(한국의 기획 재정부에 해당)으로 인계되어, 그 소관의 보통재산이 되었다. 1971년 7월 1일에 그 일부의 관리 권이 일본에 반환되었으나, 그 부분에 대해서도 방위청의 행정재산으로의 관할은 변경되지 않 고, 방위청 장관이 사용승인을 받아 해상자위대가 관리하게 되었다[보통재산 취급규칙(1965년 4월 1일 대장성 훈령 제2호) 제5조, 제32조]. 현재까지 이 법률관계에는 변함이 없지만 이후 대 장성은 재무성으로, 방위청은 방위성으로 변경되었다.
   1958년 11월과 1960년 10월 일본은 미국에 대하여, 厚木기지의 활주로 남북 양단에 안전지대 를 설정하는 용지로 국유지 합계 약 36만 7,000㎡를 제공했다. 한편, 당초 厚木기지로 여겨졌던 구역의 일부 약 30만㎡는 1971년 12월부터 1994년 12월에 걸쳐 순차적으로 일본에 반환되어, 대장성 소관의 보통재산이 되었으며, 그중 일부는 해상자위대의 숙소 등의 시설용지로 이용되 고, 나머지는 大和시 및 綾瀬시에 무상대부(「국유재산법」 제22조 제1항) 또는 감액양도(「국유재 산특별조치법」 제3조 제1항)되어 공원용지 등으로 이용되고 있다.
70) F/A-18E 및 F/A-18F(슈퍼 호넷)는 2003년 11월 이후, 그때까지 배치된 F/A-18C 및

대는 전술한 대잠초계기 P-3C 외에 다용기(LC-90, UP-3C), 수송기(YS-11M, YS-11M-A), 초계헬기(SH-60J, SH-60K) 등을 厚木기지에 배치하고 있다. 제트기는 지금까지 비행하는 경우는 있었지만, 배치되어 있지 않았다.

(3) 厚木기지의 설치 및 관리의 경위

1) 1971년 6월 30일까지

厚木기지는 1941년경부터 구 해군성에 의해 항공기지로 사용되었지만, 1945년 9월 미국 육군에 접수되었다. 1950년 12월에는 미 해군이 이주하여, 이후 미 해군의 항공기지가 되었다.[71]

1952년 7월 15일에 「항공법」이 공포·시행되고, 같은 날 이와 함께 「일본국과 미국 간의 안전보장조약에 기초한 행정협정의 실시에 따른 항공법의 특례에 관한 법률(이하 「항공법 특례법」이라고 한다)」[72]이 공포·시행되었다. 「항공법 특례법」에 따라 미국에 제공되는 시설 및 구역에서의 항공기의 운항 등과 일본 영공에서의 항공기 운항 등의 조정을 도모하는 것으로 되어 「항공법」 중 다음 사항[73]에 대해서는, 미군이 사용하는 비행장, 미군기 및 이에 탑승하여 그 운항에 종사하는 자에게는 적용되지 않는 것으로 하였다. 그 결과 미군은 「항공법」과의 조정을 유지하면서도,

---

F/A-18D(호넷)를 대신하여 배치된 제트기로, 2004년 10월까지 총 26기가 배치되었다. 슈퍼호넷은 호넷보다 기체가 대형화되고 엔진 추력도 35% 증가했으며, 이에 따라 더 큰 소음을 낸다. 또한, EA-18G(그라울러)는 이전까지 배치된 EA-6B(프라울러)를 대신해 2012년 3월에 배치된 것으로, 기수는 총 6기이다. 그라울러는 슈퍼호넷을 기반으로 개발된 전자전기로, 엔진 추력은 프라울러의 2배 가까이 된다.

71) 「일본과 미합중국 간의 안전보장조약」 및 「일본과 미합중국 간의 안전보장조약 제3조에 기초한 행정협정」이 1952년 4월 28일에 발효된 후에는 厚木기지는 미일행정협정 제2조 1항에 기초하여, 미군이 사용하는 시설 및 구역으로 미국에 제공되었다(명칭은 「해군 비행장 캠프 厚木」이다. 1952년 외무성 고시 제33호, 제34호). 1952년 4월 이후, 구 일미안보조약에 근거하여 미국에 제공되는 시설과 구역의 결정 및 그 반환을 요구하는 절차는 미일합동위원회의 협의에 의해 이루어지게 되었다(「미일행정협정」 제2조, 제26조). 이것은 「일본과 미합중국 간의 상호협력 및 안전보장조약」 및 「일본과 미합중국 간의 상호협력과 안전보장조약 제6조에 기초한 시설 및 구역 및 일본에서의 미합중국 군대의 지위에 관한 협정」이 발효된 후에도 마찬가지이다. 미일합동위원회란 미일행정협정 내지 미일지위협정의 실시에 관하여 일본정부와 미국정부가 협의를 하기 위하여 설치된 협의기관이다.

72) 현재의 명은 「일본국과 미합중국 간의 상호협력 및 안전보장조약 제6조에 기초한 시설 및 구역과 일본의 합중국 군대의 지위에 관한 협정 및 일본의 국제연합 군대의 지위에 관한 협정 실시에 따른 항공법의 특례에 관한 법률」이다.

스스로의 판단과 책임에 따라, 厚木기지에 이·착륙하는 미군기를 비롯한 항공기의 운항·관리를 전권적으로 실시하게 되었다.

한편, 「항공법」의 제정에 따라 일본 영공에서의 항공기의 항공교통관제는 운수대신의 권한사항으로 여겨지며, 미군기도 이에 복종하게 되었지만,[74] 미일행정협정 제6조 제1항(「미일지위협정」 제6조 제1항도 동일)에 따른 미일합동위원회의 합의에 따라, 미일행정협정 제2조(「미일지위협정」 제2조도 동일)에 의해 미국에 제공되는 비행장 시설의 인접, 근방 공역에 있어서의 항공교통관제업무는 미국, 구체적으로는 미군이 실시하는 것으로 되었다. 이에 따라 항공교통관제업무(「항공법 시행규칙」 제199조 제1항) 중, 항공로 관제업무는 운수대신이 소관하지만 그 이외의 관제업무(비행장 관제업무, 진입관제업무, 터미널 레이더 관제업무 및 착륙유도 관제업무)는 미군이 실시하는 것으로 되었다.[75]

2) 1971년 7월 1일부터 현재까지

1971년 6월 29일 厚木기지의 일부에 대한 공동 사용 및 사용 전환이 각의 결정되었으며, 이를 바탕으로 같은 달 30일, 미일합동위원회에서 기지사용에 관한 미·일

---

73)
> ① 측공항 등 또는 항공보안시설의 설치와 관련된 운수대신(현재는 국토교통대신. 이하 동일)의 허가(「항공법」 제38조 제1항)
> ② 측내공증명을 받은 항공기 이외의 항공용으로 제공하는 것 등의 금지(동법 제11조)
> ③ 측항공기의 운항종사자의 자격에 관한 기능증명(동법 제28조 제1항, 제2항)
> ④ 측조종교육증명을 받은 자 이외에 의한 조종교육의 금지(동법 제34조 제2항)
> ⑤ 측외국항공기의 항행의 허가(동법 제126조 제2항)
> ⑥ 측외국 항공기의 국내 사용의 금지(동법 제127조)
> ⑦ 측외국 항공기의 군수품 수송의 금지(동법 제128조)
> ⑧ 측각종 증명서 등의 승인(동법 제131조)
> ⑨ 측항공법 제6장(항공기 운항)의 각 규정(단, 동법 제96조부터 제98조까지를 제외한다.)
> 「일본과 미합중국 간의 상호협력과 안전보장조약 제6조에 따른 시설과 구역 및 일본 군대의 지위에 관한 협정 및 일본의 국제연합 군대의 지위에 관한 협정의 실시에 따른 항공법의 특례에 관한 법률 시행령」 참조.

74) 「항공법」 제96조부터 제98조까지는 미군기에도 적용된다.

75) 1960년 6월 23일에 미일안보조약 및 일미지위협정이 발효되어, 厚木기지는 이날 이후, 「일미지위협정」 제2조 제1항(a)에 따라 미군이 사용하는 시설 및 구역으로서 계속해서 미국에 제공하게 되었다. 동항(b)에 따라, 미국이 미일행정협정의 종료 시에 사용하는 시설 및 구역은, 미일 양국 정부가 동항(a)의 규정에 따라 합의한 시설 및 구역으로 간주되기 때문이다. 그 명칭은, 1961년 4월 19일, '厚木해군 비행장'으로 변경되었다.

정부 간 협정이 체결되어 동년 7월 6일에 고시되었다(1971년 방위시설청 고시 제7호).[76]

　'厚木기지'와의 관계를 정리하면, 기지의 시설 및 구역 전체가 '厚木기지(정식 명칭은 厚木해군 비행장)'이며, 그 일부로서 미군이 일시 사용을 인정하는 부분이 '厚木비행장'이다. 厚木비행장의 설치에 따라, 1971년 12월부터 1973년 12월에 걸쳐, 해상자위대의 항공집단의 중추인 항공집단사령부와 제4 항공군이 이곳으로 이주했다. 이후, 제4 항공군의 장이 厚木비행장의 관리를 맡고 있다. 厚木비행장의 관리권을 일본이 갖게 됨에 따라, 1971년 7월 1일 이후, 그 항공교통관제업무 중 비행장 관제업무와 착륙유도 관제업무를 해상자위대 厚木항공기지 분견대(현재는 厚木항공기지대)가 실시하게 되었다(1971년 운수성 고시 제235호). 현재의 상황을 정리하면, 항공교통관제업무 중 항공로 관제업무를 국토교통성 소관의 관제소에서 수행하고, 비행장 관제업무 및 착륙유도 관제업무를 해상자위대가 수행하고, 진입관제업무 및 터미널 레이더 관제업무를 미군(橫田진입 관제소 및 橫田터미널·레이더 관제소)이 수행하고 있다.

2. 厚木해군 비행장의 기능의 변천과 소음 문제의 경위

(1) 1982년까지

　厚木기지는 미국 육군에 의한 접수 후 그 수송기지로 사용되었으나, 한국전쟁이 발발함에 따라 활주로 등이 복구되어 1950년 12월부터 미 해군의 항공기지가 되었다. 厚木기지의 주변 주민은 1960년에 厚木기지 폭음방지 기성동맹을 결성하였고, 위원장은 1961년 5월에 厚木기지의 항공기소음에 의해 인권침해를 받고 있는 것을 橫浜지방 법무국에 신고했다. 법무성은 이에 따라 조사를 실시하였으며, 1964년 10월 厚木기지의 비행장 주변 및 항공기 진입로 아래에 해당하는 지역에서는 소음이 심한 경우가 있으며, 해당 지역의 상당수의 주민이 정신적 및 일상생활에 어느 정도의 피해를 입고 있다고 인정하고, 조사 검토 후 적당한 조치를 강구하기 위해 이 조사 결과를 방위시설청에 통지했다. 1971년 12월에는 해상자위대의

---

76) 이 각의 결정 및 고시에 따르면 활주로 및 관제탑을 포함한 厚木기지의 비행장 부분은 사용 전환되어 해상자위대가 관할 관리하게 되었으나, 동시에 미일지위협정 제2조 제4항(b)에 근거해 미군에 일시 사용을 인정하도록 했다.

제4 항공군 등이 厚木기지로 이주하여, 이주 후 자위대기의 수는 35기가 되었다.

1973년 10월, 미 해군 제 7함대 소속의 항공모함 Midway호가 橫須賀기지(미군의 '橫須賀해군 시설')를 사실상의 모항으로 첫 입항했다. 1991년에는 항공모함 Midway호를 대신하여 항공모함 Independence호가, 1998년에는 동 항공모함를 대신해 항공모함 Kitty Hawk호가, 2008년에는 동 항공모함를 대신해 항공모함 George Washington호가 각각 橫須賀기지를 모항으로 하고 있다. 이 항공모함은 미 해군 제5 항공모함 항공단 소속의 함재기가 탑재되어 있으며, 정비, 보급, 훈련 등의 활동이 厚木기지에서 전개되기에 이르렀다. 그리하여 1973년 10월경 이후, 항공모함 함재기가 厚木기지에 빈번히 왕래하고 있다. 厚木기지의 주변 자치단체는 이미 1960년부터 항공기소음에 대한 대책에 착수했으나, 항공모함 함재기가 비행하게 된 1973년경부터는 厚木기지에 이착륙하는 항공기로 인한 소음 등이 사회문제로서 신문, TV 등에서 크게 다루어지게 되었으며, 1976년 9월에는 제1차 厚木기지 소음소송이 제기되었다. 해상자위대는 1979년 厚木기지의 활주로 보수, 유도 등 및 ILS (계기착륙장치) 시설의 신설 등의 공사를 실시하여, 1981년 10월에 제51 항공대를 이주시켰다.

(2) 1982년 이후

미 해군은, 1982년 2월부터 厚木기지에서 NLP(Night Landing Practice)를 개시했다. NLP란 항공모함 함재기가 육상에서 실시하는 착함훈련(FCLP=Field CarrierLanding Practice) 중 야간에 실시되는 것으로, 야간에 활주로를 항공모함 갑판에 맞추어 touch and go[77]를 실시하는 것을 말한다. 항공모함에의 착함, 특히 야간에 있어서의 그것은 활주로의 착륙에 비해 훨씬 고도의 기량을 필요로 하기 때문에, 미 해군의 함재기 조종사는 훈련을 통해 항상 정확도를 유지해야 하며, 특히 항공모함의 출항 전에는 소정의 방법으로 일정한 횟수의 NLP를 실시하는 것이 의무화되어 있다. 훈련 중인 항공기는 비행장 주변 상공을 선회하고, 지상의 유도 조명에 의지하여, 큰 추력을 유지하면서, 활주로에 진입하여 착륙 후 즉시 급상승하는 것을 반복한다.

---

77) touch and go는 항공기의 이착륙 훈련 중 하나이며, 활주로로 진입 강하, 착지하고, 지상 활주 후에 다시 엔진 출력을 높여 이륙하는 일련의 조작을 반복하는 것이다.

미 해군은 당초, 三沢기지와 岩国기지에서 NLP를 실시하고 있었지만, 먼 곳이기 때문에 시간·비용적인 측면에서 문제가 많다고 여겨져, 1982년 2월 이후부터 厚木기지에서 실시하게 되었다. NLP의 실시로 厚木기지 주변의 항공기소음은 격화되고, 1984년 10월에는 제2차 厚木기지 소음 소송이 제기되었다.

또한 주변 자치단체 등의 강력한 항의와 대체 훈련 시설의 설치 요청도 있어, 피고는 1988년 6월에 잠정적인 조치로서 硫黄島에서의 NLP의 실시를 미국에 신청해 합의에 도달했다.[78]

그 후, 항공모함 함재기가 실시하는 NLP의 대부분은 硫黄島에서 이루어지게 되었으나, 硫黄島부근의 기상문제나 厚木기지에서 먼 곳에 있다는 등의 이유로 硫黄島로 전면 이전된 것은 아니며, 厚木기지에서도 이루어지는 경우가 있었다. 厚木기지의 주변 주민은, NLP가 硫黄島에서 실시되게 된 후에도, 소음 등에 의한 피해가 현저하다고 하여, 1997년 12월에 제3차 厚木기지 소음 소송을 제기했다.

(3) 厚木비행장에서 岩国비행장으로의 항공모함 함재기의 이주

미일 안전보장 협의위원회[79]는 2006년 5월 '재편 실시를 위한 미일 로드맵'을 승인하였다. 위의 로드맵 중에는 '厚木비행장에서 岩国비행장으로의 항공모함 함재기의 이주'라는 항목이 마련되어 있으며, ① 미 해군 제5항모 항공단의 厚木비행장에서 岩国비행장으로의 이주는 F/A-18, EA-6B, E-2C 및 C-2 항공기로 구성되며, 필요한 시설이 완성되고, 훈련 공역 및 岩国레이더 진입 관제 공역의 조정이 실시된 후 2014년까지 완료, ② 厚木비행장에서 실시되는 계속적인 미군 운용의 소요를 고려하면서, 厚木비행장에서 해상자위대 EP-3, OP-3, UP-3 비행대 등의 岩国비행장으로의 이주를 받아들이기 위해 필요한 시설의 정비 등이었다. 그러나 방위성은 2013년 1월 厚木기지의 주변 자치단체에 대해, 2014년도 중에 실시가 예정되었던 미 해군 항공모함 함재기 59기의 岩国비행장 이주는 2017년경 될 전망

---

78) 피고(국가)는 1993년 3월 말, 硫黄島에 NLP실시를 위한 훈련시설을 완성시켰다(숙소나 갱생 시설 등의 관련 시설을 포함).

79) 동 위원회는 미일안보조약에 의거하여, 미국과 일본 정부 간의 상호 이해를 촉진하는 데 도움이 되는 동시에 안전보장의 분야에서 양국 간의 협력관계 강화에 공헌하는 문제이며, 안전보장 문제의 기반이 되는 것 중 안전보장 문제에 관한 것을 검토하기 위해 설치된 특별위원회이며, 일본의 외무대신과 방위대신, 미국의 국무장관과 국방장관 등 4개의 각료들로 구성된다.

이라고 설명했다.

3. 厚木해군 비행장의 소음 소송의 경위(제1-5차 소송)

일본의 경우 주일 미군기의 소음피해와 관련하여, 일본 정부가 미군기지의 소음피해 배상액을 부담하는 등의 문제는 사회적인 관심[80]을 끌고 있다. 厚木기지의 주변 주민은 厚木기지에 이착륙하는 항공기소음 등에 의한 피해를 원인으로 하여 1976년에 橫浜지방법원에 소음 소송을 제기하여(제1차 소송), 피고에 대해 손해배상 등을 요청하였으며, 이후 제5차 소송이 2017년 8월 4일에 橫浜지방법원에 제기되어, 2019년 12월 9일 橫浜지방법원에서 제8회 구두 변론 기일을 진행하였다.

(1) 제1차 소송

厚木기지 주변 주민 92명은 1976년 9월 8일 피고(국가)에 대해 厚木기지에 있어서 항공기 이착륙 등의 금지 및 과거·장래의 손해배상을 구하는 소를 橫浜지방법원에 제기하였다. 동 법원은 1982년 10월 20일에 금지 및 장래의 손해배상에 관한 소를 부적법한 것으로 각하하고, 주변 주민 80명에 대해 과거의 손해배상청구를 인용하는 판결을 선고하였다. 이후 쌍방이 항소하였으며, 東京고등법원은 1986년 4월 9일 금지 및 장래의 손해배상에 관한 소는 각하, 과거의 손해배상청구를 모두 기각하는 판결을 선고하였다. 이에 주변 주민이 상고하여, 대법원은 1993년 2월 25일 과거의 손해배상청구와 관련된 부분에 대해 원판결을 파기하고 東京고등법원으로 환송했다. 東京고등법원은 1995년 12월 26일, 주변 주민 69명에 대해 과거의 손해배상을 인용하는 판결을 선고하였으며, 이 판결은 확정되었다.

---

80) 주일 미군기의 소음피해 소송과 관련, 법원의 배상판결이 났는데도 미국 측이 부담을 거부함에 따라 일본 정부가 대신 떠안은 금액이 1천500억원에 이른다고 도쿄신문이 7일 전했다. 배상이 확정된 소송은 東京都의 橫田기지, 神奈川현의 厚木기지 관련 소송 등이며, 판결이 확정된 손해배상액과 2심에 계류 중인 소송의 배상액을 합하면 700억엔(약 7천192억원)에 이르며 이 중 미국이 부담하지 않아 일본 정부가 떠안은 금액이 최소 150억엔(약 1천541억원)에 달한다. 〈https://www.yna.co.kr/view/AKR20190207070300073?input=1195m〉 (최종검색일 2021년 12월 12일) "日정부, 미군기지 소음피해 배상액 1천500억원 대신 떠안아", 2019년 2월 7일, 김정선 기자, 연합뉴스.

● 표 3-1 厚木기지 제1차 소음 소송

원고	厚木기지 주변에 거주하는 주민 92명
피고	국가
제소의 요지	① 오후 8시부터 다음날 오전 8시까지, 일체의 항공기를 이착륙시켜서는 안 되며, 일체의 항공기 엔진을 작동시켜서는 안 됨 ② 매일 오전 8시부터 오후 8시까지, 원고들의 거주지에 65폰을 넘는 일체의 항공기소음을 도달시켜서는 안 됨 ③ 과거의 손해배상으로서 월 23,000엔(수임료 15% 포함)을 35년 1월 이후 각 원고의 거주기간에 따라서 지불하며, 장래에 ①, ②가 실시될 때까지 동 월액을 지불
근거 규정	■ 손해배상에 대해서는 「민법」 제709조와 「국가배상법」 제2조 제1항 ■ 비행금지에 대해서는 「인격권」, 「환경권」
소송의 경과	■ 橫浜지방법원에 제소, 1976년(昭和 51年) 9월 8일 ■ 橫浜지방법원 판결, 1982년(昭和 57年) 10월 20일 ■ 東京고등법원에 항소, 1982년(昭和 57年) 11월 2일 ■ 東京고등법원 판결, 1986년(昭和 61年) 4월 9일 ■ 대법원에 상고, 1986년(昭和 61年) 4월 14일 ■ 대법원(제1소법정) 판결, 1993년(平成 5年) 2월 25일 ■ 東京고등법원 환송 후 항소심, 1995년(平成 7年) 12월 26일
판결의 요지	**橫浜지방법원 판결요지** ① 비행금지 각하 ② 과거의 손해배상청구 인용 ③ 본소 제기일의 3년 전의 손해에 대해서는 시효로 인하여 소멸 ④ 장래의 손해배상 각하 **東京고등법원 판결요지** ① 비행금지 각하 ② 과거의 손해배상청구 기각 ③ 장래의 손해배상 각하 ④ 군사공공성의 우월성을 강조하는 논지에서 원고 전면 패소 **대법원 판결요지** 소음피해가 수인한도를 넘는 것을 인정하고, 기지 소음의 위법성을 지적하여, 국가 측에 「국가배상법」에 근거한 손해배상의 일부 지불을 명했다.

(2) 제2차 소송

　1983년부터 기지의 활주로를 항공모함의 갑판으로 보고 착륙 직후에 이륙을 반복하는 야간착륙훈련이 시작되면서 소음은 현저히 증가하였다.[81] 厚木기지의 주변 주민 161명은 1984년 10월 22일 피고(국가)에 대해 厚木기지의 항공기 이착륙 등의 금지 및 과거·장래의 손해배상을 요구하는 소송을 橫浜지방법원에 제기했다. 동 법원은 1992년 12월 21일에 장래의 손해배상 및 미군기의 금지에 관한 소를 부적법한 것으로 각하하고, 자위대기의 금지청구를 기각하는 한편 주변 주민 133명에 대해 과거의 손해배상청구를 인용하는 판결을 선고했다. 쌍방은 이에 대해 항소하였으며, 東京고등법원은 1999년 7월 23일 자위대기의 금지에 대한 소를 부적법한 것으로 각하하고, 장래의 손해배상 및 미군기의 금지에 관한 소송에 대해서는 원 판결과 마찬가지로 각하하였으며, 과거의 손해배상에 대해서는 주변 주민 134명의 청구를 인용하는 판결을 선고하여, 이 판결은 확정되었다.

● 표 3-2 　厚木기지 제2차 소음 소송

원고	厚木기지 주변에 거주하는 주민 161명
피고	국가
제소의 요지	1차 소송과 동일
근거 규정	■ 손해배상에 대해서는 「국가배상법」 제2조 제1항 ■ 비행금지에 대해서는 「인격권」, 「환경권」
소송의 경과	■ 橫浜지방법원에 제소, 1984년(昭和 59年) 10월 22일 ■ 橫浜지방법원 판결, 1992년(平成 4年) 12월 21일 ■ 東京고등법원에 항소, 1992년(平成 4年) 12월 27일 ■ 東京고등법원 판결, 1999년(平成 11年) 7월 23일 ■ 원·피고 모두 상고하지 않고 항소심 판결 확정
판결의 요지	橫浜지방법원 판결요지 ① 미군기 비행금지 각하 ② 자위대기 비행금지청구 기각 ③ 소음 피해에 대해서는 인용, 손해배상은 피해의 정도에 따라 인정

---

81) 권창영, "군사기지 인근주민의 군용기 비행금지 청구의 허용 여부", 「한국항공우주정책·법학회지」 제33권 제1호, 한국항공우주정책법학회, 2018년, 52-53면.

東京고등법원 판결요지
① 미군기 비행금지 각하 ② 자위대기 비행금지 각하 ③ 소음 피해에 대해서는 인용, 손해배상은 피해의 정도에 따라 인정 ④ 일부 원고에 대하여 「위험에 대한 접근의 이론」에 따라 손해배상액을 감액

(3) 제3차 소송

厚木기지의 주변 주민 약 2,820명은 1997년 12월 8일 피고(국가)에게 과거·장래의 손해배상을 요구하는 소송을 橫浜지방법원에 제기했다. 그 후, 추가 제소가 있어 원고가 된 주변 주민의 총수는 5,000명을 넘었다. 이 소송에서는 금지청구가 요구되지 않았으며, 오로지 손해배상여부가 논쟁이 되었다. 동 재판소는 2002년 10월 16일 장래의 손해배상에 관한 소를 부적법한 것으로 각하하고, 주변 주민 4,935명에 대해 과거의 손해배상청구를 인용하는 판결을 선고했다. 이에 대하여 쌍방이 항소하였으며, 東京고등법원은 2006년 7월 13일 장래의 손해배상에 대해서는 소를 각하, 과거의 손해배상에 대해서는 주변 주민 대부분의 청구를 인용하는 판결을 선고하여, 이 판결은 확정되었다.

● 표 3-3 厚木기지 제3차 소음 소송

원고	厚木기지 주변에 거주하는 주민 5,046명(추가제소 포함)
피고	국가
제소의 요지	과거의 손해배상으로서 월 23,000엔(수임료 15% 포함)을 1994년 12월 이후 각 원고의 거주기간에 따라 지불
근거 규정	「국가배상법」 제2조 제1항
소송의 경과	■ 橫浜지방법원에 제소, 1997년(平成 9年) 12월 8일 ■ 橫浜지방법원 판결, 2002년(平成 14年) 10월 16일 ■ 쌍방이 東京고등법원에 항소, 2002년(平成 14年) 10월 29일 ■ 東京고등법원 판결, 2006년(平成 18年) 7월 13일 ■ 원·피고 모두 상고하지 않고 항소심 판결 확정
판결의 요지	橫浜지방법원 판결요지 ① 장래의 손해배상 각하 ② 소음 피해에 대해서는 인용, 손해배상은 피해의 정도에 따라 인정

③ 피고가 주장하는 「위험에 대한 접근의 이론」은 적용되지 않음	
東京고등법원 판결요지	
① 장래의 손해배상 각하 ② 소음 피해에 대해서는 인용, 손해배상은 피해의 정도에 따라 인정 ③ 피고가 주장하는 「위험에 대한 접근의 이론」은 적용되지 않음	

제1－3차 소송에서 원고(주민)의 주장에 거의 공통되는 점은 첫째, 야간부터 새벽 사이의 비행금지,[82] 둘째, 주간에 일정 수준 이상의 소음의 거주 지역에 도달금지, 셋째, 소음·진동 등의 침해행위에 대한 과거분의 손해배상, 넷째, 소음·진동 등을 이유로 하는 장래에 대한 손해배상이다. 한편, 厚木 제3차 소송의 원고는 비행금지를 청구하지 않아 쟁점과 심리가 과거분 및 미래분의 손해배상으로 제한되어 있다.[83]

(4) 제4차 소송

원고들을 포함한 厚木기지의 주변 주민 6,130명은 2007년 12월 피고에 대하여, 厚木기지에서 항공기 이·착륙 등의 금지 및 과거·장래의 손해를 배상하도록 요구하는 소를 橫浜지방법원에 제기하였다. 그 이후 추가 제소가 있어, 원고가 된 주변 주민의 총수는 7,000명을 넘었지만, 일부 취하가 있어 구두변론종결시의 원고 수는 6,994명이다.

● **표 3-4 厚木기지 제4차 소음 소송**

원고	厚木기지 주변에 거주하는 주민 6,994명(구두변론종결시 원고의 수)
피고	국가
제소의 요지	【민사소송】 ① 오후 8시부터 다음날 오전 8시까지, 일체의 항공기를 이착륙시켜서는 안 되며, 일체의 항공기의 엔진을 작동시켜서는 안 됨 ② 오전 8시부터 오후 8시까지, 원고들의 거주지에 70폰을 넘는 일체의 항공기소음을 도달하게 하여서는 안 됨 ③ 과거의 손해배상과 월 23,000엔(수임료 15% 포함)을 제소 전 3년분에 대해서 지불, 장래 ①,

---

82) 미·일 공동 사용하고 있는 미군기지의 경우에는, 자위대기의 비행금지를 포함한다.

83) 朝井志歩, 앞의 논문(주 54) 93頁.

		②가 실시될 때까지 동 월액을 지불
		【행정소송】
		① 오후 8시부터 다음날 오전 8시까지 자위대기를 운항해서는 안 됨
		② 자위대기의 훈련을 위해 운항해서는 안 됨
		③ 주변 거주지에서 1년간의 항공기소음이 75WECPNL을 넘게 되는 자위대기를 운항시켜서는 안 됨
		④ 미군에 대해 厚木기지 내의 미군전용시설·구역 출입을 위한 것 이외의 일체의 미군기의 운항을 위한 사용을 인정해서는 안 됨
		⑤ 미군에 대해 오후 8시부터 다음날 오전 8시까지 일체의 미군기의 운항을 위한 사용을 인정해서는 안 됨
		⑥ 미군에 대해 1년간의 항공기소음이 75WECPNL을 넘게 되는 미군기의 운항을 위한 厚木기지의 사용을 인정해서는 안 됨
근거 규정		▪ 손해배상에 대해서는 「국가배상법」 제2조 제1항
		▪ 비행금지에 대해서는 민사소송에서 「인격권」, 행정소송에 대해서 「행정사건소송법」 제37조의4
소송의 경과		▪ 橫浜지방법원에 제소, 2007년(平成 19年) 12월 17일
		▪ 橫浜지방법원 판결, 2014년(平成 26年) 5월 21일
		▪ 국가가 행정소송에 대해 東京고등법원에 항소, 2014년(平成 26年) 5월 26일
		원고가 민사소송과 행정소송 모두에 대해 東京고등법원에 항소, 국가도 민사소송에 대해 동일하게 항소, 2014년(平成 26年) 6월 3일
		▪ 東京고등법원 판결, 2015년(平成 27年) 7월 30일
		▪ 대법원 판결, 2016년(平成 28年) 12월 8일
판결의 요지		橫浜지방법원 판결요지
		【민사소송】
		① 과거의 소음 피해에 대해 손해배상을 인정
		② 장래의 손해배상 각하
		【행정소송】
		① 미군기 비행금지 각하
		② 오후 10시부터 오전 6시까지 부득이한 경우를 제외하고, 자위대기의 비행금지
		東京고등법원 판결요지
		【민사소송】
		① 과거의 소음 피해에 대해 손해배상을 인정
		② 장래의 손해배상에 대해서는 2016년 말까지에 대해서 인정
		③ 외국인 원고의 손해배상도 인정
		【행정소송】
		① 미군기 비행금지 각하
		② 오후 10시부터 오전 6시까지 부득이한 경우를 제외하고, 자위대기의 비행금지

1976년 이후 厚木기지를 둘러싸고, 과거·장래의 손해배상(제1–3차) 및 금지(제1·2차)를 요구하는 소송이 있었으나, 지금까지는 과거의 손해배상만이 인정되어 왔

다.[84] 제4차 東京고등법원 판결은 장래의 손해배상에 대해 '기한을 정하여 인정'한 것으로, 橫浜지방법원 판결보다 한 걸음 전진한 것으로 볼 수 있다. 2016년 말까지라는 기한은, 厚木기지의 함재기가 2017년까지 岩国기지로 이전한다는 정부 간의 결정이 크게 영향을 준 것이라고 볼 수 있다.[85]

또한, 제4차 東京고등법원 판결에서 자위대기의 야간비행의 금지를 인정하였는데 방위대신이 자위대기의 운항여부를 판단하면서 그 과정의 합리성을 구체적으로 심사했다는 것도 의미가 있다. 제4차 東京고등법원 판결은 자위대기를 운항함으로써 달성하려는 행정 목적과 대비하여, 야간에 기지 주변 주민이 입는 피해는 그에 걸맞지 않게 과대하다는 이유로 방위대신의 재량권 일탈 또는 남용이 있다고 판단하였다. 제4차 東京고등법원 판결은 방위대신이 행정 목적과 기지 주변 주민의 피해를, 원래대로라면 어떻게 형량하여야 하는지 여부를 구체적으로 제시하고 있으며, 이것은 어느 정도 설득력을 가지고 있다고 볼 수 있다. 그러나 2016년 12월 제4차 대법원 판결에서는 자위대기의 운항에 ㉠ 고도의 공공성과 공익성, ㉡ 기지 주변의 주민에게 생기는 피해, ㉢ 자위대기의 운항과 관련한 자주규제와 주변대책사업의 실시 등 상응하는 대책조치의 사정을 '종합 고려'한 결과 본건 비행장에서 장래에 걸쳐 상기의 자위대기의 운항이 이루어지는 것이, 사회통념에 비추어 현저하게 타당성이 결여된 것으로 인정하기 어렵다고 보아, 자위대기의 운항[86]에 관련

---

84) 오쿠보노리코, "최근 일본에서의 환경소송의 전개", 「환경법과 정책」 제14권, 강원대학교 비교법학연구소, 2015년, 131면.

85) 미·일 안전보장협의위원회가 2006년 5월에 승인한 '재편 실시를 위한 미·일의 로드맵' 중에는 '厚木비행장에서 岩国비행장으로의 항공모함 함재기의 이주'의 항목이 설치되어 있으며, 동위원회는 2013년 10월, 미 해군 제5 항공모함 항공단의 岩国비행장으로의 이주에 대해 2017년까지 완료할 것을 인식한다는 취지를 표명했다. 最判平28年12月8日(사건번호: 平成 27年(行ヒ)第512号, 第513号).

86) 자위대기의 운항과 관련하여 다음과 같이 규정한다. ⅰ) (「자위대법」 제3조 제1항) 자위대는 일본의 평화와 독립을 지키고, 국가의 안전을 유지하기 위해 직접 침략 및 간접 침략에 대해 일본을 방위하는 것을 주된 임무로 하며, 필요에 따라 공공의 질서유지에 임하는 취지를 정한다. ⅱ) (「자위대법」 제3조 제2항) 자위대는 동조 제1항에 정하는 것 외에 일본 주변의 지역에서 일본의 평화와 안전에 중요한 영향을 미치는 사태에 대응하여 실시하는 일본의 평화와 안전 확보에 이바지하는 활동 등으로써, 별도로 법률로 정하는 바에 따라 자위대가 실시해야 할 것을 임무로 하는 취지를 정한다. ⅲ) (「자위대법」 제6장) 자위대의 행동으로써 방위출동, 국민보호 등 파견, 명령에 의한 치안출동, 해상에서의 경비행동, 해적대처행동, 재해파견, 영공침범에 대한 조치, 재외동포 등의 수송, 후방지역 지원 등의 각종 행동을 규정하고 있다. ⅳ) [「방위성 설치법(2015년

된 방위청장관의 권한 행사가 「행정사건소송법」 제37조의4 제5항의 행정청이 그 처분을 하는 것이 재량권의 범위를 초과하거나 그 남용이라고 인정되는 경우에 해당된다고 할 수 없다고 판시하였다.[87] 제4차 소송(대법원)에서의 당사자의 주장과 판결요지를 정리하면 다음의 표[88]와 같다.

법률 제66호에 의한 개정 전의 것)」 제4조 제4호, 제9호 참조] 「자위대법」 제6장의 각종 행동에 필요한 정보의 수집과 대원의 교육 훈련도 자위대의 행동에 포함된다. ⅴ) (「자위대법」 제8조) 방위대신은 자위대의 隊務(군대의 사무)를 통괄할 권한을 갖는다. 방위대신의 권한에는 자위대기의 운항을 총괄하는 권한도 포함된다. ⅵ) (「항공기의 사용 및 탑승에 관한 훈령」 제2조) 방위대신은 자위대기의 구체적인 운항 권한을 훈령 제2조 제6호에 정하는 항공기 사용자에게 부여한다. ⅶ) (「항공기의 사용 및 탑승에 관한 훈령」 제3조) 항공기 사용자가 소속 항공기를 사용할 수 있는 경우로서, 자위대법 제6장의 규정에 의해 자위대가 행동하는 경우에 있어서, 항공기를 사용할 필요가 있을 때(제1호), 교육훈련과 관련하여 항공기를 사용할 필요가 있는 경우(제3호), 정찰, 연락, 관측 등을 위해 항공기를 사용할 필요가 있는 경우(제5호) 등을 들고 있다. ⅷ) (「자위대법」 제107조) 자위대기의 운항에는 그 성질상 필연적으로 소음 발생이 동반하는 바, 「자위대법」 제107조 제1항 및 제4항은 항공기의 항행의 안전 또는 항공기의 항행에 기인하는 장해의 방지를 도모하기 위해 「항공법」 규정의 적용을 대폭 제외하면서, 동조 제5항에서 방위대신은 자위대기의 안전성 및 운항에 관한 기준, 자위대가 설치하는 비행장 및 항공보안시설의 설치 및 관리에 관한 기준 등을 정하고, 기타 항공기에 의한 재해를 방지하고 공공의 안전을 확보하기 위해 필요한 조치를 강구해야 한다는 취지를 규정하고 있다. 「자위대법」 등의 규정에 따르면, 방위대신은 일본의 방위나 공공질서의 유지 등의 자위대에게 부과된 임무를 확실하고 효과적으로 수행하기 위해, 자위대기의 운항에 관한 권한을 행사할 것으로 인정되는 바, 그 권한의 행사에 있어서는 일본의 평화와 안전, 국민의 생명, 신체, 재산 등의 보호에 관계되는 내외 정세, 자위대기 운항의 목적 및 필요성 정도, 이 운항에 의해 주변 주민에게 초래되는 소음으로 인한 피해의 성질 및 정도 등 제반 사정을 종합 고려하여 이루어져야 할 고도의 정책적, 전문·기술적인 판단을 필요로 하는 것이 분명하므로, 위 권한의 행사는 방위대신의 광범위한 재량에 맡겨진 것이라 해야 할 것이다. 그러면, 자위대가 설치하는 비행장에서 자위대기의 운항과 관련되는 방위대신의 권한의 행사가, 「행정사건소송법」 제37조의4 제5항의 금지 요건인, 행정청이 그 처분을 하는 것이 그 재량권의 범위를 초과하거나 그 남용이라고 인정되는 때에 해당하는지 여부에 대해서는, 동 권한의 행사가 위와 같은 방위대신의 재량권 행사로서 되는 것을 전제로 하여, 그것이 사회통념에 비추어 현저하게 타당성이 결여된 것으로 인정되는 여부의 관점에서 심사를 실시하는 것이 상당하다.

87) 最判平28年12月8日(사건번호: 平成 27年(行ヒ)第512号, 第513号).
88) 권창영, 앞의 논문(주 81), 53면.

• 표 3-5 厚木기지 제4차 소송 대법원 판결

청구	원고	피고	대법원
장래의 손해배상	변론종결 후에도 위법한 소음피해가 계속될 것이 확실하기 때문에 인정되어야 한다.	장래의 손해는 확정할 수 없기 때문에 배상청구는 허용되지 아니한다.	배상액 등을 명확하게 인정할 수 없기 때문에 청구자체는 허용되지 아니한다.
자위대기의 비행금지	소음피해가 심각하고, 자위대기의 운항의 공공성을 과대평가해서는 안 된다.	자위대기의 운항에 관하여 방위청장관에게 넓은 재량이 인정되지만, 권한의 활용은 어렵다.	자위대기의 운항은 고도의 공공성이 인정된다. 소음피해는 경시할 수 없으나, 상응하는 대책을 강구할 수 있고, 방위청장관의 권한행사는 타당하다.
미군기의 비행금지	미군기에 대하여 일본국의 지배가 미치지 않는다는 원심은 잘못되었다.	방위청장관은 미군기의 운항을 제한할 수 있는 권한이 없다.	이유를 설시하지 않고, 원고 측의 상고를 기각하였다.

(5) 제5차 소송

厚木기지 주변에 거주하는 주민 8,843명은 2017년 8월 4일 橫浜지방법원에 국가를 상대로 과거의 3년간의 손해배상, 비행금지가 실현될 때까지 장래분의 손해배상을 구하는 민사소송과 미군기지가 岩国기지로 이주되었으나, 훈련과 기타 거점으로 厚木기지는 계속 사용되고 있음에 대한 소음 및 비행금지를 구하는 행정소송을 제기하였다. 厚木기지 제5차 소송에서 원고들은 방위대신의 자위대기 운항여부 결정과 관련하여, 법원이 그 판단 과정에 합리성이 있는지 아닌지를 상세하게 검토해야 한다는 주장을 전개하고 있다.

• 표 3-6 厚木기지 제5차 소음 소송

원고	厚木기지 주변에 거주하는 주민 8,843명
피고	국가
제소의 요지	【민사소송】 ① 과거 3년간의 손해배상 ② 비행금지가 실현될 때까지 장래분의 손해배상 【행정소송】 ① 자위대와 미군기의 비행금지 ■ 미군기지가 岩国기지로 이주되었으나, 훈련과 기타 거점으로 厚木기지는 계속 사용되고 있어, 厚木기지 제5차 소송을 통해 주민들의 비원인 소음금지와 비행금지를 실현하고자 함

손해 배상액	합계 131억 2978만 2000엔
소송의 경과	橫兵지방법원에 제소, 2017년(平成 29年) 8월 4일 橫兵지방법원 제1회 구두 변론 기일, 2018년(平成 30年) 5월 21일 橫兵지방법원 제8회 구두 변론 기일, 2019년(平成 31年, 令和 1年) 12월 9일

제4장

항공기소음침해에 대한 민사상의 구제수단

제4장

항공기소음침해에 대한 민사상의 구제수단

항공기소음침해로 인하여 발생한 피해에 대한 구제방법에는, 사후적으로 발생한 손해의 전보를 구하는 것이 일반적이다. 하지만 이와 같은 손해배상청구는 환경침해의 계속적 측면을 고려해 볼 때, 사후적·소극적 구제수단으로서 환경침해에 대한 근원적 해결수단이 되지 못한다는 한계를 가지고 있다. 따라서 현재 이뤄지고 있는 침해행위에 대해서는 그 예방을 청구하는 유지청구를 인정할 실익이 크다. 그러나 유지청구를 인용할 경우, 다른 사람의 권리행사를 제한하거나, 권리자의 의사 및 행위를 강제하는 부분도 있어 이에 신중을 기해야 하는 측면이 존재한다.[1]

항공기소음침해 피해에 대한 손해배상청구소송을 제기함에 있어 그 법률구성을 어떻게 할 것인가는 앞에서도 살펴보았듯이 ① 「민법」 제750조(일반불법행위책임) 또는 「국가배상법」 제2조 제1항(국가배상책임)에 의한 손해배상책임론, ② 「국가배상법」 제5조 제1항(공공시설 등의 하자로 인한 책임) 또는 「민법」 제758조(공작물 등의 점유자·소유자 책임)에 의한 손해배상책임론이 가능하다.[2] 위의 법리에서 어느 이론을 구성하는가에 따라서 당사자, 즉 원고와 피고의 특정문제와 소송물의 요건사실이 다르다 할 것인데, 일반불법행위에 의한 손해배상책임론으로 구성하면 「민법」의 불법행위의 요건사실인 예견가능성과 회피가능성에 기한 과실의 입증이 매우 어렵다. 이에 따

---

1) 손윤하, 「환경침해와 민사소송」, 청림출판, 2005년, 367 – 368면.
2) 손윤하, "항공기소음에 의한 피해구제를 위한 민사소송의 문제점", 「법조」 제54권 제3호, 법조협회, 2005년, 203면.

라 재판실무에서는「국가배상법」제5조 제1항의 영조물의 설치·관리의 하자에 따른 손해배상책임론으로 구성하는 것이 대부분의 예이다.[3] 아래의 내용에서 민사상 구제수단인 유지청구와 손해배상청구, 그리고 그 밖의 특별법상의 보상책임에 대해 순차적으로 살펴보기로 한다.

제1절 유지청구

I. 개 관

유지청구는 계속적인 환경침해의 제거 또는 예방을 청구하는 것으로, 피해자가 가해자에게 소극적으로 가해행위의 중지(즉 부작위)를 청구하거나 적극적으로 침해상태의 제거 또는 개선대책의 수립 및 시행(즉 작위) 등을 청구하는 것을 내용으로 한다. 그 행사방법은 가처분소송 또는 본안소송의 형태를 띠게 되는데, 손해배상청구와 병행적으로 제기되는 경우가 많다. 유지청구는 계속적 침해로 인해 회복할 수 없는 손해가 발생할 우려가 있는 경우에 이를 적극적으로 배제하는 사전예방적인 민사적 구제수단이기 때문에 사후구제수단인 손해배상청구를 보완하는 기능을 담당한다. 계속적 환경침해가 발생할 때 피해자는 과거의 손해에 대해서는 손해배상을 청구함과 동시에 장래 예측되는 손해의 방지를 위해서 유지청구를 해야만 완전한 권리구제가 가능해진다. 유지청구가 인용되면 법원에 의한 명령에 의해 가해자에게 일정한 내용의 의무가 부과된다는 점에서 전형적인 환경책임인 손해배상책임과는 또 다른 의미의 민사적 책임이 성립된다. 따라서 유지청구는 손해배상청구와 함께 환경침해의 원인을 제공한 자에게 민사적 책임을 부과할 수 있는 중요한 사법적 구제수단이다.[4]

공항이나 군용비행장 인근에 거주하는 주민들이 공항의 설치·관리자 등을 상대로 현재 항공기소음 배출행위의 제거를 구하거나 장래 배출될 항공기소음을 예

---

3) 손윤하, 앞의 논문(주 2), 204면.
4) 최인호, "환경침해에 대한 원인자의 민사적 책임",「법학연구」제28권 제1호, 충남대학교 법학연구소, 2017년, 208 – 209면.

방하기 위하여, 예컨대 항공기의 이·착륙 횟수 제한 또는 운항시간대의 제한 등을 구하는 민사소송을 제기할 수 있는지 여부가 문제되는데, 종래 실무상으로는 본안 판단을 받기도 전에 (민사소송의 대상이 아니라는 이유로) 소 각하 판결을 받거나 설령 본 안판단을 받는다 하더라도 고도의 공공성 등을 이유로 청구기각판결을 받게 될 것으로 예상되었기 때문인지 우리나라에서 실제로 유지청구소송이 제기된 사례는 거의 찾아볼 수 없다.[5]

II. 법적 근거

일반적으로 제시되는 유지청구[6]의 법적 근거는 ① 환경침해를 소유권 기타 물권에 대한 침해로 이해하여 피해자는 「민법」 제214조에 근거한 방해배제·예방 청구권을 행사할 수 있다는 물권적 청구권설,[7] ② 토지소유자의 수인의무를 규정하는 「민법」 제217조에서 그 근거를 찾는 상린관계설,[8] ③ 환경침해를 인격권의 침해로 이해하는 인격권설,[9] ④ 「헌법」 제35조 제1항의 구체적 효력을 인정하여

---

5) 강종선, "항공기소음 관련 민사소송의 제 논점", 「사법논집」 제44집, 법원도서관, 2007년, 315면.
6) 유지청구를 할 수 있는 주체는 환경침해를 당한 피해자로서, 피해자의 범위는 유지청구의 근거를 어떻게 보느냐에 따라 달라질 수 있다. 물권설에 의하면 원칙적으로 소유자이고, 기타 용익권자나 관습상 사용자, 상관관계에서의 보호자 등이 될 수 있다. 인격권설에 의하면 인격권을 침해당한 자, 불법행위설에 의하면, 위법한 침해행위로 환경이익을 침해당한 자가 될 것이며, 환경권설에 의하면, 물권유무를 불문하고 환경권을 침해당한 사람이 피해자가 될 것이다. 손윤하, 앞의 책(주 1), 370면.
7) 재산권을 기본 축으로 하는 근대 민법의 기본 틀을 유지함으로써 기존 법체계와의 조화를 꾀하고 법적 안정성을 높인다는 장점이 있으며, 현재 우리나라와 일본의 다수설 및 판례의 입장이다. 강종선, 앞의 논문(주 5), 316면.
8) 물권적 청구권설과 마찬가지로 유지청구권을 물권적 권능의 일종으로 파악하지만 그 직접적인 근거규정을 「민법」 물권편의 상린관계규정에서 찾고자 하는 견해이다. 즉 매연 등에 의한 생활방해의 금지 및 인용의무에 관한 「민법」 제217조를 근거규정으로 하여 위 규정의 요건을 충족하는 침해인 이상 피해자는 다른 근거를 채용할 필요없이 직접 위 규정에 기하여 항공기소음배출행위의 제거·예방을 청구할 수 있다고 한다. 강종선, 앞의 논문(주 5), 316면.
9) 생명·신체·건강·명예·자유 등 개별적인 인격권을 아우르는 일반적인 인격권의 존재를 전제로 하여, 인격권은 물권과 마찬가지로 하나의 절대권이므로 환경침해에 대한 유지청구권의 법적 근거로 볼 수 있다는 견해이다. 인격권설에 따른 대표적인 판결로는 부산고등법원 1995.5.18. 선고 95카함5 판결이 있으나, 위 판결의 상고심 판결인 대법원 1995.9.15. 선고 95다23378 판결에서는 인격권에 기한 유지청구권의 허용가능성에 대한 명시적인 판단을 유보하였다. 따라서 우리나

환경침해를 환경권의 침해로 이해하는 환경권설,[10] ⑤ 손해배상책임에 관한 「민법」 제750조에서 그 근거를 찾는 불법행위설[11]이 있다.[12] 위의 내용과 같이 유지청구에 대한 법적 근거가 다양하게 제기되고 있다.[13]

Ⅲ. 행사요건

1. 본안소송을 제기하는 경우

유지청구의 법적 근거를 「민법」 제214조 또는 제217조로 보는 종래의 학설·판례에 의하면, 유지청구의 요건으로 계속적인 환경침해행위가 있을 것과 그 침해정도가 수인한도의 정도를 넘을 것을 들고 있다. 환경침해가 1회로 종료되면 유지청구의 대상이 없으므로, 유지청구를 할 수 없을 것이다. 따라서 환경침해행위가 일정한 기간 동안 계속될 경우에만 유지청구의 대상이 있으므로, 계속적 환경침해가 유지청구의 첫째 요건이다. 환경침해가 계속되어도 그 정도가 수인한도를 넘어야 유지청구를 할 수 있다. 위 두 가지 요건을 충족할 경우, 즉 계속적 환경침해가 수인한도를 넘는 경우에는 그 침해행위는 위법하기 때문에 결국 피해자는 가해자를 상대로 불법행위로 인한 손해배상책임을 물을 수도, 이와 더불어 유지청구를 할

라와 일본에서는 아직 일반적인 인격권에 기한 유지청구권이 승인되어 있다고 보기는 어렵다. 강종선, 앞의 논문(주 5), 316면.

10) 유지청구권의 근거를 "모든 국민은 건강하고 쾌적한 환경에서 생활할 권리를 가지며, 국가와 국민은 환경보전을 위하여 노력하여야 한다."라고 규정하고 있는 「헌법」 제35조 제1항에서 찾는 견해로서 위 헌법조항으로부터 직접 '건강하고 쾌적한 환경에서 생활할 수 있는 권리', 즉 '환경권'이라는 새로운 하나의 절대권을 인정할 수 있다고 본다. 이 견해에 의하면, 환경침해행위로 인하여 자신의 권리 또는 생활이익을 직접 침해받지 아니한 사람도 위 헌법조항을 근거로 가해자를 상대로 침해행위의 제거·예방을 청구할 수 있다고 한다. 강종선, 앞의 논문(주 5), 316-317면.

11) 유지청구의 근거로 반드시 물권이나 인격권 등 지배권의 존재를 요구할 필요가 없고 보호받을 만한 생활이익의 침해에 의하여 불법행위를 구성하는 경우에는 불법행위 그 자체의 효과로서 손해배상뿐만 아니라 불법행위의 제거·예방까지 청구할 수 있다고 한다. 다만, 고의·과실을 유지청구권의 성립요건으로 보는 순수한 의미의 불법행위설을 취하는 견해는 거의 없고, 수인한도를 넘는 침해만 있으면 불법행위가 성립된다는 신수인한도론이 불법행위설의 대세를 차지하고 있다. 강종선, 앞의 논문(주 5), 316면.

12) 최인호, 앞의 논문(주 4), 210면.

13) 강종선, 앞의 논문(주 5), 316-317면.

수도 있게 된다. 그런데 금전배상을 원칙으로 하는 손해배상과 달리, 유지청구는 가해자에게 의사 및 행위의 강제를 부담지우고, 이러한 것이 곧 가해자의 소유권 등 재산권의 행사의 제한을 초래하는 정도가 크다는 점에서 가해자에게 가혹한 결과를 초래할 우려가 있기에[14] 계속적인 침해[15]와 수인한도를 초과하는 피해가 발생할 경우, 피해의 성질과 정도에 비추어 그 손해액을 금전으로 환산하기 어렵고, 금전보상으로 회복하기 어려운 손해(일반적으로 생명·신체에 대한 중대한 침해 또는 금전배상만으로 불충분한 정신적인 침해)가 발생하여야 한다.[16] 이에 더하여 유지청구를 인용하는 경우, 법원은 대체집행이 가능하도록 작위 또는 부작위의무를 명백히 특정해야 한다는 견해도 있다.[17]

2. 가처분을 신청하는 경우

가처분이 인용되기 위해서는 피보전권리와 보존의 필요성이 인정되어야 한다. 이때 피보전권리는 환경침해로 인한 유지청구권이 된다. 보전의 필요성은 "계속하는 권리관계에 현저한 손해를 피하거나 급박한 강폭을 방지하거나 기타 필요한 이유"인데, 결국은 이익교량의 문제에 해당한다.[18]

IV. 최근 판례의 동향

1. 비행금지청구 관련 사실관계

피고(대한민국)소유 경찰청 헬기장을 사용하는 헬기가 이·착륙할 때 원고 소유 토지 상공을 통과하였다. 이 토지는 헬기장 설치 전부터 차고지로 사용되었고, 그 지상 건축물은 주유소 등으로 이용되었다. 원고는 대전광역시 서구청장에게 위 토

---

14) 손윤하, 앞의 책(주 1), 371면.
15) 침해란 「민법」 제214조의 방해를 의미하는데, 동조상의 방해란 점유의 상실 이외의 방법으로 소유권 기타 물권의 실현이 저지된 것으로 법적 방해와 사실적 방해를 모두 포함한다. 김형석, "소유물방해배제청구권에서 방해의 개념 - 대법원 2003.3.28. 선고, 2003다5917 판결의 평석을 겸하여 -", 「서울대학교 법학」 제45권 제4호, 2004년, 410면.
16) 박균성·함태성, 「환경법」, 박영사, 2021년, 190면; 최인호, 앞의 논문(주 4), 213면.
17) 손윤하, 앞의 책(주 1), 372면.
18) 손윤하, 앞의 책(주 1), 372면.

지 지상에 장례식장 신축을 위한 건축허가를 신청하고 토지거래허가를 받은 다음 토지를 매수하였는데 그 후 건축불허가처분을 받았다. 이에 원고는 위 불허가처분 취소청구를 하였으나 기각되었다. 이후 원고는 증축허가 및 공작물축조 신청을 하였으나 불허가처분을 받았고, 장례식장으로의 용도변경 허가신청도 불허가되었다. 원고는 해당 불허가처분의 취소를 구하였으나 기각되어, 헬기 비행에 따른 안전문제로 지상 건축물의 증축 등이 불허가되는 등 토지의 이용에 심각한 제한이 있다는 이유로 ① 소유권에 기한 방해배제청구권에 근거하여 헬기 이·착륙시 토지 상공 통과 금지를 구하며, ② 피고의 헬기장 관리에 있어 의무위반을 근거로 불법행위에 기한 손해배상을 구하였다.[19]

2. 소송의 경과

1심[20]은 원고의 청구를 기각하였으나, 항소심[21]은 토지의 상공을 헬기의 이·착륙 항로로 사용하는 행위의 금지를 구하는 원고의 청구를 인용하였다. 그러나 대법원[22]에서 원심판결을 파기하였으며, 이후 환송심[23]에서는 원심판결 선고일인 2013년 8월 27일 이후로는 이 사건 토지 상공으로 헬기가 운항되지 않았고, 2017년 7월 15일 경찰청 항공대가 이전하였다는 사실이 인정되어, 환송심에 대한 쟁점으로 다루어지지 않았다.

---

19) 〈https://www.lawtimes.co.kr/Legal−New?News?serial=1166998〉(최종검색일 2022년 8월 11일), "항공기 비행에 의한 피해와 민사적 쟁점", 2021년 1월 7일, 한승수 교수(중앙대 로스쿨), 법률신문.
20) 대전지방법원 2012.8.16. 선고 2010가합7823 판결.
21) 대전고등법원 2013.8.27. 선고 2012나4891 판결.
22) 대법원 2016.11.10. 선고 2013다71098 판결.
23) 대전고등법원 2019.2.7. 선고 2016나1364 판결. 원고는 2017.10.27.자 청구취지 및 청구원인 변경신청서를 통하여 '헬기 상공통과금지 청구'를 취하하고 2018.10.31.자 청구 취지 및 청구원인 변경신청서를 통하여 손해배상청구의 원금 부분은 확장, 지연손해금 부분은 감축하는 내용으로 청구취지 변경을 하였다.

3. 검 토

(1) 소유권 침해로 인한 헬기의 이·착륙 항로 사용금지

1) 항소심 법원

항소심[24] 법원은 원고의 주장에 대해 "토지의 소유권은 정당한 이익이 있는 범위 내에서 토지의 상하에 미친다("민법」제212조)는 법리를 염두에 두고, 헬기장에 이·착륙하는 헬기가 이 사건 토지 방향으로 이·착륙하는 경우에는 이 사건 토지의 상공을 통과하게 되고, 이 사건 헬기장에 헬기가 이·착륙하기 위하여 이 사건 토지의 상공을 통과하는 경우 하강풍이 발생함으로써 이 사건 토지에 이용상 방해가 발생하며, 그 점이 주된 이유가 되어 원고가 신청한 이 사건 토지상의 장례식장, 단독주택, 소매점 등 용도의 건물에 대한 건축허가신청이 불허된 사정 등을 살펴보면, 피고는 이 사건 헬기장에 헬기를 이·착륙시키면서 이 사건 토지의 소유권이 미치는 이 사건 토지의 상공 부분을 헬기의 이·착륙 항로로 사용함으로써 이 사건 토지에 대한 원고의 소유권을 침해하고 있다."라고 판단하였다. 따라서 피고가 이 사건 토지의 상공 중 헬기의 이·착륙 항로로 사용되는 부분을 사용할 권원이 있다는 점에 관한 주장·증명이 없는 한, "원고는 이 사건 토지의 소유권에 터잡아 피고가 위 부분을 헬기의 이·착륙 항로로 사용하는 행위의 금지를 구할 수 있음"을 명시하여, 원고의 청구를 인용하였다.

2) 대법원

그러나 대법원[25] 판결에서는 "방지청구는 그것이 허용될 경우 소송당사자뿐

---

24) 대전고등법원 2013.8.27. 선고 2012나4891 판결.

25) 항공기가 토지의 상공을 통과하여 비행하는 등으로 토지의 사용·수익에 대한 방해가 있음을 이유로 비행금지 등 방해의 제거 및 예방을 청구하거나 손해배상을 청구하려면, 토지소유권이 미치는 범위 내의 상공에서 방해가 있어야 할 뿐 아니라 방해가 사회통념상 일반적으로 참을 한도를 넘는 것이어야 한다. 이때 방해가 참을 한도를 넘는지는 피해의 성질 및 정도, 피해이익의 내용, 항공기 운항의 공공성과 사회적 가치, 항공기의 비행고도와 비행시간 및 비행빈도 등 비행의 태양, 그 토지 상공을 피해서 비행하거나 피해를 줄일 수 있는 방지조치의 가능성, 공법적 규제기준의 위반 여부, 토지가 위치한 지역의 용도 및 이용 상황 등 관련 사정을 종합적으로 고려하여 판단하여야 한다. 항공기의 비행으로 토지소유자의 정당한 이익이 침해된다는 이유로 토지 상공을 통과하는 비행의 금지 등을 구하는 방지청구와 금전배상을 구하는 손해배상청구는 내용과 요건이 다르므로, 참을 한도를 판단하는 데 고려할 요소와 중요도에도 차이가 있을 수 있다.

아니라 제3자의 이해관계에도 중대한 영향을 미칠 수 있으므로, 방해의 위법 여부를 판단할 때는 청구가 허용될 경우 토지소유자가 받을 이익과 상대방 및 제3자가 받게 될 불이익 등을 비교·형량해 보아야 하는데, 원심 판시와 같은 사정만으로는 이 사건 헬기장에 이·착륙하는 헬기가 이 사건 토지의 상공을 비행하여 통과함으로써 원고의 이 사건 토지 상공에 대한 정당한 이익이 '참을 한도'를 넘어 침해되어 원고가 피고를 상대로 그 금지를 청구할 수 있다고 단정하기 어렵다."라고 판단하여 원심을 파기하였다.[26]

(2) 공공의 이익

1) 항소심 법원

항소심[27] 법원은 공공의 이익에 대한 부분에 있어서도 "헬기장의 설치에 있어서 관계 법령의 위반이 있다고 볼 수 없다거나 이 사건 헬기장에 헬기가 이·착륙함에 있어서 이 사건 토지의 상공을 통과하는 것이 불가피하며, 이 사건 헬기장이 공익적 목적으로 사용되고 있다는 사정만으로 달리 볼 수 없으며, 피고로서는 이 사건 토지의 상공 부분을 이용하는 것이 불가피하고 또한 공익상 필요가 있다면 관련 법령에 따른 수용이나 협의취득 등의 절차를 통하여 이 사건 토지 또는 이 사건 토지의 상공 부분의 사용권을 취득함으로써 그 사용권원을 적법하게 확보하는 것이 원칙"이라고 판단하여 피고의 주장을 배척하였다.

대법원 2016.11.10. 선고 2013다71098 판결.

26) 원심으로서는 헬기가 이 사건 토지를 통과할 때의 비행고도 및 비행빈도 등 비행의 태양, 이 사건 헬기장의 사회적 기능, 이 사건 토지 상공을 통한 비행이 금지될 경우 이 사건 헬기장의 운영에 초래되는 영향, 이 사건 헬기장의 운영으로 원고가 받는 실질적 피해와 권리행사 제한의 구체적 내용, 이 사건 토지의 이용 현황 및 활용 가능한 대안 등 다른 관련 사정을 좀 더 충실하게 심리한 다음, 이 사건 헬기장에서 헬기가 이·착륙할 때 이 사건 토지 상공을 통과하는 것이 금지될 경우 소송당사자뿐 아니라 지역 주민 등 일반 국민이 받게 될 이익과 불이익을 비교·형량하고, 공공업무 수행에 초래되는 지장의 내용과 대체 방안의 존부 등을 함께 고려하여 상대로 헬기가 이 사건 토지 상공을 통과하는 것의 금지를 청구할 수 있는지를 판단하였어야 했음에도 불구하고, 위와 같은 점을 충분히 살피지 아니한 채 곧바로 원고가 피고를 상대로 이 사건 토지의 소유권에 터 잡아 헬기가 이 사건 토지 상공을 통과하는 것의 금지를 구할 수 있다고 판단한 원심의 판단에 대해 판결에 영향을 미친 잘못이 있다. 대법원 2016.11.10. 선고 2013다71098 판결.

27) 대전고등법원 2013.8.27. 선고 2012나4891 판결.

2) 대법원

그러나 대법원[28] 판결에서는 "경찰청장은 원고가 이 사건 토지를 매수하기 23년 전부터 이 사건 헬기장에서 헬기를 운영하여 인명구조 및 긴급환자의 이송, 중요범인 추적 및 실종자 수색 등의 공익업무를 수행하여 왔으며, 헬기장은 경찰청 항공대 헬기뿐만 아니라 경찰청과 다른 지방경찰청 소방헬기의 연료보급을 위해 활용되고 있어 그 공공성과 사회적 가치가 크다."고 보았다.

V. 일본의 이론과 판례

일본의 민사소송은 손해배상과 금지소송으로 이루어진다. 역사적으로 보면, 일본의 공해·환경재판은 고도 경제성장기의 극심한 공해로 「민법」상의 불법행위(제709조)에 근거한 손해배상소송에서 비롯되었다. 한편, 도로공해, 공항공해 등 공공영조물의 설치·관리의 하자로 인한 피해에 대해서는 국가배상사건으로 일본 「국가배상법」 제2조가 적용된다.[29] 금지소송의 법적 구성은 인격권을 근거로 하고 있으나, 공공시설과 관련해서는 그 공공성이 중시되므로 금지청구가 인용되는 사안은 한정되어 있다.[30]

1. 금지소송의 법적 근거와 관련 사례

(1) 금지소송의 법적 근거

공해와 같은 계속적 불법행위의 경우 혹은 명예나 사생활 침해의 경우 사후적 구제인 손해배상 이상으로 불법행위의 금지가 중요한 의의를 갖는다. 그러나 「민법」에는 금지를 인정한 명문 규정이 없기 때문에 그것을 어떻게 구성할지가 문제된다.

---

28) 대법원 2016.11.10. 선고 2013다71098 판결.

29) 오쿠보노리코, "최근 일본에서의 환경소송의 전개", 「환경법과 정책」 제14권, 강원대학교 비교법학 연구소, 2015년, 123-124면.

30) 1990년대에는 폐기물 처리장과 관련하여 평온생활권의 침해 등을 이유로 금지청구를 인용하는 판결이 계속되고(仙台地決平4年2月28日 判時1492号109頁 등), 도로공해와 관련하여 21세기에 들어 2개의 금지판결(神戸地判平12年1月31日 判夕1726号20頁, 名古屋南部訴訟에 관한 平12年11月27日 判時1746号3頁)이 내려졌지만, 그 이후 주목할 판결은 보이지 않는다. 오쿠보노리코, 앞의 논문(주 29), 124면.

이 점에 대해서는 종래부터 다양한 논의가 이루어져 왔다.[31]

1) 권리설(인격권설, 환경권설)

어떠한 권리가 침해되었다면, 그 권리를 바탕으로 금지를 인정해야 한다고 주장하는 것이 권리설이다. 이 설은 또한 금지의 근거가 되는 권리를 어떤 것으로 하느냐에 따라 몇 가지로 나뉘는데, 인격권에 근거하여 금지를 청구할 수 있는 설이 가장 유력하다. 예를 들어, 大阪공항 소송 항소심 판결[32]에서 이 입장을 채택하고 대법원도 명예침해가 문제가 된 사건에서 "인격권으로서의 명예권에 기초하여, 가해자에게 실제로 이루어지고 있는 침해행위를 배제하거나 미래에 생겨날 침해를 예방하기 위해 침해행위의 금지를 구할 수 있다."라고 한다.[33] 또한 공해의 경우 좋은 환경을 누리면서도 이를 지배할 수 있는 권리를 환경권으로서 구성하여, 환경이 오염된 경우 환경권을 근거로 금지를 요구할 수 있다는 환경권설이 있다.[34] 이에 따르면, 아직 주민의 인격적 이익에 피해가 발생하지 않았더라도, 지역의 환경이 악화되면 그 자체가 환경권의 침해로 금지를 구할 수 있는 이점이 있다고 주장한다.[35]

2) 불법행위설

공해와 같은 계속적인 침해의 경우에 있어서는 불법행위에 있어서 손해배상의 원상회복과 금지 사이에 엄밀한 구별을 실시하는 것은 곤란하거나 무의미하다며, 침해된 권리의 효력으로서가 아니라 불법행위의 효과로서 금지를 인정하는 견해이다. 이 견해도 몇 가지 설로 나뉘는데, 그중에서 침해된 이익의 종류와 침해의 정도, 침해행위의 종류와 성질, 금지를 인정할 경우 양 당사자에 대한 영향과 나아가 사회 영향 등 다양한 요소를 비교 형량하여, 수인한도를 넘는 침해라고 판단할 수 있는 경우에 금지를 인정하는 수인한도론이 유력하다. 권리설과 불법행위설(특히 수인한도론)의 차이는 전자가 금지여부의 판단에 있어서 이익 형량을 가능한 한 배제

---

31) 吉村良一, 「不法行爲法(第3版)」, 有斐閣, 2005年, 108頁.

32) 大阪高判昭50年11月27日 判時797号36頁.

33) 大阪最判昭61年6月11日 民集40卷4号872頁.

34) 大阪弁護士会環境権研究会, 「環境権」, 日本評論社, 1973年, 176頁.

35) 더불어 "누구든지 생명, 신체의 안정성을 침해받지 않고, 평온한 생활을 영위할 권리를 가지며, 수인한도를 넘어 위법에 이를 침범당한 경우에는, 인격권에 대한 침해로서 그 침해의 배제를 요구할 수 있다(大阪高判平5年3月25日 判タ827号195頁)."는 견해도 있다.

하고 주로 권리의 침해가 있었는지 여부에 주목하여 결론을 내리려고 하는 데 반해, 후자는 피해와 가해행위 나아가 기타 요소를 고려한 종합적이고 유연한 이익 형량을 행하는 점에 있다. 이 두 가지 견해 중 환경권론과 수인한도론 사이에서는 금지요건에 있어서 이익 형량의 여부와 그 방식을 둘러싸고 격렬한 논쟁이 이루어 졌는데, 1970년대 중반에 이르러 양자의 접근 현상을 볼 수 있게 된 것이다. 즉, 수인한도론에 의한 무한정 이익 형량을 비판한 환경권설에서 "원칙적으로 이익 형량의 배제는 지위의 호환 가능성이 없는 전형적인 현대형 환경파괴의 경우에 더욱더 타당하다."라고 하였다. 그러나 지위의 호환성이 인정되는 사안에 대해서는 "상당히 넓게 이익 형량을 인정해야하는 경우도 있을 수 있다."는 주장이 등장했으며,36) 피해를 유형화함으로써 수인한도론의 재구성을 해야 한다고 주장하는 학설이 주장 되기도 하였다.37)

(2) 금지소송의 부정사유

일본의 1970년대의 공해 재판은 손해배상에 의한 공해 피해의 사후적 구제에 그치지 않고, 금지를 요구하는 소송이 증가했다. 이것은 4대 공해 소송 등에서, 공해에 대한 기업의 손해배상 책임이 명확해진 것을 토대로 보다 근본적인 대책인 금지에 공해재판의 중점이 이행된 것을 의미한다. 大阪공항 소송 항소심 판결38)은 인격권을 근거로 원고의 청구를 전면적으로 인용하였다. 이 판결은 원고의 금지청구가 전면적으로 인용되었을 뿐만 아니라, 이론적으로도 주목할 만한 내용을 포함해 공해 법리 발전의 최고 도달점이라는 평가도 가능하다. 즉, 동 판결은 "개인의 생명, 신체, 건강, 정신 및 생활에 관한 이익은 각자의 인격에 본질적인 것으로서 그 총체를 인격권이라고 할 수 있으며, 이처럼 인격권은 그 침해에 대해서는 이를 배제할 권능이 인정되어야 한다."라고 하여, '인격권에 의한 금지'라는 이론을 명시하고, 그 뒤의 대법원 판결39) 등이 인격권에 기초한 금지라는 개념을 정착시키는 효시가 되었다. 또한, 피해자가 금지를 청구할 때 그 장애의 하나로서 가로막는 공항

---

36) 八代紀彦, 「環境權(西原道雄編)」, 現代損害賠償法講座(5), 日本評論社, 1973年, 325頁.

37) 淡路剛久, 「公害賠償の理論」, 有斐閣, 1975年, 236頁.

38) 大阪高判昭50年11月27日 判時797号36頁.

39) 大阪最判昭61年6月11日 民集40卷4号872頁.

이나 도로 등의 발생원이 가지는 공공성에 관해서도, "공공성을 생각함에 있어서
는, 그것이 가져오는 사회·경제적 이익뿐만 아니라, 그 반면에 생기는 손실 면도
고려할 것을 요한다."라고 하여, 공공성의 주장에 제한을 붙이고 있다. 그러나 그
후, 1980년대에 들어 상황은 피해자 측에 불리해진다. 그 전환점은 大阪공항 소송
대법원 판결[40]이었다. 즉, 대법원은 大阪공항은 국영 공항이며, 운수대신에게는 항
공 행정권과 공항의 관리권이라는 두 가지 권한이 귀속되어 있고, 양자는 불가분
일체의 것이라고 하며 민사소송에 의한 공항의 사용 금지의 소를 각하하였다. 금지
에 대한 대법원의 이 소극적인 태도는 기타 공해의 금지가 문제가 된 경우에도 큰
영향을 미쳤고, 이후 많은 소송에서 금지청구가 부정되었다.

1) 공권력 발동 청구 부적법론

1980년대에 원고의 금지청구에 있어서 장애로 작용한 것은 大阪공항 소송 대
법원 판결[41]에 의해 만들어진, 공공시설의 활동에 대한 금지는 그것과 관련된 공권
력의 발동을 요구하게 되지만, 그러한 소의 제기는 민사소송으로는 허용되지 않는
다고 하는 이른바 '공권력 발동 청구 부적법론'이다.

2) 추상적 부작위 청구

피고의 소음이 ○폰을 넘어, 원고의 거주지에 침입하지 않도록 요구하는 '추상
적 부작위 청구'는 "청구의 특정성이 결여"되어 부적법하다는 하급심 판결에서 만들
어진 또 다른 장애이다. 즉, 国道43号線 소송 1심 판결[42]은 이러한 청구는 실질적으
로는 피고인들에게 작위로서의 여러 가지 조치를 요구하는 것이나 다름없고, 거기에
는 청구취지가 특정되어 있지 않으므로, 부적법 각하해야 한다고 한 것이다.[43]

3) 수인한도 판단에 있어서 침해행위의 공공성

공권력 발동 청구 부적법론과 추상적 부작위 청구 부적법론이, 금지소송에서
실체심리에 들어가기 전까지의 장애였다고 하면, 실체심리에 들어갔다고 하더라도,
극복해야 할 어려움이 있었다. 그것은 수인한도 판단에 있어서 침해행위의 공공성

---

40) 大阪最判昭56年12月16日 民集35卷10号1369頁.
41) 大阪最判昭56年12月16日 民集35卷10号1369頁.
42) 神戸地判昭61年7月17日 判時1203号1頁(国道43号線道路公害訴訟).
43) 大阪地判平3年3月29日 判時1383号22頁.

을 중시하는 판단이다. 예를 들어, 名古屋新幹線 소송 항소심 판결[44]은 금지청구의 적법성을 긍정하면서도 新幹線의 공공성이 매우 높고, "우리나라 육상 교통체계에 중대한 혼란을 야기하고, 사회·경제적으로도 중대한 결과에 봉착하지 않을 수 없는 것이 된다."라고 하며 금지를 구하는 소를 기각하고 있다. 이러한 공공성을 중요시 하는 수인한도 판단과의 관계에서, 더욱 지적해야 할 부분은 이 시기의 판례가 피해 인정에 있어서, 건강피해의 발생을 정면으로 인정하지 않는데 있는 것이다. 예를 들어, 名古屋新幹線 소송 항소심 판결[45]은 新幹線소음 진동과 원고들의 자율신경실조증(자율신경기능이상) 기타 질병과의 인과관계는 인정하지 않는 등으로 신체 피해의 발생을 부정하고 기지 공해 소송에서도 명확하게 건강 피해를 인정한 사례는 존재하지 않는다고 하여, 그것을 전제로 공공성과의 이익 형량이 행해져 수인한도를 넘지 않는다는 결론이 도출되고 있는 것이다.

(3) 금지소송 인정사례

90년대 중반 이후, 환경 기본법의 제정, 환경 문제에 대한 대처, 폐기물·재활용 법제의 정비 등 환경법과 환경정책의 새로운 발전을 배경으로 하여 금지소송이 변화하였으며, 추상적 부작위 청구에 대해서 적법성을 긍정하는 학설[46]과 판례가 정착하게 된다. 国道43号線 소송 항소심 판결[47]은 "피해를 받고 있는 사람이 그 피해를 장래를 위해 회피한다는 관점에서, 직접 구제를 구하려면 원인의 제거를 요구할 수 있는 것과 동시에 그것만으로도 충분하며, 원고들의 금지청구는 그 주장하는 보호법익 금지로 인해 피고들에게 무엇이 이루어져야 하는지를 분명히 하고 있는 것이기 때문에 취지의 특정이 부족한 곳은 없다."라고 하였으며, 이후 추상적 부작위 청구의 적법성이 많은 판례[48]에서 긍정되었다. 더불어 大阪공항 소송 대법원 판

---

44) 名古屋高判昭60年4月12日 判時1150号30頁.

45) 名古屋高判昭60年4月12日 判時1150号30頁.

46) 川嶋四郎, 「差止救済過程の近未来展望」, 日本評論社, 2006年, 113頁.

47) 大阪高判平4年2月20日 判時1415号3頁.

48) 西淀川공해 제2-4차 소송 판결(大阪高判平7年7月5日 判時1538号17頁)은 복수오염원이 문제가 되고 있는 사건에 있어서도 "개별 오염원 주체에 대해 금지가 요구되는 발생원이 특정되고, 또한 그것이 주요한 오염원인 경우에는 채무자의 책임 범위 내에서 달성해야 할 사실 상태를 특정하여, 그 금지를 요구하는 것은 가능하며, 그 한도에서의 특정으로 심판의 대상도 분명하여 채무자의 방어권 행사에도 특별한 지장도 없기 때문에 이를 위법으로 하는 것은 상당하지 않다."라고

결[49])에 의해 들어온 공권력 발동 청구 부적법론은 공항소음공해 이외의, 철도나 도로공해 사건에서 피고에 의해 주장이 되었지만 법원은 이를 채용하지 않았다.[50]

1) 대기오염공해 인용사례

대기오염공해에 대해 금지를 인정한 판결이 2000년대에 등장하였다. 우선, 尼崎공해 소송 판결[51])은 디젤 엔진에서 배출되는 아주 작은 입자와 천식의 인과관계를 긍정하고, 간선 도로의 주민과의 관계에서, 일정 이상의 입자의 배출을 금지하였다. 게다가 名古屋남부공해 소송 판결[52])도 尼崎판결과 마찬가지로 부유 미세먼지의 일정 이상의 배출을 금지하는 판결을 내렸다.[53] 이러한 피해의 인정을 한 후에, 추상적 부작위 청구에 대해 양 판결에서는 피고인들이 해야 할 조치에 대해 "본건 도로 배연의 대기 중으로의 배출억제조치를 실시하는 것으로써, 이는 명확성을 결여한 것은 아니며(尼崎판결), 원고들이 판결을 요구하는 단계에서, 피고(국가)에게 어떠한 수단이나 조치를 취하여 위의 원인이 되는 사태를 방지할 것인가에 대해서까지, 구체적으로 주장할 필요가 없다(名古屋판결)."라고 하여, 그 적법성을 긍정하고 신체권으로서의 인격권에 근거한 금지를 인정하였다. 또한 도로의 공공성과 관

하였으며, 横田기지 소송 상고심 판결(最判平5年2月25日 判時1456号53頁)도, "추상적인 부작위의 명령을 요구하는 소송도, 청구의 특정성이 결여된 것이라고 할 수 없다."라고 언급하였다. 추상적 부작위 청구의 부적법론을 채용하지 않고, 실체 심리에 들어갔기 때문에 묵시적으로 이 청구의 적법성을 인정한 것으로 평가하고 있다.

49) 最判昭56年12月16日 民集35卷10号1369頁.

50) 国道43号線소송 항소심 판결(大阪高判平4年2月20日 判時1415号3頁)은 소음 등을 방지하기 위해서는 물적 시설의 설치 등의 사실 행위도 상정할 수 있고, 원고들이 공권력의 발동을 요구하는 것도 아니기 때문에, 민사소송 상의 소로서 허용된다고 할 것이며, 이 상고심 판결(最判平7年7月7日 民集49卷7号1870・2599頁)은 이 점을 언급하지 않고 실체 심리를 진행하였다.

51) 神戸地判平12年1月31日 判時1726号20頁.

52) 名古屋地判平12年11月27日 判時1746号3頁.

53) 1975년 大阪공항 소송 항소심 판결(大阪高判昭50年11月27日 判時797号36頁) 이후, 오랜만에 이루어진 대형공해 소송에서의 금지인용판결로서 의의를 갖는다. 이러한 판결이 금지청구를 인용한 가장 큰 원인은 대기오염과 건강피해사이에 인과관계를 인정한 것이다. 우선 尼崎판결은 千葉대학 조사(간선 도로변의 대기 오염이 초등학교 아동들의 호흡기 질환에 미치는 영향을 조사한 역학 조사)에 의거하여, 간선 도로변의 건강 피해와 도로 배연과의 인과관계를 긍정하고 있다. 名古屋판결도 "千葉대학의 조사 등의 역학적 지견 및 동물 실험 등의 과학적 지견을 종합하면, 간선 도로변에서는 자동차 배출 가스가 길가 주민의 건강에 영향을 미칠 가능성이 매우 높다."라고 판단하고 있다.

련하여 판례는 "침해가 단순한 생활방해가 아니라 호흡기 질환에 대한 현실의 영향이라는 매우 중요한 것과 도로 전면의 공용금지가 요구되는 것은 아니며, 해당 도로가 가진 공공성을 고려한다고 하더라도 여전히 금지청구를 인정할 만한 위법성이 존재한다고 보았으며(尼崎판결), 손해의 내용이 생명·신체에 관하여 회복 곤란하며, 피고가 본건 원고와의 관계에서 각별한 대책을 취하고 있지 않고 있기 때문에 침해행위의 공공성을 중시한다고 하더라도, 금지청구는 인용되어야 한다."라고 하고 있다(名古屋판결).

2) 원전금지 인용사례

2006년 3월 원자력 발전소의 운전 금지를 인정한 판결이 선고되었는데, 이는 원전에 관한 민사소송에서 금지가 인정된 최초의 것으로 의미가 있다. 志賀원전 2호기의 운전금지를 요구한 민사소송에서 金沢지방법원은 원고의 청구를 인용하였다.[54] 판결에서 "본건 원자로가 운전됨에 따라, 본건 원자로의 주변 주민에게 허용 한도를 초과하는 방사선을 피폭할 구체적인 위험이 인정된다."라고 한 뒤, 피고가 본건 원자로에서 생산하려고 하는 것은 전기라는 공공재이며, 금지가 된다면 우리나라의 에너지 공급 전망에 영향을 줄 수 있지만, "본건 원자로의 운행이 금지되더라도, 전력 수요가 주춤하는 가운데 적어도 단기적으로는 피고의 전력 공급에 있어 특별한 지장이 된다고는 인정하기 어렵다. 한편, 피고의 예상을 넘는 지진에 기인하는 사고에 의해서 허용 한도를 넘는 방사성 물질이 방출되었을 경우, 주변 주민의 생명, 신체, 건강에 미치는 악영향은 매우 심각하기 때문에 주변 주민의 인격권 침해의 구체적 위험은 수인한도를 초과하고 있다고 해야 한다."라고 판단했다. 이 판결은 원전이라는 나라의 에너지 정책에 관련된 활동에 대해서 민사소송에서 처음으로 금지가 인용된 것으로 획기적인 의의를 갖는다고 할 수 있다.

3) 폐기물 처리시설의 금지 인용사례와 평온생활권의 등장

폐기물 처리시설의 금지(가처분)소송에 있어서 인용사례는 다음과 같다. 안정형의 산업폐기물 최종처분장이 수질오염 등을 초래할 위험이 있다고 하여 사용·조업 금지 가처분 신청이 이루어진 丸森町폐기물 처분장 사건으로 仙台지방법원은 조업

---

54) 金沢地判平18年3月24日 判時1930号25頁.

금지 결정을 하고 있다.55) 이러한 결정에서 주목해야 할 것은 그중에서도 기존의
인격권 이론을 발전시키는 새로운 권리가 등장하고, 그것을 근거로 금지가 인용되
고 있는 것이다. 예를 들어, 丸森町사건 결정은 "생활용수에 충당할 적절한 질량의
물을 확보할 수 없는 경우나 객관적으로는 음용·생활용수에 적합한 품질인 물을
확보할 수 있었다고 해도, 그것이 일반 통상인의 감각에 비추어 음용·생활용으로
제공하는 것이 적당하지 않은 경우에는 불쾌감 등의 정신적 고통을 겪을 뿐만 아
니라, 평온한 생활도 영위할 수 없게 된다고 해야 한다. 따라서 인격권의 일종으
로서의 평온생활권의 일환으로, 적절한 질량의 생활용수, 일반인의 감각에 비추어
음용·생활용으로 제공하는 것이 적당한 물을 확보할 권리가 있다고 해석된다. 그
리고 이러한 권리가 장래에 침해될 상황에 놓인 자들, 즉 그러한 침해가 발생할 고
도의 개연성이 있는 상황에 처한 자는 침해행위에 미칠 상대방에 대하여 장래에 생
겨날 침해행위의 금지를 청구할 권리를 갖는 것으로 해석된다."라고 하였다. 여기
에서는 금지의 근거로써 '인격권의 일종으로서의 평온생활권'56)이 인정되고 있는
것이다.

　　평온생활권 침해의 경우에는 신체권 침해 자체가 입증사항이 아니며, 생명·
신체에 대한 침해 위험이 일반 통상인을 기준으로 위험감이나 불안감이 되어, 정신
적 평온이나 평온한 생활을 침해하게 된다는 것이 입증명제가 된다. 따라서 거기에
는 개개의 신체 피해나 질병이 아닌 그 발생의 우려의 존재 내지 그러한 두려움에
노출되면서 생활하고 있다는 증명으로 족하고, 개개의 증상에까지 인과의 연쇄가
증명될 필요는 없다는 것이 된다. 즉, 이 침해의 경우 입증명제는 신체 침해 그 자
체가 아니라 통상인의 감각을 기준으로 하여 생명이나 건강 침해에 대한 위험감이
나 불안감이 발생하고 있음을 증명하면 되며, 신체 침해에 대한 불안감의 입증은
필요하지만 신체 침해 자체의 입증은 불필요하게 되는 것이다. 건강 피해와 질병

---

55) 仙台地決平4年2月28日 判時1429号109頁; 熊本地決平7年10月31日 判夕903号241頁; 福岡地田川
　　支決平10年3月26日 判時1662号131頁.
56) 평온생활권은 폭력단 사무소 철거 소송에서 처음 등장한 것이다. 즉, 폭력단이 건물을 건축하여
　　사무실로 사용하고 있던 것에 대해, 인근 주민이 사용 금지 가처분을 요구한 사례에서 "어느 누
　　구에게도 생명, 신체, 재산 등을 침범당하지 않고 평온한 일상생활을 영위할 자유 내지 권리가
　　있다."라고 하여, 그러한 권리를 근거로 금지를 인정하였다(静岡地浜松支決昭62年10月9日 判時
　　1254号45頁).

그 자체가 아닌 그 "두려움(그러나 현실적으로 구체적인)"의 증명으로 족하다고 하는 이 개념은 사전 금지로서 위력을 발휘하지만, 그 경우를 넘어 공해로 인한 건강 피해의 위험성이 높은 사례에서 응용 가능한 것이다. 특히, 소음공해와 같이 오염(소음)에 대한 폭로가 심신에 미치는 영향을 통해 다양한 건강영향을 야기하는 공해에서는 인과관계를 구체적인 질병(예를 들어 난청 등)에까지 연결하여 입증하는 것은 매우 어렵지만, 그 경우의 입증부담의 경감으로 이어질 수 있다는 장점을 가지고 있다.

2. 항공기소음소송에 대한 금지청구의 동향

공항이나 철도, 도로와 같은 대형 공공시설에 의한 소음공해에 대해서는 다수의 소송이 제기되어 왔다. 대표적인 것으로 大阪공항 소송과 名古屋新幹線소송, 国道43号線소송, 일련의 기지 소음 소송[57)]이 있다.

(1) 항공기소음소송의 금지청구 긍정사례

1) 자위대기의 운항활동이 공권력의 행사에 해당하는 사실행위가 아닌 내부적인 직무명령으로 본 사례

공항소음 소송에서도 실체 심리를 시작한 주목할 만한 사례가 여럿 존재한다. 예를 들어, 厚木 제2차 소송 1심 판결[58)]은 "자위대기의 운항활동은 방위작용의 일환으로 본래적으로 국가가 통치권의 주체로서 행하는 권력작용이라고 보았지만, 이로 인해 자위대기에 대한 금지청구가 민사소송에 의하지 않게 되는 것은 아니다. 방위작용의 일환으로서 통치권의 주체인 국가가 실시하는 행정활동에도 법적으로는 여러 가지 성질의 것이 있고, 다음 조항(「행정사건소송법」 제3조 제1항, 제2항)에서 말하는 공권력의 행사에 해당하는 행위 만이 항고 소송의 배타적 관할에 속하는 것으로 해석해야 하기 때문이다. 厚木기지에 있어서 자위대기의 운항활동은 공권력의

---

57) 기지 소음 소송의 경우, 자위대와 미군의 군용 항공기에 의한 소음이 문제가 되고 있기 때문에 전쟁 포기 등을 규정한 헌법 제9조 위반이라는 헌법상의 논점이 제시되지만, 소송에서는 이러한 쟁점에 더하여 만일 그것을 제외한다고 하더라도 기지가 현재 일본 사회에 존재하고 시민 생활에 영향을 주고 있는 이상, 그 활동도 시민 사회에 적용되는 규칙(「민법」)에 따라야 한다는 생각에서 공해에 의한 주민의 시민적 권리의 침해로 보고, 그 구제(손해배상과 금지)를 적용하고 있다.

58) 横浜地判平4年12月21日 判時1448号42頁.

행사에 해당하는 사실행위는 아니며, 그 성질은 내부적인 직무명령에 의해 행해진다. 피고가 설치한 비행장에서, 피고 소유 항공기의 운항활동에 지나지 않는다고 해야 하며 민사소송에 의한 금지청구가 부적법하다는 피고의 주장은 채용할 수 없다."라고 한다.

2) 유지청구를 인정하였으나, 본안에서 청구를 기각한 사례

小松 제1·2차 소송 1심 판결[59]도 자위대기의 이착륙·운항의 공권력을 부정한 뒤 "본건에 있어서는 피고가 주장하는 바와 같은 정치문제론, 통치행위론을 논할 필요가 없다."라고 하였다. 이 판결은 厚木 제1차 소송 대법원 판결[60]이 자위대기의 운항의 공권력성을 이유로 청구를 배척하자 같은 이유로 청구를 각하한 항소심[61]에 의해 부정되었으나, 그 후 小松 제3·4차 소송 1심 판결[62]은 厚木 제1차 소송 대법원 판결[63] 이후 임에도 불구하고 "본건에 있어서는 민사소송의 절차에 의해 본건 비행장에 있어서의 자위대기의 이착륙 금지 등이 이루어졌다고 하더라도, 그로 인해 필연적으로 취소 변경 내지 발동을 요구받게 되는 공권력의 행사 또는 이에 의할 만한 공권력의 주체의 행위는 찾기 어렵다."라고 하여, 재차 청구의 적법성을 인정하고 실체 심리에 들어갔다.

그러나 小松 제3·4차 1심 판결은 "다만, 본건 기지가 항공 자위대 기지로서 국방정책상 중요한 역할을 가지고 있고 이를 대체할 시설의 확보가 어렵다는 점, 제트전투기의 소음 자체를 대폭적으로 절감시키는 것은 기술적으로 곤란하기 때문에 원고들이 구하는 소음음량규제조치는 본건 기지에서의 제트전투기 전부의 사용을 금지하는 것과 같은 결과를 초래하는 점, 국가는 오랜 기간 동안 거액의 예산을 들여 주택방음공사 등 각종 방음대책을 하였고 현재의 운항대책이 적어도 심야·조조 시간대의 피해억제 내지 경감에 기여하고 있는 등의 사정을 종합해 볼 때 원고들이 입은 생활방해 내지 정신적 피해가 이·착륙 금지 등을 긍정해야 할 정도로 심각 중대하거나 침해행위가 악질적인 것으로 인정되지는 않는다."는 이유로 원고

---

59) 金沢地判平3年3月13日 判時1379号3頁.
60) 最判平5年2月25日 判時1456号53頁.
61) 名古屋高金沢支判平6年12月26日 判時1521号3頁.
62) 金沢地判平14年3月6日 判時1798号21頁.
63) 最判平5年2月25日 判時1456号53頁.

들의 청구를 기각하였다.[64][65]

(2) 항공기소음소송의 금지청구 부정사례

1) 공항관리권과 항공행정권의 불가분일체론에 근거하여 금지청구를 부정한 사례

대규모 공공시설들에 의한 소음공해 소송에서 금지청구에 대해 말하자면 법원은 피해의 실태론에 대한 과정을 거치지 않고, 형식적인 이유로 모조리 그것을 배척하였는데 大阪공항 소송 대법원 판결[66]은 국영공항의 공항관리권[67] 및 항공행정권[68]이 모두 운수대신(현재 국토교통대신)에게 귀속되어 있다는 점에 착안하여 "항공기의 이·착륙 규제 등 공항의 본래적 기능 달성에 직접적으로 영향을 미치는 사항들에 대하여는, 공항관리권자인 동시에 항공행정권의 주관자인 운수대신의 공항관리권에 근거한 관리와 항공행정권에 근거한 규제가 분리·독립적으로 행하여짐으로써 양자 간에 모순괴리라고 보여 국영공항으로서의 취지가 몰각되지 않도록, 양 권한이 부즉불리(不卽不離), 즉 불가분일체로 행사·실현되어야 하고, 따라서 원고들의 피고에 대한 공항사용금지청구는 불가피하게 운수대신에 의한 항공행정권 행사의 취소·변경 내지 그 발동을 구하는 청구를 포함하게 되므로 행정소송의 방법에 의해 어떠한 청구를 할 수 있는지 여부는 별론으로 하고 일반적인 민사소송의 방법으로 그러한 사용금지를 청구하는 것은 부적법하다."는 취지로 판시하여,[69] 공항관리권과 항공행정권의 불가분일체론을 이유로 민사소송에 의한 금지의 소를 각

---

64) 손윤하, 앞의 책(주 1), 299면.
65) 한편 厚木 제1차 소송 항소심 판결(東京高判昭61年4月9日 判時1192号3頁)은 비행장의 사용 및 공용 행위의 고도의 공공성을 고려하는 동시에 피해가 정서적 피해, 수면방해 또는 생활방해와 같은 것일 경우에는 원칙적으로 이러한 피해는 "수인한도 내"에 있다고 하였지만, 이 판단은 뒤에 대법원에 의해 "단순히 본건 비행장의 사용 및 공용행위가 고도의 공공성을 가진다는 점에서, 상고인들의 상기 피해는 수인한도의 범위 내에 있다고 한, 앞의 판단은 불법행위에서의 침해행위의 위법성에 관한 법리의 해석적용을 잘못한 위법이 있다."며 파기되었다(最判平5年2月25日 判時1456号53頁).
66) 最判昭56年12月16日 民集35卷10号1369頁.
67) 공항의 유지 및 운영에 관한 순수한 관리작용으로서 공권력의 행사를 본질적 내용으로 하지 않는 비권력적인 권능.
68) 「항공법」과 그 밖의 항공행정 관련 법령의 규정에 의하여 운수대신에게 부여된 항공행정상의 권한으로서 공권력의 행사를 본질적 내용으로 하는 것.
69) 강종선, 앞의 논문(주 5), 319면.

하였으며, 이외에 厚木 제1차 소송 1심 판결[70] 등 기지 공해 소송에서도 같은 논리를 펴고 있다.

2) 방위청장관의 권한 행사를 공권력의 행사로 파악한 사례

厚木 제1차 소송 대법원 판결[71]은 자위대기 부분에 관하여는 "자위대기의 운항에 관한 방위청장관의 권한행사는 그 운항에 필연적으로 따르는 소음 등에 관하여 주변 주민들에게 수인의무를 부과하게 되므로 위 소음 등의 영향을 받는 주변 주민에 대한 관계에서는 공권력행사에 해당되는 행위이고, 따라서 자위대기의 이·착륙 등 금지청구는 필연적으로 방위청장관에게 맡겨진 자위대기의 운항에 관한 권한행사의 취소·변경 내지 그 발동을 요구하는 청구를 포함하고 있기 때문에 민사소송으로 이를 청구하는 것은 부적법하다."는 취지로 판시하였다.[72] 이 판례는 행정소송의 방법에 의해 어떠한 청구를 할 수 있는지 여부를 포함하여 구제방법조차 명시하지 않아 민사소송을 인정해야 한다는 강한 비판과 함께, 만일 이러한 판례를 전제로 한 경우에 어떠한 소송이 가능한지에 대해 논의되어 왔다.[73]

3) 국가에 대한 지배가 미치지 않는 제3자(미군기)의 행위에 대한 금지청구를 부정한 사례

미군기의 경우 국가는 조약 내지 국내법상, 미군기의 활동을 제한할 수 있는 권한이 없기 때문에 원고가 국가에 대해 미군기의 이착륙 등의 금지를 청구하는 것은 국가에 대한 그 지배가 미치지 않은 제3자의 행위의 금지를 청구하는 것이며, 청구가 부당하다는 등의 사고가 나타나고 있다.[74] 그러나 이러한 형식 논리에 의하여 청구를 배척하는 것은 공항소음 소송이 중심이며, 철도 및 도로에 대해서는 실체 심리를 하고 있는 것이 많다.

(3) 손해배상에서의 피해 인정에 관한 판단

피해 인정에 있어서 주목할 만한 것도 존재한다. 大阪공항 소송 이후의 피해인

---

70) 横浜地判昭57年10月20日 判時1056号26頁.
71) 最判平5年2月25日 民集47卷2号643頁.
72) 강종선, 앞의 논문(주 5), 320－321면.
73) 오쿠보노리코, 앞의 논문(주 29), 130면.
74) 最判平5年2月25日 判時1456号53頁.

정론이다. 즉, 大阪공항 소송 항소심 판결[75]은 설문조사 등의 자료를 중시하는 동시에 "피해 발생 가능성은 항공기소음 내지 배기가스가 미치는 지역의 주민 모두에게 동일하며, 아직 증상이 표면화되지 않은 자에게도 영향이 미치고 있을 가능성이 있기 때문에, 이미 피해가 현실화된 자와 그렇지 않은 자를 구별할 이유는 없고, 지역 주민을 집단적으로 관찰하여 그 일부 사람에게 항공기소음 등에 의한 질환이 발생하고 있는 것으로 추정되고, 그 외의 사람에게도 같은 위험성이 생기고 있는 것이 분명해진다면 주민 전원에 대해 피해가 발생하거나 최소한 침해의 현실 위험이 있는 것으로서 그 보호 또는 구제가 이루어져야 한다."며, 개별적인 피해 입증을 불필요하게 하는 주목해야 할 판단을 제시하였으며, 대법원[76]에서 이를 인정하였다.

橫田 제1・2차 소송 1심 판결[77]은 항공기소음 등은 그 주변 지역에 거주하는 주민의 "심신의 건강에 여러 가지 불이익을 주며, 일상생활을 각 방면에 걸쳐서 방해하고", 지역의 "생활환경을 전반적으로 악화시키고 있다."라고 하였고,[78] 厚木 제1차 소송 1심 판결[79]도 항공기소음이 "주변 주민에게 난청이나 이명 등의 청각 장애를 발현시키거나, 이전부터 존재한 다른 원인에 의한 청력 장애를 더욱 악화시키는 중대한 원인이 되는 객관적 위험성은 이를 부인하기 어렵다."라고 한 다음

---

75) 大阪高判昭50年11月27日 判時797号36頁.

76) 最判昭56年12月16日 民集35卷10号1369頁. 이 피해인정론은 그 후의 소음공해 소송에 대해서도 원칙적으로 유지되고 있으며, 예컨대 厚木 제1차 소송 1심 판결(横浜地判昭57年10月20日 判時1056号26頁)은 "원고들 각자가 동일 발생한 것으로 생각되는 피해의 최소한도를 명확히 하기 위해, 원고들의 피해에 대해 일률적인 판단을 하는 것도 허용되어야 하며, 원고들의 각 사람별로 각기 다른 피해를 모두 인정 할 필요는 없다."라고 하였으며, 小松 제3・4차 소송 1심 판결(金沢地判平14年3月6日 判時1798号21頁)도 원고들이 "공통 피해를 주장하며, 그 한도에서 손해 배상을 청구하는 경우에는, 원고들 각자가 받은 피해를 개별・구체적으로 주장・입증할 것도 없이, 상기의 취지에서의 공통피해의 내용・정도를 주장하고, 그 피해를 각 원고가 공통적으로 겪고 있는 것에 대해 확신을 얻을 수 있을 정도로 일반적・대표적인 입증을 하는 것으로도 충분하다고 해야 하며, 이것은 大阪공항 소송의 대법원의 판결 이후, 항공기소음에 관한 수많은 소송에서 확립되어 있는 바이다."라고 하였다.

77) 東京地八王子支判昭56年7月13日 判時1008号19頁.

78) 森島昭夫는 본 판결은 추상적인 위험 수준이라 하더라도 일단 건강 피해와 소음과의 인과관계를 인정했다고 평가한다. 森島昭夫, "損害論", 「判例時報」 第1008号, 判例時報社, 1981年, 15頁. 〈https://dl.ndl.go.jp/info:ndljp/pid/2795019(일본국립국회도서관 디지털컬렉션)〉 최종검색일 2021년 12월 12일.

79) 横浜地判昭57年10月20日 判時1056号26頁.

"본건 비행장에 이착륙하는 항공기로 인한 극심한 항공기소음 등은 바로 신체적 피해 내지 건강 피해를 발생시키거나 다른 원인에 근거하여 생긴 신체적 피해를 악화시키는 객관적 위험성을 가진다."라고 말하고 있다. 또한 橫田 제3차 소송 1심 판결[80]은 수면방해나 심리적·정서적 피해 외에도, "신체적 피해의 가능성과 위험성이 있는 신체적 상태"를 인정하고, W값 85 이상의 지역에 거주하는 사람에 대해서는, "난청 등의 청력 손실이나 이명, 현실적인 위험이 있는 신체적 상태"가 생기고 있다고 보았다. 그리고 嘉手納 제1차 소송 항소심 판결[81]은 청각 피해가 발생하는 객관적이고 고도의 위험이 있다고까지 인정받지 않더라도 "소음이 특히 심한 지역에서 난청 등의 청력 손상의 원인이 될 가능성을 불식할 수 없는 상황에서 생활해야 하는 주민들이 현재 또는 장래의 청각 장애의 발생에 불안을 느끼는 것도 충분히 이해할 수 있다."며 건강 피해에 접근한 피해, 적어도 신체에 대한 침해의 불안감을 긍정적으로 여기고 있다.

大阪공항 소송 대법원 판결[82] 항소심에서 "신체장애로 이어질 가능성을 가진 스트레스 등의 생리적·심리적 영향 내지 피해"를 인정한 판단도 승인할 수 없는 것은 아니며, 国道43号線소송 항소심 판결[83]도 상당히 높은 수준의 소음은(배기가스의 복합적인 영향 아래에서) "불안감을 조성하는 데 그치지 않고, 심각한 심리적 영향을 받아 정신적 고통을 입어, 피로의 축적, 식욕 부진, 내장 기능의 변조를 초래하여 일상 활동의 저해를 초래하는 등의 생활방해를 발생시킨다."라고 한 다음, 원고들은 "건강 피해에까지는 이르지 못하지만, 그에 근접한 단계의 생활방해"를 받고 있다고 명시하고 있다.

3. 무명항고소송으로서의 금지소송

일본의 행정소송은 오랜 기간에 걸쳐 그 기능 상실이 지적되어 왔다. 종전 행정소송의 핵심은 항고소송, 특히 행정처분의 취소소송이었지만 원고적격이나 처분 가능성이 인정되지 않고 각하되는 경우도 적지 않았다. 따라서 2004년에 「행정사

---

80) 東京地八王子支判平元3月15日 判時1498号44頁.
81) 福岡高那覇支判平10年5月22日 判時1646号3頁.
82) 最判昭56年12月16日 民集35卷10号1369頁.
83) 大阪高判平4年2月20日 判時1415号3頁.

건소송법」이 개정되어, 의무이행소송[84] 및 금지소송을 항고소송의 유형으로 새롭게 규정하여 원고적격의 실질적 확대도 이루어졌으나, 「행정사건소송법」 개정 후 행정소송의 수는 극적으로 증가하지 않았다. 다만, 최근에 의무이행소송 등 새로운 소송유형을 적극적으로 활용하려는 시도가 인정되고 있다.[85]

　　기지 소음과 관련하여 학설은 민사소송을 인정해야 한다는 견해가 강하지만, 판례를 전제로 한 경우에는 행정소송으로서 법정금지소송설,[86] 무명항고소송설,[87] 취소소송설,[88] 확인 소송 등의 당사자소송설,[89] 민사소송을 포함하여 이들을 선택적으로 사용할 수 있다고 하는 설[90] 등 다양한 가능성이 주장되었다. 2004년 「행정사건소송법」 개정 즈음에 금지소송이 법정되었지만, 기지 소음에서는 공권적인 사실행위가 다투어져 있고, 다양한 소음대책이 고려될 수 있기 때문에, 특히 "일정한 처분"의 특정이 가능한가라고 하는 것에서, 법정금지소송을 활용할 수 있는지가 문제되었다.[91]

---

84) 「행정사건소송법」의 개정으로 도입된 의무이행소송에는 비신청형과 신청형의 2종류가 있다(제3조 제6항). 신청형 의무이행소송은 법령에 따라 일정한 처분을 구하는 신청을 했음에도 불구하고 이것이 이행되지 않을 때 해당 신청자가 제기하는 소송이다. 신청형은 ⅰ) 신청을 방치한 경우의 소송(부작위형)과 ⅱ) 신청을 거부한 경우의 소송(거부처분형)으로 나눌 수 있다(제37조의3). 비신청형 의무이행소송은 법령에 의거하여 신청권이 정해져 있지 않은 경우에, 행정청에 대하여 일정한 처분을 요구하는 소송이다. 일반적으로 인근 주민 등에게 규제의 발동을 요구하는 신청권은 인정되지 않기 때문에, 규제권한의 발동을 구하는 경우에는 비신청형을 이용하게 된다. 그러나 비신청형 의무이행소송을 제기하기 위해서는, ⅰ) 일정한 처분이 이루어 지지 않음으로써 중대한 손해를 일으킬 우려가 있을 것, ⅱ) 그 손해를 피하기 위해 다른 적당한 방법이 없을 것, ⅲ) 법률상의 이익을 가진 자이어야 할 것이 요구된다(제37조의2).

85) 오쿠보노리코, 앞의 논문(주 29), 124면.

86) 岡田政則, "基地騷音の差止請求と改正行政事件訴訟法", 「早稻田法學」 第85卷 第3号, 2013年, 27頁.

87) 塩野宏, 「行政法Ⅱ(第5版補訂版)」, 有斐閣, 2013年, 252頁.

88) 小早川光郎, 「行政法講義(下) Ⅲ」, 弘文堂, 2007年, 320頁.

89) 岡田雅夫, "平成5年最判判批", 「ジュリスト臨時增刊」 第1046号, 1994年, 55面; 高木光, 「事實行爲と行政訴訟」, 有斐閣, 1988年, 331頁.

90) 須藤陽子, 「行政判例百選Ⅱ(第6版)」, 有斐閣, 2012年, 329頁.

91) 오쿠보노리코, 앞의 논문(주 29), 131-132면.

4. 최근 판례의 동향

厚木 제4차 소송 1심 판결[92]은 厚木기지 소송에서 자위대 항공기 운항처분의 금지청구를 인용하였다. 厚木 제4차 소송 1심 판결은 자위대 항공기 관련 무명항고 소송으로 금지청구의 적법성을 인정함과 동시에 청구를 인용한 것에 대한 의미가 크다고 볼 수 있다.[93]

(1) 법적 성질(무명항고소송)

기지 소음에서는 공권적인 사실행위를 다투고 있고, 다양한 소음대책이 고려될 수 있기 때문에, 특히 "일정한 처분(「행정사건소송법」 제37조의4 제1항)"의 특정이 가능한가라고 하는 것에서, 법정금지소송을 활용할 수 있는지가 문제되었다. 이 점에 대해 厚木 제4차 소송 1심 판결은 국방장관의 권한행사는 厚木 제1차 소송 대법원 판결[94]에 의해 공권력의 행사에 해당하는 행위라고 인정되는 이상, 항고소송을 제기하여 다툴 수 있어야 한다는 점에서 출발하여, 이것을 "자위대 항공기 운항처분"이라고 이름 붙이며, 그 근거를 「자위대법」 제107조 제5항에서 구하고, "무명항고소송"을 선택해야 한다고 판시했다. 즉, 厚木 제4차 소송 1심 판결은 자위대 항공기 운항처분의 특징으로서, ① 법적효과를 수반하지 않는 사실행위인 점, ② 처분의 상대방이 불특정 다수인 점, ③ 처분의 개수를 세는 것이 곤란한 점, ④ 자위대 항공기 운항처분의 위법성 여부는 「자위대법」의 해석이 아니라 여러 가지 다양한 요소를 비교 검토한 결과, 소음피해가 수인한도를 초과하는지 여부에 따라 정해지는 점, ⑤ 피해가 사실행위로 인한 소음이므로 취소소송이 기능할 여지가 없는 점

---

92) 横浜地判平26年5月21日(사건번호: 平成19(行ウ)100)
　　　국가에 대해 厚木基地의 자위대 항공기의 운항 금지를 요구한 행정소송으로 위 판결은 항소심에서 일부 변경되어 원고의 청구가 일부 인용되었으나, 대법원에서 파기 환송되었다. 권창영, "군사기지 인근주민의 군용기 비행금지 청구의 허용 여부", 「한국항공우주정책·법학회지」 제33권 제1호, 한국항공우주정책법학회, 2018년, 49면.

93) 본건은 神奈川県에 소재한 미군과 자위대가 사용하는 厚木기지 인근 주민이 厚木기지에 이착륙하는 항공기에서 발생하는 소음에 의해 신체적 피해 및 수면방해, 생활방해 등의 정신적 피해를 받고 있다고 주장하여, 국방장관이 소속되어 있는 국가에 대해, 매일 오후 8시부터 다음날 오전 8시까지 자위대 항공기 및 미군기의 운항금지 등을 요구하는 행정소송을 제기한 것이다. 오쿠보 노리코, 앞의 논문(주 29), 129−130면.

94) 最判平5年2月25日 民集47巻2号643頁.

을 꼽는다. 따라서 자위대 항공기 운항처분은 "厚木 제1차 소송 대법원 판결에 의해 그 존재가 인정된" 것이며, "일반행정 처분과는 성격, 내용을 달리하는 특수한 행정처분"으로서, 그 예외를 강조한다. 그리고 자위대 항공기 운항처분의 경우 금지범위의 제한방법이 매우 다양하여 "일정한 처분"을 관념하는 것은 곤란하며, 본건은 실질적으로 추상적 부작위명령을 구하는 소송이라고 하면서(법정금지소송에 익숙하지 않기 때문에), 무명항고소송에 따르도록 해야 한다고 한 것이다. 여기서 중요한 것은 厚木 제4차 소송 1심 판결이 무명항고소송의 요건에 관하여 橫田기지에 관한 1993년의 대법원 판결을 참조하여 추상적 부작위 명령소송을 인정한 것이다. 즉, 厚木 제4차 소송 1심 판결은 "'항공기소음이 특정 지점에서 특정 시간대에 일정 수준을 초과해서는 아니 된다는 명령을 구하는 민사금지소송'이 청구의 특정에 부족하지 않다."라고 판시하고 있으며, 이 논리가 행정소송에도 적용 가능한 것으로 확인한 점에서 중요하다. 이에 의해 도로·공항·민사·행정소송에서도 피해의 성질에 따라 추상적 부작위 명령소송을 인정하는 흐름이 정착되어 왔다고 할 수 있다. 본 판결은 민사금지가 부적법하다는 것을 전제로 고육지책으로 무명항고소송을 인정한 기존의 판례와 달리, 항고소송의 가능성을 규명하고 본건 소송의 목적, 소송요건 및 인용요건이 실질적으로는 일반 민사금지소송과 매우 유사한 것으로 재차 부각되었다.[95]

(2) 위법성

厚木 제4차 소송 1심 판결은 국방장관의 권한행사의 위법성에 대해서 국가배상소송과 같은 판단 틀을 구성하고 있다. 첫째, 국방장관은 「자위대법」제107조 제5항에 따라 인근 주민들이 수인한도를 초과한 소음피해를 입는 일이 없도록 하기 위해 필요한 조치를 강구할 의무를 지고, 이 의무를 위반하는 자위대 항공기 운항처분은 위법하다. 둘째, 그 구체적인 판단에 있어서는 영조물의 하자(일본 「국가배상법」제2조)의 경우와 마찬가지로 "침해행위의 태양과 침해의 정도, 피침해이익의 성질과 내용, 침해행위가 가지는 공공성 내지 공익상의 필요성의 내용과 정도 등을 비교검토하는 한편, 침해행위의 시작과 그 후의 계속 경과 및 상황, 그사이에 채택된

---

95) 오쿠보노리코, 앞의 논문(주 29), 131-132면.

피해 방지에 관한 조치 여부 및 그 내용, 효과 등의 사정을 고려하여, 이들을 종합
적으로 고찰하고 이를 결정해야 할 것"이라고 한다. 셋째, 다만 배상책임의 유무를
판단할 때와 금지의 필요여부를 판단하는 경우와는 그 판단방법에 차이가 생기기
마련이라 하며, 国道43号線소송 대법원 판결[96]을 참조한다. 그리고 구체적으로 厚
木 제4차 소송 1심 판결의 경우 오후 8시부터 다음 날 오전 8시까지에 대해서는
"수면방해의 피해정도는 상당히 심각"하며, 다른 해상자위대는 오후 10시부터 오
전 6시까지의 시간대에서는 자율규제를 이미 실시하고 있기 때문에, 운항을 금지하
더라도 공공성이 크게 손상되는 것은 아니라고 하였으며, 더불어 자위대의 행동은
그 특성상 필요한 경우 언제 어떠한 경우에서도 실시해야 함을 이유로(「자위대법」제
76조 이하), "부득이하다고 인정하는 경우를 제외하고"라는 제한을 부과하여 매일 오
후 10시부터 다음 날 오전 6시까지 금지를 인용하였다. 厚木 제4차 소송 1심 판결
의 구조는 민사소송에서는 전통적인 것이지만, 일단 厚木 제1차 소송 대법원 판결
의 원심[97]이 공공성을 지나치게 중시하여 손해배상조차 인정하지 않았다는 것을
고려하면, 기지의 고도의 공공성을 전제하면서도 소음피해의 성질·내용을 상세하
게 검토하고 인용범위를 수정하여 금지를 인정했다는 점에서 의의는 크다.[98]

(3) 미군기의 비행금지청구

미군기의 금지는 종래부터의 난제이다. 대부분의 판례는 국가에 대한 민사소
송의 가능성을 부정하고 있기 때문에, 행정소송의 활용가능성이 논의되어 왔다. 그
러나 厚木 제4차 소송 1심 판결은 처분이 부존재함을 이유로 항고소송의 가능성을
부정하고, 당사자소송에 대해서도 민사금지소송에 관한 厚木 제1차 소송 대법원 판
결의 논리에 따라 이를 기각했다. 즉, "厚木비행장은 1971년 일본의 시설로 사용전
환된 것으로, 미국은 「미일안보조약」 제6조, 「지위협정」 제2조 제1항, 제4항b 및
「미일정부간협정」에 따라, 동 비행장의 임시사용권을 가진다. 본 판결은 사용권이
양국 간 합의에 근거한 것이며, 「미일안보조약」 등에서 국가가 일방적으로 미국과
사이의 합의내용을 변경 등 할 수 있는 근거규정은 존재하지 않기 때문에, 厚木비

---

96) 最判平7年7月7日 民集49巻7号2599頁.

97) 東京高判昭61年4月9日 判時1192号1頁.

98) 오쿠보노리코, 앞의 논문(주 29), 133-134면.

행장에 관하여 국가가 미국에 대해 사용을 허용하는 행정처분이 존재하지 않는다.”라고 판단하여, “본건 미군기 금지의 소는 존재하지 않는 처분의 금지를 요구하는 것으로서 부적법”하다고 판시했다. 또한 당사자소송에 대해서도, “본건 급부청구와 厚木 제1차 소송 대법원 판결의 금지청구의 목적은 실질적으로 동일하며, 피고에 대하여 그 통제를 벗어난 제3자의 행위의 금지를 내용으로 포함하는 요청을 한다는 점에서 동일”하기 때문에, 厚木 제1차 소송 대법원 판결의 사정은 본건에 미친다고 하여 청구를 기각했다. 한편, 横田기지에 관한 2002년의 대법원 판례[99])에서는 미국에 대한 소송도 미국이 스스로 재판에 응하지 않는 한 인정되지 않기 때문에, 결과적으로 미군기에 의한 소음피해에 대해서는 권리침해의 존재에도 불구하고 재판을 받을 권리가 인정되지 않는다고 판단하였다. 소음피해의 대부분은 미군기에 의한 것이므로, 자위대 항공기 금지청구가 인용되어 비록 자위대 항공기에 의한 소음을 줄일 수 있다고 해도 근본원인의 해결에는 한계가 있다고 할 것이다.[100])

한편, 厚木 제4차 소송 1심 판결에서는 “厚木비행장은 국방장관이 설치·관리하는 공항이며, 국방장관은 厚木비행장의 사용을 미군에 인정하고 있기 때문에 국방장관은 厚木비행장에 이착륙하는 자위대 항공기 및 미군기 전체에 대하여, 이로 인한 재해를 방지하고 공공의 안전을 보장하기 위해 필요한 조치를 강구할 의무를 진다.”는 것을 인정하고 있다. 분명 미군기지 사용에 대한 개별 사용허가의 존재를 짐작케 하는 규정은 존재하지 않지만, 불법 또는 조약의 목적에 반하는 사용을 한 경우 이에 아무런 대응도 취할 수 없다고 하는 것은 다른 문제라고 할 것이다.[101]) 지위협정에 따르면 미일 어느 한쪽의 요청이 있는 경우에는 시설·지역 사용에 관한 결정을 재검토해야 한다(동 협정 제2조 제2항). 가령 일본이 관리권에 따라 일방적으로 미군의 사용을 거부·제한할 수 없다 하더라도 미군도 일본의 법령의 존중의무를 부담하며(동 협정 제16조), 적어도 일정한 요구권 행사 등의 교섭을 행하는 것은 가능하다. 실제로, 미군이 동 협정 제3조에 의거관리권을 가지고 있는 경우조차 미일합동위원회에 의한 소음규제 합의가 체결되었다. 종래부터 국가는 공동방해자·방

---

99) 最判平14年4月12日 民集56巻4号729頁.

100) 오쿠보노리코, 앞의 논문(주 29), 134면.

101) 吉村良一, “基地騒音公害の差止め”, 「立命館法学」 第292号, 2003年, 470頁.

조자로서의 책임을 부담한다는 지적도 있었으며, 본 판결이 통치행위를 취하지 않고, 미군기에 대해서도 관리권에 따른 의무를 인정한 점은 중요하다. 또한 헌법이 보장하는 재판을 받을 권리는 법치국가의 기본이다. 만일 국방장관의 관리권이 공권력의 행사를 포괄하는 포괄적인 권능이며, 이를 개개로 분리하여 파악하는 것이 곤란하다고 하면, 기존의 판례를 전제로 하는 한 입법적인 해결 외에도 무명항고소송을 인정하는 것이 가장 이론에 적합한 것이다. 기지 소음 소송에서는 손해배상은 인정하지만, 금지청구는 인정하지 않는 상황이 계속되어 왔다. 이번에 종래의 판례를 구사하여 기지 소송에서도 ① 행정소송 유형의 선택, ② 추상적 부작위 청구 여부, ③ 공공성 중시라고 하는 세 가지 장애물을 극복하고 자위대 항공기에 대한 금지인용 판결이 나온 것은 높이 평가해야 할 것이다.102)

5. 시사점

일본의 금지소송에서는 인격권의 일종으로서 '평온생활권'이 법적 근거의 하나로 인정되고 있다. 일본의 폐기물 처리시설의 금지(가처분)소송103)에서 '평온생활권'이 그 근거로 인용되고 있는데, 판례에서는 "이러한 권리가 장래에 침해될 상황에 놓인 자들, 즉 그러한 침해가 발생할 고도의 개연성이 있는 상황에 처한 자는 침해행위에 미칠 상대방에 대하여 장래에 생겨날 침해행위의 금지를 청구할 권리를 갖는 것으로 해석된다."라고 하였으며, "평온생활권 침해의 경우에는 신체권 침해 자체가 입증사항이 아니며, 생명·신체에 대한 침해 위험이 일반인을 기준으로 위험감이나 불안감이 되어, 정신적 평온이나 평온한 생활을 침해하게 된다는 것이 입증명제가 된다. 따라서 거기에는 개개의 신체 피해나 질병이 아닌 그 발생의 우려의 존재 내지 그러한 두려움에 노출되면서 생활하고 있다는 증명으로 족하고 개개의 증상에까지 인과의 연쇄가 증명될 필요는 없다."라고 판시하여, 기존의 견해보다 완화된 태도를 취하고 있음을 알 수 있다. 우리나라도 '평온생활권'을 법적근거로 활용할 수 있을 것이다.

---

102) 오쿠보노리코, 앞의 논문(주 29), 134-136면.
103) 仙台地決平4年2月28日 判時1429号109頁.

제2절   손해배상청구

I. 영조물의 하자로 인한 책임

영조물의 하자를 원인으로 하는 손해배상청구는 공항이나 군용비행장 또는 항공기 그 자체를 공작물이나 영조물로 보고, 그 설치·관리상의 하자에 따른 상태책임을 묻는 것이다.[104] 대법원은 「국가배상법」 제5조 제1항에 정하여진 '영조물의 설치 또는 관리의 하자'라 함은 공공의 목적에 공여된 영조물이 그 용도에 따라 갖추어야 할 안전성을 갖추지 못한 상태에 있음을 말하고, 여기서 안전성을 갖추지 못한 상태, 즉 타인에게 위해를 끼칠 위험성이 있는 상태라 함은 당해 영조물을 구성하는 물적 시설 그 자체에 있는 물리적·외형적 흠결이나 불비로 인하여 그 이용자에게 위해를 끼칠 위험성이 있는 경우뿐만 아니라 그 영조물이 공공의 목적에 이용됨에 있어 그 이용 상태 및 정도가 일정한 한도를 초과하여 제3자에게 사회통념상 참을 수 없는 피해를 입히는 경우까지 포함된다고 보아야 할 것이고, 사회통념상 참을 수 있는 피해인지의 여부는 그 영조물의 공공성, 피해의 내용과 정도, 이를 방지하기 위하여 노력한 정도 등을 종합적으로 고려하여 판단하여야 한다고 처음 판시했다.[105] 김포공항 사건[106]에서 동일한 설시를 반복하였으며, 하급심들도 위 견해를 그대로 따르고 있다.[107] 일본에서도 기지 주변 주민들이 기지의 설치·관리

---

104) 강종선, 앞의 논문(주 5), 265면.
　　　한편 항공기소음으로 직접 「헌법」 제35조의 환경권 침해를 이유로 손해배상청구를 할 수 있는지 여부와 관련하여 판례에 따르면, "「헌법」 제35조 제1항은 환경권을 기본권의 하나로 규정하고 있고, 사법의 해석과 적용에 있어서도 이러한 기본권이 충분히 보장되도록 배려하여야 한다. 그러나 헌법상의 기본권으로서의 환경권에 관한 위 규정만으로는 그 보호대상인 환경의 내용과 범위, 권리의 주체가 되는 권리자의 범위 등이 명확하지 못하여 위 규정이 개개의 국민에게 직접 구체적인 사법상의 권리를 부여한 것이라고 보기는 어렵다. 따라서 사법상의 권리로서의 환경권이 인정되려면 그에 관한 명문의 법률 규정이 있거나 관계 법령의 규정취지나 조리에 비추어 권리의 주체, 대상, 내용, 행사방법 등이 구체적으로 정립될 수 있어야 한다."라고 판시하여 이를 부정하고 있다(대법원 1995.5.23.자 94마2218 결정; 대법원 1997.7.22. 선고 96다56153 판결; 대법원 2008.9.25. 선고 2006다49284 판결 등).
105) 대법원 2004.3.12. 선고 2002다14242 판결.
106) 대법원 2005.1.27. 선고 2003다49466 판결; 대법원 2005.1.28. 선고 2003다50542 판결.
107) 강종선, 앞의 논문(주 5), 267면.

의 위법성과 관련하여 국가에 손해배상을 청구하는 근거 법조로서 공공영조물의 설치 또는 관리의 하자로 인하여 타인에게 손해가 발생한 경우에는 국가 또는 공공단체는 이를 배상할 책임을 진다고 규정한 일본 「국가배상법」 제2조 제1항을 적용한다. 영조물의 설치 또는 관리의 하자는 영조물이 통상적으로 가져야 할 안전성을 결여하고 있는 상태를 말하는 것으로, 판례에 의하면 "그것은 객관적으로 판단될 것이며, 과실의 존재를 필요로 하지 않는다."라고 하였으며, 영조물의 설치 또는 관리의 하자 유무는, "해당 영조물의 구조, 용법, 장소적 환경 및 이용 상황 등 제반 사정을 종합 고려하여 구체적, 개별적으로 판단해야 한다."라고 설시하였다.

1. 당사자

(1) 원 고

공항주변 거주자들이 공항에서 발생하는 항공기소음과 부대시설의 소음으로 인하여 재산권이나 신체에 대한 침해를 당한 경우는 물론 심적 고통을 당한 경우 그로 인하여 손해를 입은 피해자들은 모두 원고가 될 수 있다. 그러나 실무상 사회통념상 수인한도를 넘는 하자의 존재로 인하여 재산권의 침해가 있었음을 입증하는 것이 거의 불가능하기 때문에 공항주변 거주자들이 공항에서 발생하는 항공기소음이나 부대시설의 소음으로 인하여 재산권이나 신체에 대한 침해로 인하여 재산상 손해를 입었다고 손해배상을 청구하는 경우는 거의 없다. 공항주변 거주자들이 공항에서 발생하는 항공기소음이나 부대시설 소음으로 인하여 손해를 입었을 때, 피해자들은 그 손해를 공항이라는 영조물의 하자에 기인한 것임을 이유로 그 배상을 청구할 수 있으나, 사회통념상 수인한도를 넘는 소음이 피해자들의 당해 질병의 원인이라는 점, 즉 인과관계를 과학적으로 증명하는 것이 의학적으로 쉽지 않다는(현재 소음성 난청에 관하여만 소음과의 인과관계가 의학상 어느 정도 인정되는 것으로 연구되어 있다) 등의 이유로 공항주변 거주자들은 공항발생 소음이 사회통념상 수인한도를 넘어서 자신들에게 정신적 고통이라는 손해를 끼친다는 이유로 위자료를 청구하는 경우가 대부분이며, 이와 같은 인격권 침해를 이유로 하는 위자료 청구에서 원고는 공항주변에 거주하는 자연인이 된다.[108]

---

108) 손윤하, 앞의 책(주 1), 257-259면.

(2) 피 고

「항공안전법」제6조 제1항은 "국토교통부장관은 국가항공안전정책에 관한 기본계획을 수립하여야 한다."라고 명시하고 있으며,「공항소음방지법」제7조 제1항에서도 "국토교통부장관은 소음대책지역에 대하여 공항소음 방지 및 주민지원에 관한 중기계획을 수립하여야 한다."라고 하여, 이러한 규정들을 근거로 공항의 설치·관리의 주체는 대한민국이 된다. 따라서 공항주변에 거주하는 소음피해자들이 영조물의 하자로 인한 손해배상청구의 법리를 구성하다면, 영조물의 설치·관리의 주체인 국가가 피고가 된다.

군용비행장소음으로 인한 손해배상청구소송의 피고는 군용비행장을 설치·관리하는 자가 될 것이다.「군사기지 및 군사시설 보호법」제16조(보호구역등 관리기본계획의 수립 등)에 의하면 "국방부장관은 보호구역등을 체계적으로 관리하기 위하여 군사기지 및 군사시설 보호에 관한 기본방향, 보호구역등의 관리에 관한 사항 등이 포함된 보호구역등 관리기본계획을 5년마다 수립하여야 한다(제1항). 국방부장관은 제1항에 따라 기본계획을 수립할 때에는 국방부심의위원회의 심의를 거쳐 확정한다. 기본계획 중 보호구역등의 지정·변경·해제에 관한 사항, 피해보상에 관한 사항 등 대통령령으로 정하는 중요 사항을 변경하려는 때에도 또한 같다(제2항)."라고 되어 있으며,「군사기지 및 군사시설 보호법 시행령」제18조(보호구역등 관리기본계획의 수립 등) 제1항은 "국방부장관은 법 제16조 제1항에 따라 군사기지 및 군사시설 보호에 관한 기본방향(제1호), 보호구역등의 관리에 관한 사항(제2호), 보호구역등의 지정·변경·해제에 관한 사항(제3호), 보호구역등의 피해보상에 관한 사항(제4호)의 각호의 사항을 포함한 보호구역등 관리기본계획을 수립하여야 한다."라고 명시하고 있으며, 이를 종합해 볼 때 국내의 군용항공기의 설치 및 관리자는 대한민국이라고 할 수 있다.

또한 국내에 주둔하는 미군 비행장의 경우에,「대한민국과 아메리카합중국 간의 상호방위조약 제4조에 의한 시설과 구역 및 대한민국에서의 합중국 군대의 지위에 관한 협정의 시행에 관한 민사특별법」제2조(국가의 배상 책임)는 "대한민국에 주둔하는 아메리카합중국 군대의 구성원, 고용원 또는 합중국 군대에 파견 근무하는 대한민국의 증원군대 구성원이 그 직무를 수행하면서 대한민국에서 대한민국

정부 외의 제3자에게 손해를 입힌 경우에는 「국가배상법」에 따라 국가가 그 손해
를 배상하여야 한다(제1항). 제1항은 합중국 군대 또는 합중국 군대에 파견 근무하
는 대한민국의 증원군대가 점유·소유 또는 관리하는 토지의 공작물과 그 밖의 시
설 또는 물건의 설치나 관리의 하자로 인하여 대한민국 정부 외의 제3자에게 손해
를 입힌 경우에도 적용한다(제2항)."라고 명시하여, 대한민국이 미군 비행장에서 발
생하는 소음으로 인한 손해배상청구에 있어서, 설치·관리의 주체가 되는 것을 알
수 있다.

　　이러한 위의 규정의 취지를 종합해 보면, 국내에 주둔하는 미군 비행장의 경우
그 직접적인 설치·관리자는 미군이라고 할지라도, 위와 같은 조약 및 특별법의 규
정들에 의하여 미군 비행장에서 발생한 항공기소음으로 인한 손해배상청구소송의
피고는 대한민국이라고 할 것이다.

2. 설치·관리상의 하자

　　항공기의 설치 및 관리상의 하자[109]로 인해 손해가 발생한 경우, 「국가배상법」
제5조에 의한 공공시설 등의 하자로 인한 책임과 「민법」 제758조에 의한 공작물
등의 점유자 또는 소유자의 책임이 문제될 수 있다.[110] 「민법」 제758조의 공작물
이란 인공적 작업에 의한 물건을 말하고,[111] 「국가배상법」 제5조의 공공의 영조물
은 국가 또는 지방자치단체 등의 행정주체에 의하여 특정의 공공의 목적에 공여된
유체물 내지 물적 설비를 의미하는데, 토지의 공작물인 군비행장 및 사격장과 동적
인 설비인 항공기는 여기에 해당[112]하므로, 군사시설의 설치나 관리상의 하자로 인

---

109) 영조물의 하자로 인한 책임에서 '하자'의 개념 속에는 인적 불법행위책임(「민법」 제750조, 제35
　　조, 제756조, 「국가배상법」 제2조)에서의 위법성의 요소가 포함되어 있는 것으로 볼 수 있다.
　　강종선, 앞의 논문(주 5), 280면.
110) 남기연, "군용 항공기 소음피해 구제에 대한 민사법적 고찰", 「환경법연구」 제34권 제2호, 한국
　　환경법학회, 2012년, 174면.
111) 곽윤직, 「채권각론」, 박영사, 2003년, 521면; 김상용, 「채권각론(제2판)」, 화산미디어, 2014년,
　　705면; 김증한·김학동, 「채권각론」, 박영사, 2006년, 850면; 김형배·김규완·김명숙, 「민법학
　　강의(제15판)」, 신조사, 2016년, 1696면; 송덕수, 「新 민법강의(제14판)」, 박영사, 2021년, 1429
　　면; 오시영, 「채권각칙」, 학현사, 2010년, 837면; 이은영, 「채권각론」, 박영사, 2005년, 876면;
　　지원림, 「민법강의(제18판)」, 홍문사, 2021년, 1808면.
112) 대법원 1998.10.23. 선고 98다17381 판결.

하여, 피해주민에게 손해가 발생한 경우, 해당 시설물의 설치 및 관리자인 국가를 상대로 손해배상을 청구할 수 있다.

(1) 하자의 판단기준

'하자'라 함은 영조물이나 공작물이 그 용도에 따라 객관적으로 요구되는 성질 및 설비를 설치 당시부터 갖추지 못하였거나, 설치 후에 불완전하게 되었음을 말한다.[113] 하자의 종류와 판단기준에 대한 해석은 「국가배상법」 제5조나 「민법」 제758조, 양 법률 규정에서 동일하게 적용된다.[114]

1) 물적 하자

영조물의 설치·관리상의 하자로, 당해 영조물을 구성하는 물적 시설 그 자체의 물리적·외형적 흠결이나 불비로 인하여 그 이용자에게 위해를 끼칠 위험성이 있는 경우를 말한다.[115] 물적 하자의 경우, 하자의 입증과 그에 따른 법적 책임이 쉽게 긍정될 수 있다.[116]

2) 기능적 하자

기능적 하자는 영조물을 원래의 목적에 따라 이용하더라도 타인에게 위해를 가할 수 있는 것[117]을 말하며, 이는 영조물의 물리적·외형적 흠결만으로는 영조물 관리자의 책임을 도출하는데 어려움이 있기 때문에, 피해자를 구제하기 위해 도입되었다고 볼 수 있다. 즉, 기능적 하자 이론을 도입한 것은 항공기소음이 수인한도를 넘었는지 여부에 따라 하자까지 판단하기 때문에, 피해자는 영조물 관리자의 고의·과실 또는 영조물의 물적 하자에 대한 입증 없이도, 수인한도를 초과하는 정도의 피해 사실만 입증하면 되는 것이다. 결국 하자에 대한 입증책임을 부담하는 피해자에게는 유리하게 작용하며, 공공시설의 정상적인 이용에 대해서도 쉽게 피해

---

113) 곽윤직, 앞의 책(주 111), 521면; 김상용, 앞의 책(주 111), 705면; 김증한·김학동, 앞의 책(주 111), 850면; 김형배·김규완·김명숙, 앞의 책(주 111), 1697면; 손윤하, 앞의 책(주 1), 266면; 송덕수, 앞의 책(주 111), 1429면; 오시영, 앞의 책(주 111), 837면; 이은영, 앞의 책(주 111), 876면; 지원림, 앞의 책(주 111), 1808면.

114) 남기연, 앞의 논문(주 110), 174면.

115) 박균성, 「행정법(상)」, 박영사, 2008년, 686면.

116) 남기연, 앞의 논문(주 110), 175면.

117) 박균성, 앞의 책(주 115), 686면.

배상을 받을 수 있다는 결과가 발생한다.[118]

3) 기능적 결함·공용 관련하자(일본)

공공영조물은 널리 공공용으로 제공되며, 공항·도로와 같은 공공영조물이 그것을 이용하는 이용자와의 관계에서는 하자가 없지만, 그 이용자 이외의 제3자인 주변 주민에 소음·진동, 대기 오염 등에 의한 생활방해와 건강피해를 미치는 경우가 있는데 이를 기능적 결함·공용 관련하자라고 한다.

(2) 판례의 태도

우리나라의 판례는 기능적 하자에 따라, 영조물의 하자개념을 종래보다 확장하여, 공공의 목적에 공여된 영조물이 그 용도에 따라 갖추어야 할 안전성을 갖추지 못한 상태에 있음을 말하는데, 여기서 안전성을 갖추지 못한 상태에 대해서, 영조물이 공공의 목적에 이용됨에 있어 그 이용 상태 및 정도가 일정한 한도를 초과하여 제3자에게 사회통념상 수인할 것이 기대되는 한도를 넘는 피해를 입히는 경우까지 포함하는 경우[119]와 예측되는 위험성에 비례한 안전관리의무(방호조치의무)를 위반한 경우로 나누어 판단하고 있다.

1) 수인한도를 넘는지의 여부

매향리 사격장 1차 사건의 대법원 판결은 "그 영조물의 공공성, 피해의 내용과 정도, 이를 방지하기 위하여 노력한 정도 등을 종합적 고려하여 판단하여야 한다."라고 하였으며,[120] 김포공항 제1차에서는 "수인한도의 기준을 결정함에 있어서는 일반적으로 침해행위가 갖는 공공성의 내용과 정도, 그 지역 환경의 특수성, 공법적인 규제에 의하여 확보하려는 환경기준, 침해를 방지 또는 경감시키거나 손해를 회피할 방안의 유무 및 그 난이 정도 등 여러 사정을 종합적으로 고려하고, 구체적 사건에 따라 개별적으로 결정하여야 한다."라고 판시하였다.[121]

그러나 이러한 견해에 대해 공항뿐만 아니라 항만·도로·철도 등에 있어서까지 위 영조물의 설치 및 관리의 하자를 적용할 경우, 그 적용범위가 지나치게 확대

---

118) 남기연, 앞의 논문(주 110), 175−176면.
119) 대법원 2010.11.25. 선고 2007다74560 판결; 서울고등법원 2015.11.12. 선고 2014나39055 판결.
120) 대법원 2004.3.12. 선고 2002다14242 판결.
121) 대법원 2005.1.27. 선고 2003다49566 판결.

되므로 위 하자개념을 모든 사안에 적용할 것이 아니라, 피해발생이 명백함에도 불구하고 일반적인 손해배상청구를 통해서 배상책임이 인정되기 곤란한 사안에 대해서만 보충적·한정적으로 적용하여야 한다는 견해가 있으며, 위 판결들이 도입한 하자의 개념이 외형적·물리적인 흠결만을 하자로 보는, 종래 무과실책임론에서 확립된 하자개념에 과실책임의 개념인 사회통념상 수인한도라는 주관적 요소를 끌어들임으로써 무과실 책임론을 후퇴시킨 오류를 범하였고, 영조물책임의 범위를 객관적인 하자로 인한 손해를 넘어 수인한도를 넘는 피해를 입은 경우까지 포함함으로써 그 범위를 지나치게 확대한 잘못이 있다는 비판도 있다.[122]

2) 방호조치를 다하였는지의 여부

영조물의 설치·관리상의 하자란 통상의 용도(사용법)에 따른 이용에 있어서 당해 물건이 구비해야 할 안전성이 결여된 상태를 의미하는데, 이때 안전성의 결여를 단순히 객관적으로 판단하는 데 그치지 않고 예측되는 위험성에 비례한 안전관리의무(방호조치의무)의 위반으로 파악하는 것이 판례의 입장이다.

영조물의 하자는 공작물이 그 용도에 따라 '객관적으로' 요구되는 성질 및 설비를 설치 당시부터 갖추지 못하였거나 설치 후에 불완전하게 되었음을 말하는데, 판례는 "안전성의 구비 여부를 판단함에 있어서는 당해 영조물의 설치·보존자가 그 영조물의 위험성에 비례하여 사회통념상 일반적으로 요구되는 정도의 방호조치의무를 다하였는지의 여부"를 기준으로 삼고 있다.[123]

3. 인과관계

공항이나 군사비행장에서 발생한 소음이 수인한도를 넘는 정도이면 영조물인 시설에 하자가 존재한다고 할 것이고, 그 소음으로 입은 손해는 영조물의 하자(사회통념상 수인한도를 넘는 소음정도)와 상당한 인과관계가 존재하여야 하며, 이는 주장하는

---

122) 손윤하, 앞의 책(주 1), 255-256면.
123) 대법원 1994.10.28. 선고 94다16328 판결; 대법원 1994.11.22. 선고 94다32924 판결; 대법원 1995.2.24. 선고 94다57671 판결; 대법원 1996.2.13. 선고 95다22351 판결; 대법원 1997.4.22. 선고 97다3194 판결; 대법원 1998.1.23. 선고 97다25118 판결; 대법원 2000.1.14. 선고 99다 39548 판결; 대법원 2000.4.25. 선고 99다54998 판결; 대법원 2005.1.14. 선고 2003다24499 판결; 대법원 2006.1.26. 선고 2004다21053 판결; 대법원 2008.3.13. 선고 2007다29287 판결; 대법원 2010.2.11. 선고 2008다61615 판결; 대법원 2013.10.24. 선고 2013다208074 판결.

원고가 입증하여야 함은 당연하다. 그러나 공항 등의 소음과 손해의 발생 사이에 상당인과관계가 존재한다는 것을 입증한다는 것은 매우 어려운 문제이므로, 그 입증책임을 전환하거나 완화하자는 주장이 대두되고 있다. 이러한 주장으로는 종래의 상당인과관계설이 아닌 개연성설,[124) 위험영역설,[125) 역학적 인과관계설 등이 있다.[126) 실무에 대해서는 **제5장 제2절 손해배상액의 산정기준 부분**에 정리하였다.

II. 일반불법행위책임

국가나 지방자치단체의 불법행위에 대한 국가배상책임을 규정하고 있는 「국가배상법」 제2조 제1항(손해의 발생요인을 "공무원의 직무집행"으로 명시하였음)과 「민법」 제750조의 불법행위책임은 그 성립요건에 있어 차이가 없으며, 항공기의 소음으로 인한 손해배상에 있어 공무원의 직무 집행 요건이 충족되기 때문에 양 규정의 적용을 위한 요건은 동일하게 충족된다.[127) 따라서 고의 또는 과실에 기한 위법행위의 존재, 손해의 발생, 인과관계의 존재 등을 소음으로 인하여 피해를 입은 피해자가 증명하여야 하나,[128) 고의·과실에 대한 입증의 어려움[129)이 있어 실무상 활용되고 있지 않다. 따라서 아래에서는 일반불법행위의 성립요건 중 하나인 고의·과실과

---

124) 공해로 인한 인과관계의 입증은 자연과학적으로 엄격한 증명을 요하지 않고, 당해행위가 없었더라면 결과가 발생하지 않았으리라는 상당한 정도의 개연성이 있으면, 그것으로 족하다고 보는 견해로, 피해 구제를 용이하게 하기 위하여 인과관계의 증명도 자체를 낮추려는 시도이다. 민사소송법상 증명의 정도에 관한 개념과 관련하여 증명과 소명의 중간 정도의 심증형성을 의미하기도 한다.

125) 입증부담의 완화를 증명도의 인하를 통해 해결하려는 개연성설을 비판하고 소송법적 관점에서 간접반증이론에 입각한 인과관계 추정원리에 의하여 개연성설을 재구성하려는 시도로, 인과관계 인정에 필요한 증명주제에 해당하는 주요사실을 ① 피해 발생의 메커니즘과 원인물질, ② 원인물질의 피해자에의 도달경로, ③ 가해공장에서 원인물질이 생성되어 배출되었다는 사실의 세 가지로 유형화하고, 원고가 세 가지 중 어느 두 가지를 직접증거 또는 간접증거에 의하여 증명하면 인과관계의 존재가 추정되어, 피고가 별개의 간접사실을 증명(간접반증)하여 인과관계를 존부 불명의 상태로 만들지 못하는 한 인과관계의 존재를 인정할 수 있다고 한다.

126) 손윤하, 앞의 논문(주 2), 223-224면.

127) 남기연, 앞의 논문(주 110), 173면.

128) 이준현, "군항공기·군용비행장 관련 소음소송의 법리에 대한 검토", 「홍익법학」 제14권 제4호, 홍익대학교 법학연구소, 2013년, 246면.

129) 손윤하, 앞의 책(주 1), 252면.

이론상 구성 가능한 일반불법행위책임에 대해 보기로 한다.

1. 가해자의 고의·과실

가해자에 대해 일반불법행위책임을 묻기 위해서는 가해행위(항공기소음 배출행위)가 고의 또는 과실로 인한 것이어야 한다. 이 고의·과실은 불법행위의 적극적인 성립요건이므로, 그 입증책임은 불법행위의 성립을 주장하는 피해자가 부담한다.[130] 그러나, 환경침해가 고의에 의해 발생하는 경우는 거의 없으므로 과실요건의 충족 여부가 실무상 주로 문제된다. 환경매체를 통하여 발생하는 간접성·광역성·누적성이라는 환경침해의 특성으로 인해 가해자의 과실을 입증한다는 것은 현실적으로 매우 힘들다. 무엇보다 과실의 입증에 필수적인 정보는 가해자의 지배영역 내에 있어 피해자가 접근하기 어렵기 때문이다.[131] 불법행위책임의 성립요건으로서 과실은 추상적 경과실이 원칙이다. 통상 추상적 경과실은 주의의무를 게을리하는 것으로서, 그 주의의무의 기준이 되는 것은 일반인·평균인의 주의 정도이지만, 행위자의 직업, 지위, 사건의 환경 등을 고려하여 거기에서 기대되는 정도의 주의를 기준으로 한다.[132] 과실의 근거를 이루는 주의의무의 내용에 대해서 다양한 견해가 존재한다.

2. 과실에 대한 학설

(1) 방지의무위반설(회피가능성설)

기업활동을 하면서 일정한 환경침해의 방지설비를 갖추었더라면 손해의 발생을 방지할 수 있었음에도 '상당한' 또는 '최선의' 방지설비를 갖추지 않았다면 과실이 인정된다는 견해이다.[133] 이 견해는 과실의 범위를 될 수 있는 한 좁게 한정함으로써 기업 활동의 자유를 보장하려는 이론으로 과거 우리 대법원 판결 중에도 이러한 견해에 따른 것이 있었으나, 현재 이 견해를 따르는 학설이나 판례는 흔치 않

---

130) 안경희, "항공기소음으로 인한 민사책임", 「환경법연구」 제33권 제2호, 한국환경법학회, 2011년, 248면.

131) 최인호, 앞의 논문(주 4), 164면.

132) 곽윤직, 앞의 책(주 111), 477면; 김상용, 앞의 책(주 111), 606면.

133) 박준서, 「주석민법(채권각칙8)」, 한국사법행정학회, 2000년, 468면.

은 것으로 보인다. 이 견해에 의하면 현대의 과학·기술 수준에서 항공기소음을 완벽하게 또는 상당한 정도로 저감시킬 수 있는 장치나 방법이 아직 개발되지 않은 이상, 항공기 운항자 등을 상대로 「민법」 제750조 또는 「국가배상법」 제2조의 손해배상책임을 물을 수는 없게 된다.134)

(2) 예견가능성설

손해의 발생에 관하여 예견가능성이 있으면, 손해 회피조치를 취함으로써 손해 발생을 방지할 수 있다는 점에서 예견가능성을 과실의 중심내용으로 하는 견해이다. 즉, 가해자가 그 활동의 유해한 결과를 인식할 수 있었다면 가능한 모든 방지조치를 취하더라도 유해한 결과를 회피할 수 없고, 오로지 그 활동을 포기할 때에만 회피할 수 있는 경우에도 과실이 인정된다는 견해로서 '사실상 무과실책임' 또는 '과실의 옷을 입은 무과실책임'이라고도 한다.135)

과실을 유책성의 요소로써 행위자에 대한 비난가능성을 의미한다는 점에서 주관적인 개념으로 이해하는 견해도 있으나,136) 다수설과 판례에 따르면 과실이란 행위자에게 객관적·규범적으로 부과되는 손해발생의 예견의무와 회피의무의 불이행을 말하며, 과실의 판단에 있어서 침해되는 법익의 성질이나 예측되는 위험의 정도를 종합적으로 고려하게 되기 때문에, 과실개념은 객관화될 뿐만 아니라 상대화된다. 따라서 생명·신체 등 중요법익이 관련되고 침해의 위험이 통상적으로 예견되고 또한 그 강도가 크다면 행위자에게 상당히 높은 수준의 주의의무가 부과되어 과실개념은 무과실개념에 접근하게 된다.137)

예견가능성설은 환경침해로 인한 피해자가 겪는 입증곤란을 해결하기 위해 등장한 이론으로, 이 견해에 의하면 항공기 운항자 등이 항공기소음피해의 발생가능성을 예견할 수 있었다는 점은 경험칙상 명백하므로, 「민법」 제750조 또는 「국가배상법」 제2조의 귀책사유를 쉽게 인정할 수 있을 것이다.138) 하지만 예견가능성설의 수용에도 불구하고 이것이 어디까지나 이론의 차원에서 그렇다는 것이고, 현

---

134) 강종선, 앞의 논문(주 5), 277면.
135) 박준서, 앞의 책(주 133), 89-90면.
136) 이은영, 앞의 책(주 111), 742-744면.
137) 최인호, 앞의 논문(주 4), 165면.
138) 강종선, 앞의 논문(주 5), 278면.

실적으로는 구체적인 사건에서 피해자가 예견가능성과 회피가능성의 존재를 입증한다는 것은 여전히 매우 어려운 일이라고 볼 수 있다.[139]

(3) 상관관계설(위법성과 고의·과실 판단의 일원화)

과실개념의 객관화 경향은 다른 한편으로 과실과 위법성의 판단이 상호 중첩되는 결과로 이어지게 되는데,[140] 이를 상관관계설이라고 한다. 가해행위의 위법성을 판단함에 있어 피침해이익의 종류와 침해행위의 성질을 상관적으로 고려해야 하는데 소유권 기타 물권이나 신체·자유와 같이 권리의 외연이 명백한 경우는 그 침해 자체에 의하여 위법성이 추정될 것이지만, 인격권, 채권, 순수 재산적 이익 등 공고하지 못한 법익은 그 자체로 위법성이 추정될 수는 없고, 위법성 판단에서 침해행위의 성질을 적극적으로 고려해야 할 필요가 있다[141]고 한다.

그러나 이에 대해 생명, 신체, 소유권 기타 물권과 같이 권리의 외연이 공고한 법익이라고 하더라도 그 침해가 바로 위법성을 추정시키지 못하는 사안 유형이 존재하는 경우에는, 행위자가 타인의 보호되는 법익을 침해하였다는 사정만으로 그 행위가 위법하다고 평가될 수 있는 것은 아니고, 그 행위자가 그 행위를 할 때 요구되는 주의의무를 위반하여 위험의 실현을 방지하지 못한 때에 비로소 위법성이 있다고 평가될 수 있다고 한다. 이 견해에 따르면, 간접침해 내지 부작위의 경우에는 그 외연이 공고한 절대적 법익이 침해되는 경우에도 위법성 판단에서 행위자의 주의의무 위반이 있는지 검토해야 하며, 현재 통설과 판례가 행위자에게 객관적으로 부과되는 예견의무와 결과회피의무에 기초하여 객관적·규범적으로 판단하고 있으므로, 위법성 판단에 객관적 주의의무 위반이 심사되는 경우에는 동시에 과실 판단도 그와 함께 행해지는 것이기 때문에, 결과적으로 위법성 판단과 고의·과실 판단은 현실적으로 하나의 과정으로 이루어진다고 한다.[142] 결론적으로, 위법성 판단에 있어서 피침해이익의 성질과 침해행위의 태양을 종합적으로 검토하게 되면 위법개념은 행위불법화되고, 필연적으로 위법성 평가에 있어서 가해자의 객관적

---

139) 최인호, 앞의 논문(주 4), 165면.
140) 최인호, 앞의 논문(주 4), 166면.
141) 김증한·김학동, 앞의 책(주 111), 786면.
142) 김형석, "민사적 환경책임", 「서울대학교 법학」 제52권 제1호, 2011년, 211-212면.

주의의무 위반이 검토될 수밖에 없게 되기 때문에, 과실개념의 객관화 경향은 다른 한편으로 과실과 위법성의 판단이 일원화되는 것을 의미한다.

(4) 신수인한도론

신수인한도론은 일원적으로 고의·과실과 위법성 여부를 함께 판단한다는 점에서 상관관계설과 비슷한 맥락이라고 볼 수 있다.

이에 따르면, 환경파괴로 수인한도를 넘는 피해를 발생시켰다면, 과실과 위법성이 함께 인정된다고 보는 것이다. 신수인한도론에서 말하는 과실이란 "수인한도를 넘는 침해를 가져오지 않도록 조치할 의무에 위반하는 것"을 말한다. 이 조치의무에는 작위는 물론 부작위도 포함되기 때문에 피해가 발생하는 것을 막기 위해서는 당해 행위를 하지 않는 것까지도 포함된다. 따라서 결과에 대한 예견가능성이 있었는지 여부에 상관없이, 손해가 수인한도를 넘으면 곧 과실이 인정된다.[143]

즉, 피해자가 입은 손해의 종류 및 정도, 가해행위의 태양 및 손해의 회피조치 등 가해자 측의 사정, 그리고 지역성 기타 요인을 비교형량하여, 피해의 정도가 수인한도를 넘어 위법하다고 인정되는 경우에는 예견가능성의 유무에 불구하고 과실까지 인정된다는 입장이므로 이론상으로는 다른 견해들에 비해 피해자를 보다 더 두텁게 보호할 수 있다는 장점이 있다.[144] 이 견해에 따르면 항공기소음피해의 정도가 수인한도를 넘는 경우에는 가해자의 과실은 물론 침해행위의 위법성도 인정하게 된다. 물론, 수인한도를 기준으로 과실과 위법성을 함께 판단하는 신수인한도론은 "별개의 책임요소로 법정하고 있는 제750조에 상치된다."는 이유로 비난받기도 한다.[145]

3. 그 밖의 배상책임

항공기소음피해로 인한 피해자들은 아래의 이론 구성에 따라, 일반불법행위책임 또는 공동불법행위책임을 원인으로 손해배상청구를 할 수 있다. 첫 번째로 피해

---

143) 이동기, "환경소송(環境訴訟)에 있어서 입증책임완화(立證責任緩和)에 관한 연구(2)", 「법조」 제52권 제9호, 법조협회, 2003년, 14면.
144) 강종선, 앞의 논문(주 5), 278면.
145) 안경희, 앞의 논문(주 130), 250면; 최인호, 앞의 논문(주 4), 166면.

자들이 공항에 취항하는 항공기에 대하여 운항이익을 가지는 항공회사를 피고로 하여, 특정 항공기로 소음을 발생시키는 행위, 즉 위법한 침해행위로 손해를 입었음을 이유로 「민법」 제750조에 근거하여 손해배상을 청구하거나,146) 두 번째로 항공기소음의 전체를 측정하여, 사회통념상 수인한도의 정도를 넘으면, 특정 공항에 취항하여 실제로 항공기를 계속적, 정기적으로 운항하는 모든 항공회사들을 피고로 하여 「민법」 제760조 제1항의 공동불법행위를 주장할 여지가 있다.147) 세 번째로 군용비행장(미군 비행장 포함) 또는 군사훈련을 위한 폭격장 주변 거주자들이 비행 및 폭격훈련 등에서 발생하는 소음으로 입은 손해를 배상받기 위하여 「민법」 제750조에 근거하여 일반불법행위책임으로 손해배상을 청구하는 것이다.148) 마지막으로 특정 항공기의 이·착륙에서 발생한 특정 소음이 공항주변 거주자들에게 주택이나 창문의 파손 및 고막파열 등의 손해를 발생시킨 경우에, 피해자들은 그 특정 항공회사에게 「민법」 제750조에 근거하여 일반불법행위책임을 물을 수 있을 것이다.149)

제3절　그 밖의 특별법상 보상책임

I. 군소음보상법의 제정과 주요내용

항공기소음 중에서도 군용비행장 및 군사격장에서 발생하는 소음은 운용상의 특수성으로 그 피해가 중하다고 볼 수 있다. 그러나 공공성을 이유로 해당 지역 주민의 피해를 완화하거나 지원하기 위한 법적 근거가 미비하였다. 그러나 이러한 문제를 해결하기 위해 「군용비행장·군사격장 소음 방지 및 피해 보상에 관한 법률(법

---

146) 그러나 일반적인 국제공항의 경우 하루에도 수십 대 내지 수백 대의 민간항공기들이 이·착륙을 하고 있는 현실에서, 피해자들이 특정한 개별 항공회사의 항공기의 이·착륙에서 발생된 소음을 측정하는 것이 기술적·현실적으로 어려움이 있다. 손윤하, 앞의 책(주 1), 252, 262면.

147) 손윤하, 앞의 책(주 1), 252면.

148) 손윤하, 앞의 책(주 1), 263면.

149) 다만, 이 경우에도 특정 항공회사의 고의·과실행위를 밝히고 소음을 특정하기란 현실적으로 어려움이 있다. 손윤하, 앞의 책(주 1), 253면.

률 제16582호, 2019년 11월 26일 제정, 2020년 11월 27일 시행, 약칭: 군소음보상법)」이 제정되었다. 현재 군용비행장이나 군사격장의 소음에 대한 피해를 구제받기 위하여 피해자들은 모두 불법행위를 이유로 하는 국가배상소송의 형태로 권리구제를 시도하고 있으나, 군사작전에 기한 군용항공기의 운항과 군사훈련을 위한 군사격장의 사용은 일반적으로 국가안보라는 공익을 위하여 국토방위를 위한 구체적인 조치라는 점에서, 군 소음으로 인한 피해는 기본적으로 손실보상의 법리에 의하여 보상입법체계를 마련한 것으로 볼 수 있다.[150]

II. 국회에서의 논의 과정 및 제정법에 제외된 주요 법률안

1. 20대 국회에서의 논의

민간공항 인근 지역주민들은 2010년에 제정된 「공항소음방지법」에 따라 피해보상과 다양한 주민지원을 받고 있으나, 군 공항 인근 지역주민들은 일상적으로 발생하는 군용항공기의 소음으로 인하여 신체적·정신적 피해로 고통받고 있음에도 불구하고 소음피해에 대한 보상이나 피해지역 지원에 대한 법적 근거가 존재하지 않아, 오로지 국가를 상대로 손해배상청구소송을 제기해야 한다는 한계가 존재하였다. 이에 따라 군용비행장에서 발생하는 소음을 방지하고 소음피해에 대한 보상 및 피해지역 주민들에 대한 효율적인 지원사업을 국가적 차원에서 체계적으로 추진할 수 있는 법적 근거를 마련하고자 20대 국회에서는 다양한 법안이 발의되었다. 20대 국회에서 발의된 법안 중 주요 법안(대안반영 폐기)[151]은 다음의 표와 같다.

20대 국회에서의 논의로 「군용비행장·군사격장 소음 방지 및 피해 보상에 관한 법률안(대안)(국방위원장)」이 제안(의안번호 23250호, 2019년 10월 30일)되었으며, 위 13건의 법률안에 대하여 제369회 국회(임시회) 제1차 법률안심사소위원회(2019. 7. 15.)에서 심사한 결과 이를 통합·조정한 대안을 제안하기로 하여, 제370회 국회(임시회) 제2

---

150) 길진오, "군 소음피해 보상지원에 관한 법률 제정 연구", 정부법무공단, 2011년, 8-9면.

151) 〈http://likms.assembly.go.kr/bill/main.do(국회홈페이지 의안정보시스템)〉 최종검색일 2021년 10월 1일.

• 표 4-1 20대 국회에서 발의된 주요 법안

의안번호	발의자	발의일	의안명
제206호	변재일 의원	2016.6.14.	군사시설 소음 방지 및 소음대책지역 지원에 관한 법률안
제2228호	박 정 의원	2016.9.8.	군사기지 및 군사시설 주변지역 지원에 관한 법률안
제3035호	김영우 의원	2016.10.28.	군사기지·군사시설 및 보호구역 주변지역의 보상 및 지원에 관한 특별법안
제4572호	이종배 의원	2016.12.22.	군용비행장 등 소음방지 및 소음대책지역 지원에 관한 법률안
제8629호	박 정 의원	2017.8.22.	군사격장 주변지역 소음 피해 방지 및 지원에 관한 법률안
제12159호	원유철 의원	2018.2.27.	군용비행장 등 소음방지 및 소음대책지역 지원에 관한 법률안
제14337호	성일종 의원	2018.7.11.	군사기지 및 군사시설 주변지역 지원에 관한 법률안
제15896호	김동철 의원	2018.10.5.	군용비행장 소음피해 방지 및 보상에 관한 법률안
제16133호	유승민 의원	2018.10.30.	군용비행장 주변지역 소음피해 보상 및 지원에 관한 법률안
제16746호	정종섭 의원	2018.11.22.	군용비행장의 소음방지 및 소음대책지역 지원에 관한 법률안
제18596호	김규환 의원	2019.2.12.	군용비행장 주변지역 소음방지 및 주민지원에 관한 법률안
제19145호	김진표 의원	2019.3.12.	군사기지 및 군사시설 주변지역 소음피해 보상 및 지원에 관한 법률안
제19898호	김기선 의원	2019.4.19.	군용비행장 및 군 사격장 주변지역의 소음방지 및 지원에 관한 법률안

차 국방위원회(2019. 8. 21.)에서 이러한 법률안심사소위원회의 심사결과를 받아들여, 위의 13건의 법률안을 각각 본회의에 부의하지 아니하기로 하고 법률안심사소위원회가 마련한 대안을 위원회 대안으로 제안하기로 의결하였다. 이에 따라 2019년 11월 12일 정부로 이송된 법률안이 2019년 11월 26일 공포(공포번호: 16582)되어 「군용비행장·군사격장 소음 방지 및 피해 보상에 관한 법률」이 제정되었다.

2. 법률안의 주요내용

위의 제안된 법률안(13건)의 내용 중 소음방지대책 등의 내용은 제정된 특별법에 대부분 반영되었으나, 소음피해의 보상과 관련하여 토지의 매수청구권 등의 규정은 이를 반영하지 않았다. 한편 현재 특별법 제26조의 벌칙규정은 제안되었던 법률안 어디에서도 찾아볼 수 없다.

(1) 소음방지대책(소음방지조치)

20대 국회에서 발의된 주요 법안 중 다수는 소음방지대책과 관련하여 소음대책지역의 지정·고시 등, 소음대책지역 안에서의 건축제한, 소음대책지역의 소음영향도 조사, 자동소음측정망의 설치, 다른 사람의 토지에의 출입 등, 이륙·착륙 절차의 개선, 야간비행의 제한, 소음방지시설의 설치 등의 내용을 담고 있으며, 이러한 법안의 내용은 제정된 특별법에서도 반영되었다.

(2) 소음피해에 대한 보상

1) 토지의 매수청구권

제정된 특별법에는 매수청구권에 관한 규정이 반영되지 않았지만, 20대 국회에서 정종섭 의원이 대표발의한 「군용비행장의 소음방지 및 소음대책지역 지원에 관한 법률안(의안번호 16746호, 2018년 11월 22일 제안)」과 변재일 의원이 대표발의한 「군사시설 소음 방지 및 소음대책지역 지원에 관한 법률안(의안번호 206호, 2016년 6월 14일 제안)」에서는 소음피해에 대한 보상과 관련하여 토지의 매수청구권에 관한 규정을 담고 있다.

• **표 4-2** 20대 국회의 매수청구권에 관한 법률안

발의자	매수청구권
정종섭 의원 대표발의	제5장 손실보상 및 토지의 매수청구 　안 제19조(토지매수의 청구) ① 제5조 제2항에 따른 제1종 구역 및 제2종 구역에 있는 토지의 소유자로서 다음 각 호의 어느 하나에 해당하는 자는 국방부장관에게 해당 토지의 매수를 청구할 수 있다. 　1. 소음대책지역의 지정 및 고시 이전부터 해당 토지를 계속 소유한 자 　2. 제1호에 해당하는 자로부터 해당 토지를 상속받아 계속 소유한 자 　② 국방부장관은 제1항에 따라 매수청구를 받은 토지가 대통령령으로 정하는 기준에 해당하면 이를 매수하여야 한다. 　③ 제1항에 따른 매수청구의 구체적인 절차와 그 밖에 토지매수의 절차 등에 필요한 사항은 대통령령으로 정한다.
변재일 의원 대표발의	제5장 소음 피해에 대한 보상 　안 제20조(토지매수의 청구) ① 소음대책지역 중 제1종 및 제2종 구역의 지정·고시로 인하여 그 구역 안의 토지를 종래의 용도로 사용할 수 없어 효용이 감소된 토지나 해당 토지의 사용 및 수익이 사실상 불가능한 토지(이하 "매수대상토지"라 한다)의 소유자로서 다음 각

호의 어느 하나에 해당하는 자는 국방부장관에게 해당 토지의 매수를 청구할 수 있다.
1. 소음대책지역의 고시 전부터 해당 토지를 계속 소유한 자
2. 토지의 사용·수익이 사실상 불가능하게 되기 전에 해당 토지를 취득하여 소유한 자
3. 제1호 및 제2호에 해당하는 자로부터 해당 토지를 상속받아 계속 소유한 자
② 매수대상토지의 기준은 대통령령으로 정한다.
③ 국방부장관은 제1항에 따라 매수청구를 받은 토지가 매수대상토지의 기준에 해당하면 이를 매수하여야 한다.
④ 제1항에 따른 매수청구의 절차 등에 관하여 필요한 사항은 대통령령으로 정한다.

2) 소음피해보상청구

정종섭 의원이 대표발의한 「군용비행장의 소음방지 및 소음대책지역 지원에 관한 법률안(의안번호 16746호, 2018년 11월 22일 제안)」에서는 소음피해의 국가보상에 대해서 소음대책지역에 실제 거주하는 주민에 대하여 대통령령으로 정하는 기준과 절차에 따라 해당 주민이 소음대책지역에 거주하는 기간 동안 정기적으로 지급하도록 하고 있으며(안 제11조 제1항, 제2항), 그 밖의 소음피해보상금 지급의 구체적인 대상, 금액, 방법 등에 필요한 사항은 대통령령으로 정하도록 하고 있다(안 제11조 제3항).

김진표 의원이 대표발의한 「군사기지 및 군사시설 주변지역 소음피해 보상 및 지원에 관한 법률안(의안번호 19145호, 2019년 3월 12일 제안)」에서는 소음피해보상에 대해 구체적인 내용을 언급하고 있다. 법률안은 소음피해 보상사업과 관련하여 소음피해 보상 의무(제17조), 보상금 지급대상과 금액 및 지급절차(제18조), 보상금지급 공고 및 이의신청(제19조), 보상금지급 및 효력(제20조), 손해배상과의 관계(제21조), 보상금의 환수규정(제22조)의 내용을 담고 있다.

• **표 4-3** 20대 국회의 보상금지급에 관한 법률안

발의자	보상금지급관련
김진표 의원 대표발의	제4장 소음피해 보상사업 안 제17조(소음피해 보상 의무) 국방부장관은 제23조에 따른 심의위원회의 심의·의결에 따라 소음영향도가 80 이상인 주민들에게 소음피해보상금(이하 '보상금'이라 한다)을 지급할 수 있도록 재원을 마련하여야 한다. 안 제18조(보상금 지급대상, 금액 및 지급절차) ① 보상금은 제6조 제4항에 따라 지정·고시된 소음대책지역 내에서 소음영향도(WECPNL)에 따라 차등 지급하되, 구체적인

지급대상, 보상금액 및 지급절차 등은 대통령령으로 정한다.

② 제1항에 따른 보상금액은 소음대책지역으로 지정된 후 실제 거주하는 기간에 따라 정하며, 대통령령으로 정하는 바에 따라 보상금액의 전부 또는 일부를 감액하여 지급한다.

③ 제1항에 따라 보상금을 지급받고자 하는 자는 관할 시장·군수·구청장에게 서면으로 보상금의 지급을 신청하여야 한다.

안 제19조(보상금 지급 공고 및 이의신청) ① 시장·군수·구청장은 제23조에 따른 심의위원회의 심의·의결에 따라 매년 대통령령으로 정하는 기간까지 보상금 지급대상, 보상금액 등을 인터넷 홈페이지에 공고하여야 한다.

② 보상금 지급대상에서 제외된 자와 보상금액을 다투는 자는 제1항에 따라 홈페이지에 공고한 날로부터 60일 이내에 시장·군수·구청장에게 대통령령으로 정하는 방법에 따라 이의신청을 할 수 있다. 이 때, 보상금액이 부당하다는 사실은 이를 주장하는 자가 입증하여야 한다.

③ 시장·군수·구청장은 제2항의 이의신청이 있는 때에는 이의신청일로부터 30일 이내에 결정하여 그 결과를 이의신청인에게 통보하여야 한다.

안 제20조(보상금 지급 및 효력) ① 시장·군수·구청장은 제19조의 이의신청 절차에 따라 확정된 보상금 지급대상과 보상금액으로 매년 대통령령으로 정하는 기간까지 보상금을 지급해야 한다.

② 보상신청권은 제19조 제1항에 따른 공고기간이 끝난 날부터 5년간 행사하지 아니하면 시효로 인하여 소멸한다.

안 제21조(손해배상과의 관계) ① 이 법은 보상을 받을 자가 다른 법률에 따라 손해배상을 청구하는 것을 금지하지 아니한다.

② 이 법에 따른 보상을 받을 자가 같은 원인에 대하여 다른 법률에 따라 손해배상을 받은 경우에 그 손해배상의 액수가 이 법에 따라 받을 보상금의 액수와 같거나 그보다 많을 때에는 보상하지 아니한다. 그 손해배상의 액수가 이 법에 따라 받을 보상금의 액수보다 적을 때에는 그 손해배상 금액을 빼고 보상금의 액수를 정하여야 한다.

③ 다른 법률에 따라 손해배상을 받을 자가 같은 원인에 대하여 이 법에 따른 보상을 받았을 때에는 그 보상금의 액수를 빼고 손해배상의 액수를 정하여야 한다.

안 제22조(보상금의 환수) ① 국가는 보상금을 지급받은 사람이 다음 각 호의 어느 하나에 해당하는 경우에는 그 지급받은 금액의 전부 또는 일부를 환수하여야 한다.

1. 거짓이나 그 밖의 부정한 방법으로 보상금의 지급을 받은 경우

2. 잘못 지급된 경우

② 제1항에 따라 보상금을 반환하여야 할 사람이 해당 금액을 반환하지 아니할 때에는 「국세징수법」에 따른 국세징수의 예에 의한다.

법률안의 내용은 보상금의 지급효력과 관련하여 보상신청권의 소멸시효규정을 담고 있으며 이 규정은 그대로 특별법에 반영되어, 현행 특별법상의 소멸시효는 제14조 제4항(보상금지급기준 및 신청절차 등)에 따른 공고기간이 끝난 날 또는 통보받은 날부터 5년간 행사하지 아니하면 시효가 완성된 것으로 보고 있다.

법률안 제21조에서는 손해배상과의 관계에 있어서 보상을 받을 자가 다른 법률에 따라 손해배상의 청구를 하는 것을 금지하지는 않지만(안 제21조 제1항), 이 법에 따른 보상을 받을 자가 같은 원인에 대하여 다른 법률에 따라 손해배상을 받은 경우에 그 손해배상의 액수가 이 법에 따라 받을 보상금의 액수와 같거나 그보다 많을 때에는 보상하지 아니하며, 그 손해배상의 액수가 이 법에 따라 받을 보상금의 액수보다 적을 때에는 그 손해배상 금액을 빼고 보상금의 액수를 정하도록 하고 있고(안 제21조 제2항), 다른 법률에 따라 손해배상을 받을 자가 같은 원인에 대하여 이 법에 따른 보상을 받았을 때에는 그 보상금의 액수를 빼고 손해배상의 액수를 정하도록 규정하고 있다(안 제21조 제3항).

제정된 특별법에서는 다른 법률에 따른 배상 등과의 관계(제18조)에 있어서 보상금을 받을 자가 같은 원인에 대하여 다른 법률에 따라 손해배상을 받은 경우에는 그 범위에서 보상금을 지급하지 아니하고(제1항), 보상금의 지급 결정에 보상금 신청인이 동의한 경우에는 군용비행장 및 군사격장과 관련하여 입은 소음피해에 대하여 「민사소송법」에 따른 재판상 화해가 성립된 것으로 보고 있다(제2항).

III. 제정된 특별법의 구성과 주요내용

제정된 「군용비행장·군사격장 소음 방지 및 피해 보상에 관한 법률」은 목적 및 정의(제1조, 제2조), 다른 법률과의 관계(제3조), 국가와 지방자치단체의 책무(제4조), 소음대책지역의 지정·고시 등(제5조), 소음대책지역에서의 시설물의 설치 제한 등(제6조), 소음대책지역 소음 방지 및 소음피해 보상에 관한 기본계획의 수립(제7조), 자동소음측정망의 설치(제8조), 자동소음측정망 설치계획의 수립·고시 등(제9조), 타인의 토지에의 출입 등(제10조), 이륙·착륙 절차의 개선(제11조), 야간비행 및 야간사격 등의 제한(제12조), 소음피해 보상금 재원 마련 의무(제13조), 보상금 지급기준 및 신청절차 등(제14조), 이의신청 등(제15조), 보상금의 지급(제16조), 소멸시효(제17조), 다른 법률에 따른 배상 등과의 관계(제18조), 보상금의 환수(제19조), 중앙소음대책심의위원회의 설치 및 기능(제20조), 지역소음대책심의위원회의 설치 및 기능(제21조), 권한의 위임(제22조), 결산보고(제23조), 보고 및 검사 등(제24조), 벌칙(제26조) 등의 규정으로 구성되어 있으며, 시행령(대통령령 제31173호, 2020년 11월 24일 제정, 2020년 11월 27일 시행)에서는 소음대책지역의 지정·고시 등에 필요한 사항, 소음피해 보상금의 구체적인 산정기준 및 지급방법 등 법률에서 위임된 사항에 관한 내용을 담고 있다.152)

1. 소음대책지역의 지정 등

(1) 소음대책지역의 지정 및 고시

국방부장관은 제20조에 따른 중앙소음대책심의위원회의 심의를 거쳐 소음영향도를 기준으로 대통령령으로 정하는 바에 따라 제1종 구역, 제2종 구역 및 제3종 구역으로 소음대책지역을 지정·고시하여야 한다(동법 제5조 제1항). 국방부장관은 제1항에 따라 소음대책지역을 지정·고시하기 위하여 군용비행장 및 군사격장 주변지역의 소음영향도를 조사하여야 한다(동법 제5조 제2항). 국방부장관은 제2항에 따라 소음영향도를 조사하는 경우 소음 측정·평가·분석 등에 관하여 공인된 기술능력이 있는 자에게 조사를 의뢰하여야 한다(동법 제5조 제3항). 제2항 및 제3항에 따른 소음영향도 조사의 주기·방법 및 기준 등에 관하여 필요한 사항은 대통령령으로 정한다(동법 제5조 제4항).

(2) 소음대책지역에서의 시설물의 설치 및 용도의 제한

특별시장·광역시장·도지사·특별자치도지사 또는 특별자치시장·시장·군수·구청장은 소음피해 확산을 방지하기 위하여 소음대책지역 지정·고시 이후 소음대책지역 내의 토지를 취득하게 된 자 등에게 소음대책지역에서의 시설물의 설치 및

---

152) 시행령은 소음대책지역의 지정·고시(제2조), 소음영향도 조사의 방법 등(제3조), 소음영향도 조사가 제외되는 군사격장(제4조), 소음대책지역 소음 방지 및 소음피해 보상에 관한 기본계획의 수립 및 시행(제5조), 기본계획 수립 시 의견수렴의 절차·방법 등(제6조), 자동소음측정망의 설치 등(제7조), 자동소음측정망 설치계획의 수립(제8조), 손실보상 산정 방법 및 절차(제9조), 원상회복 비용의 지급 등(제10조), 소음피해 보상금 지급대상 및 산정기준(제11조), 보상금 지급 대상지역 등의 통보(제12조), 보상금 신청 안내 등(제13조), 보상금의 지급 신청(제14조), 보상금의 지급 결정 공고 또는 통보(제15조), 이의신청 및 보상금 결정 동의 등(제16조), 보상금 지급 예산의 요구 및 배정(제17조), 보상금의 지급방법(제18조), 보상금의 지급기한(제19조), 중앙소음대책심의위원회의 구성 및 운영(제20조), 지역소음대책심의위원회의 구성 및 운영(제21조), 위원의 결격사유(제22조), 위원의 제척·기피·회피(제23조), 위촉위원의 해촉(제24조), 보상금 지급 관련 예산 확보(제25조), 보상금 지급 자료 관리(제26조)로 구성되어 있다.

용도를 제한하여야 한다. 다만, 방음시설 설치 등 일정한 조건을 붙여 시설물의 설치를 허용할 수 있다(동법 제6조 제1항).

(3) 소음대책지역에 대한 기본계획의 수립

국방부장관은 소음대책지역에 대하여 5년마다 소음 방지 및 소음피해 보상 등에 관한 기본계획을 수립하여야 하며(동법 제7조 제1항), 기본계획에는 군용비행장 및 군사격장의 운용에 따라 발생하는 소음대책의 기본방향, 군용비행장 및 군사격장의 운용에 따라 발생하는 소음 저감 방안, 소음피해 보상 방안, 재원조달 방안, 그 밖에 국방부장관이 필요하다고 인정하는 사항을 포함하여야 한다(동법 제7조 제2항). 기본계획을 수립할 때에는 미리 소음대책지역의 주민, 전문가 등의 의견을 수렴한 후 그 의견이 타당하다고 인정할 때에는 이를 반영하여야 하며(동법 제7조 제3항), 의견수렴의 절차·방법, 그 밖에 필요한 사항은 대통령령으로 정한다.

2. 자동소음측정망의 설치

국방부장관은 군용비행장 및 군사격장의 운용에 따라 발생하는 소음 실태를 파악하여 소음피해 보상금 지급 등에 활용하기 위하여 자동소음측정망을 설치하여야 하며(동법 제8조 제1항), 자동소음측정망을 설치할 때에는 자동소음측정망의 위치 및 범위 등을 구체적으로 밝힌 자동소음측정망 설치계획을 수립하여야 한다(동법 제9조 제1항). 자동소음측정망의 설치나 이를 위한 현지조사, 측량 또는 자동소음측정망의 유지·보수를 위하여 필요한 경우에는 타인의 토지에 출입하는 행위, 타인의 토지 또는 이에 정착된 건물이나 그 밖의 인공구조물을 사용하는 행위, 타인의 식물이나 그 밖의 장애물을 변경하거나 제거하는 행위를 할 수 있다(동법 제10조 제1항).

3. 이·착륙 절차의 개선과 야간비행·사격 등의 제한

국방부장관은 소음대책지역에서 소음으로 인한 영향을 저감하기 위하여 필요한 경우 군사작전·훈련 및 안전운항에 지장을 주지 아니하는 범위에서 군용항공기의 이륙·착륙 절차의 개선을 위하여 노력하여야 하며(동법 제11조), 군용항공기로부터 발생하는 소음이 소음대책지역에 미치는 영향을 방지하거나 저감하기 위하여 군사작전 및 훈련에 지장을 주지 아니하는 범위에서 지휘계통을 통하여 군용항공기의 야간비행을 제한할 수 있다. 민군공용비행장에서 민간항공기의 경우 국방부장관은 국토교통부장관에게 운항횟수나 야간비행의 제한을 요청할 수 있고, 이 경우 국토교통부장관은 특별한 사유가 없는 한 이에 따라야 한다(동법 제12조 제1항). 국방부장관은 사격으로 인한 소음이 소음대책지역에 미치는 영향을 방지하거나 저감하기 위하여 군사작전 및 훈련에 지장을 주지 아니하는 범위에서 야간사격을 제한할 수 있다(동법 제12조 제2항).

4. 보상금의 지급기준 및 신청절차 등

(1) 지급기준 및 대상

국방부장관은 보상금 지급 대상지역 및 기준 등을 관할 시장·군수·구청장에게 통보하여야 하며,[153] 관할 시장·군수·구청장은 보상금을 지급받을 주민들에게 보상금에 관한 사항을 안내[154] 또는 공지하여야 하며(동법 제14조 제2항), 안내 또는 공지에 따라 보상금을 지급받고자 하는 자는 대통령령으로 정하는 관련 증빙서류를 첨부하여 서면으로 관할 시장·군수·구청장에게 보상금 지급을 신청하여야 한다. 보상금 지급 신청을 접수한 시장·군수·구청장은 제21조에 따른 지역소음대책심의위원회의 심의를 거쳐 보상금 지급대상, 보상금액 등을 결정하고 그 결과를 인

---

153) 법 제14조 제2항에 따라 국방부장관이 보상금 지급 대상지역 및 기준 등을 관할 시장·군수·구청장에게 통보하는 경우 「토지이용규제 기본법」 제8조 제2항에 따라 지적이 표시된 지형도에 소음대책지역을 구역별로 명시한 도면을 작성하여 통보해야 한다(시행령 제12조 제1항). 제1항에 따라 통보를 받은 시장·군수·구청장은 그 내용을 「토지이용규제 기본법」 제8조 제9항에 따라 같은 법 제12조에 따른 국토이용정보체계에 등재하여 소음대책지역의 지정 효력이 발생한 날부터 일반 국민이 볼 수 있도록 해야 한다(시행령 제12조 제2항). 각 군 참모총장은 제11조 제3항의 기준에 따라 산정한 각 군사격장의 해당 연도 월별 보상금 기준을 매년 12월 31일까지 국방부장관에게 보고해야 하며, 국방부장관은 그 내용을 관할 시장·군수·구청장에게 통보해야 한다(시행령 제12조 제3항).

154) 시장·군수·구청장은 법 제14조 제2항에 따라 보상금에 관한 사항을 안내하기 위하여 보상금 지급 대상지역, 산정기준 및 지급절차 등에 관한 안내 자료를 작성하여 매년 1월 31일까지 관할하는 소음대책지역에 배포해야 하며(시행령 제13조 제1항), 시장·군수·구청장은 보상금에 관한 사항을 주민들에게 효과적으로 안내하기 위하여 소음대책지역 각 구역에 속하는 지번의 주소 등을 인터넷 홈페이지에 게시할 수 있다(시행령 제13조 제2항).

터넷 홈페이지에 공고하거나 보상금 지급신청자에게 통보하여야 하며, 보상금 지급대상자(홈페이지에 공고되거나 통보받은)가 이의신청을 하지 아니한 경우에는 공고되거나 통보받은 결과에 동의한 것으로 본다(동법 제14조 제3항-제5항). 소음피해 보상금을 지급받을 수 있는 주민은 보상금을 지급하려는 해의 전년도 1월 1일부터 12월 31일까지의 기간 중 소음대책지역에 주민등록지를 두고 실제 거주한 사실이 있는 사람으로 한다(동법 시행령 제11조 제1항). 소음대책지역의 구역별로 지급하는 보상금의 기준 금액은 구역별로 다르게 산정한다(동법 시행령 제11조 제2항).155) 제2항에도 불구하고 군사격장의 운용에 따른 소음대책지역의 경우에는 월별 실제 사격 일수를 고려하여156) 해당 월의 보상금의 기준 금액을 산정한다(동법 시행령 제11조 제3항). 시행령 제11조 제2항 및 제3항에 따른 보상금의 기준 금액은 소음대책지역으로 전입한 시기(제1호),157) 보상금을 지급받을 수 있는 주민의 근무지나 사업장(사업자등록을 한 경우로 한정한다.)의 위치(제2호)158)의 사항을 적용하여 공제하거나 감액한다(동법 시행령 제11조 제4항).

산정한 보상금은 보상금을 지급받을 수 있는 주민이 실제 거주한 날수에 비례하여 지급하며, 이 경우 현역병(의무경찰대원, 의무소방원 및 대체복무요원을 포함한다)으로

---

155) 제1종 구역: 월 6만원(시행령 제11조 제2항 제1호), 제2종 구역: 월 4만 5천원(시행령 제11조 제2항 제2호), 제3종 구역: 월 3만원(시행령 제11조 제2항 제3호)

156) 사격이 없는 경우: 보상금 미지급(시행령 제11조 제3항 제1호), 사격 일수가 1일 이상 8일 미만인 경우: 제2항에 따른 보상금의 3분의 1 지급(시행령 제11조 제3항 제2호), 사격 일수가 8일 이상 15일 미만인 경우: 제2항에 따른 보상금의 3분의 2 지급(시행령 제11조 제3항 제3호), 사격 일수가 15일 이상인 경우: 제2항에 따른 보상금 전액 지급(시행령 제11조 제3항 제4호)

157) 가. 1989년 1월 1일부터 2010년 12월 31일까지의 기간 중에 전입한 경우(1989년 1월 1일 전에 소음대책지역에 거주하다가 소음대책지역 외의 지역으로 전출한 뒤 1년 이내에 종전 거주지에 다시 전입한 경우는 제외한다): 30퍼센트 감액, 나. 2011년 1월 1일 이후에 전입한 경우(2010년 1월 1일부터 2010년 12월 31일까지의 기간 중에 소음대책지역에 거주하다가 소음대책지역 외의 지역으로 전출한 뒤 1년 이내에 종전 거주지에 다시 전입한 경우는 가목에 해당하는 것으로 본다): 50퍼센트 감액, 다. 가목 및 나목에도 불구하고 군용비행장이나 군사격장을 설치하기 전에 소음대책지역으로 전입하였거나, 소음대책지역에 전입한 당시 미성년자(전입일이 2013년 7월 1일 전인 경우에는 20세 미만을 말한다)였던 경우 또는 혼인으로 배우자의 기존 거주지인 소음대책지역에 전입한 경우는 감액하지 않는다.

158) 가. 근무지나 사업장이 해당 소음대책지역 밖에 위치하고 군용비행장 또는 군사격장 정문으로부터의 최단거리가 100킬로미터 이내인 경우: 30퍼센트 감액, 나. 근무지나 사업장이 해당 소음대책지역 밖에 위치하고 군용비행장 또는 군사격장 정문으로부터의 최단거리가 100킬로미터를 초과하는 경우: 100퍼센트 감액

복무한 기간(제1호), 이민 등 국외체류 기간(제2호), 교도소 등에 수용된 기간(제3호), 그 밖의 사유로 소음대책지역 내에 실제 거주하지 않은 기간(제4호)은 실제 거주한 날수에서 제외한다(동법 시행령 제11조 제5항).

보상금을 받을 수 있는 주민을 결정할 때에는 해당 주민이 주민등록지를 두고 있는 건축물을 기준으로 판단하며, 해당 건축물이 소음대책지역의 구역 간 경계에 걸쳐 있는 경우에는 보상금 기준이 더 큰 구역에 속하는 것으로 본다(동법 시행령 제11조 제6항). 제5항 제4호에 해당되는지 및 제6항에 따라 해당 건축물이 소음대책지역의 구역 간 경계에 걸쳐 있는지에 관하여는 법 제21조에 따른 지역소음대책심의위원회가 심의하여 결정한다(동법 시행령 제11조 제7항).

(2) 보상금의 지급 결정과 이의신청

보상금 지급을 신청하려는 사람(세대원 또는 세대원의 법정대리인 간에 합의하여 세대원 중 성년자를 세대 대표자로 선정한 경우에는 세대 대표자를 말하고, 신청인이 이민·입원·수감 또는 그 밖의 부득이한 사유로 보상금을 직접 신청할 수 없어 대리인을 선임한 경우에는 대리인을 말한다)은 국방부령으로 정하는 보상금 지급 신청서에 다음 각 호의 서류를 첨부하여 매년 2월 말일까지 관할 시장·군수·구청장에게 제출해야 한다(동법 시행령 제14조 제1항).159) 시장·군수·구청장은 법 제14조 제4항에 따라 보상금 지급을 결정하고 매년 5월 31

---

159) 법 제15조 제1항에 따라 이의신청을 하려는 사람(세대 대표자 및 대리인을 포함한다)은 국방부령으로 정하는 이의신청서를 관할 시장·군수·구청장에게 제출해야 한다(시행령 제16조 제1항). 법 제15조 제2항에 따라 이의신청에 대하여 결정한 시장·군수·구청장은 국방부령으로 정하는 이의신청 결정 통지서를 그 결정을 한 날부터 7일 이내에 그 이의신청을 한 사람에게 송달하여 통보해야 한다(시행령 제16조 제2항). 제2항에 따라 결정된 보상금을 지급받으려는 사람(세대 대표자 및 대리인을 포함한다)은 국방부령으로 정하는 보상금 결정 동의서를 매년 10월 15일까지 관할 시장·군수·구청장에게 제출해야 한다(시행령 제16조 제3항). 법 제15조 제3항에 따라 재심의를 신청하려는 사람(세대 대표자 및 대리인을 포함한다)은 국방부령으로 정하는 재심의신청서를 관할 시장·군수·구청장을 거쳐 국방부장관에게 제출해야 한다. 이 경우 관할 시장·군수·구청장은 재심의에 필요한 서류가 갖춰졌는지를 확인해야 하며, 이의신청에 대한 결정을 했을 때 검토했던 서류를 함께 제출해야 한다(시행령 제16조 제4항). 국방부장관은 법 제15조 제4항에 따라 재심의신청에 대하여 결정을 했을 때에는 국방부령으로 정하는 재심의 결정 통지서를 그 결정을 한 날부터 7일 이내에 그 재심의신청을 한 사람 및 관할 시장·군수·구청장에게 송달하여 통보해야 한다(시행령 제16조 제5항). 시행령 제16조 제5항에 따라 결정된 보상금을 지급받으려는 사람(세대 대표자 및 대리인을 포함한다)은 국방부령으로 정하는 보상금 결정 동의서를 매년 12월 15일까지 관할 시장·군수·구청장에게 제출해야 한다(시행령 제16조 제6항).

일까지 그 결과를 보상금 신청인에게 통보해야 하고, 인터넷 홈페이지에도 이를 게시할 수 있다(동법 시행령 제15조 제1항). 제1항에 따라 보상금 지급 결정을 보상금 신청인에게 통보할 때에는 국방부령으로 정하는 보상금 결정 통지서에 다음의 사항(성명·주소 및 생년월일, 대리인의 성명·주소 및 생년월일, 보상금 지급 여부 및 이유, 보상금 및 그 산출방법, 보상금 지급 결정 연월일, 지급절차, 이의신청 절차)을 포함해야 한다(동법 시행령 제15조 제2항).

보상금 지급대상에서 제외된 자 또는 보상금액을 다투는 자는 제14조 제4항에 따라 홈페이지에 공고하거나 통보한 날부터 60일 이내에 관할 시장·군수·구청장에게 대통령령으로 정하는 방법에 따라 이의를 신청할 수 있다. 이 경우 보상금액이 부당하다는 사실은 이를 주장하는 자가 입증하여야 한다(동법 제15조 제1항). 시장·군수·구청장은 제1항에 따른 이의신청이 있는 때에는 지역심의위원회의 심의를 거쳐 이의신청일부터 30일 이내에 이의신청에 대하여 결정하고, 그 결과를 이의신청인에게 통보하여야 한다(동법 제15조 제2항). 제2항에 따른 결정에 이의가 있는 자는 이의신청 결과를 통보받은 날부터 30일 이내에 국방부장관에게 재심의를 신청할 수 있다(동법 제15조 제3항).

(3) 보상금의 지급 등

국방부장관은 소음대책지역에 거주하는 주민들에게 소음피해 보상금을 지급할 수 있도록 재원을 마련하여야 하며(동법 제13조), 홈페이지에 공고되거나 통보받은 결과에 동의한 보상금 지급대상자와 이의신청인 및 재심의신청인에게 공고되거나 통보받은 보상금액(이의신청인 또는 재심의신청인의 경우 이의신청 또는 재심의 신청 결정결과에 따른 금액을 말한다)을 매년 대통령령으로 정하는 기간까지 지급하여야 하며(동법 제16조 제1항), 보상금 지급절차에 필요한 사항은 대통령령으로 정한다(동법 제16조 제2항).[160]

---

160) 시장·군수·구청장은 보상금을 지급하려는 경우에는 제15조 제2항 제1호부터 제5호까지의 사항이 포함된 지급 결정 내용을 첨부하여 국방부장관에게 보상금 지급 예산을 요구해야 한다(시행령 제17조 제1항). 시장·군수·구청장은 제16조 제2항에 따른 이의신청에 대한 결정에 따라 보상금 예산이 부족하게 된 경우 이의신청에 대한 결정 내용을 첨부하여 국방부장관에게 예산을 요구해야 한다(시행령 제17조 제2항). 국방부장관은 제16조 제5항에 따른 재심의에 대한 결정에 따라 보상금 예산이 부족하게 된 경우 관할 시장·군수·구청장에게 그 부족액을 배정해야 한다(시행령 제17조 제3항). 국방부장관은 국방부에 책임이 있는 사유로 제19조 제1항 각 호에 따른 기한까지 보상금을 지급하지 못하는 경우에는 지연되는 기간에 대한 이자를 더한 보상금 예산을 관할 시장·군수·구청장에게 배정해야 한다. 이 경우 이자는 「민법」 제379조에 따른 법

보상금은 소음영향도, 실제 거주기간 등에 따라 차등 지급하되, 전입 시기 등에 따라 보상금에서 필요한 금액을 공제하거나 감액하여 지급할 수 있으며(동법 제14조 제1항), 이 법에 따른 보상금을 받을 자가 같은 원인에 대하여 다른 법률에 따라 손해배상을 받은 경우에는 그 범위에서 보상금을 지급하지 아니한다(동법 제18조 제1항). 이 법에 따른 보상금의 지급 결정에 보상금 신청인이 동의한 경우에는 군용비행장 및 군사격장과 관련하여 입은 소음피해에 대하여 「민사소송법」에 따른 재판상 화해가 성립된 것으로 본다(동법 제18조 제2항).

(4) 보상금의 환수 및 처벌

보상금을 지급받은 사람이 거짓 또는 그 밖의 부정한 방법으로 보상금의 지급을 받거나, 잘못 지급된 경우에는 그 보상금의 전부 또는 일부를 환수하여야 하며(동법 제19조 제1항), 거짓이나 그 밖의 부정한 방법으로 보상금을 지급받은 사람은 3년 이하의 징역 또는 3천만원 이하의 벌금에 처한다(동법 제26조 제1항). 미수범 또한 처벌하며(동법 제26조 제2항), 보상금을 반환하여야 할 사람이 기한 이내에 해당 금액을 납부하지 아니한 때에는 국세 체납처분의 예에 따라 이를 징수한다(동법 제19조 제2항).

(5) 소멸시효

보상금 지급 신청을 접수한 시장·군수·구청장은 제21조에 따른 지역소음대책심의위원회의 심의를 거쳐 보상금 지급대상, 보상금액 등을 결정하고 그 결과를 인터넷 홈페이지에 공고하거나 보상금 지급신청자에게 통보하도록 하고 있으며(동법 제14조 제4항), 결정 결과의 통보에 따른 공고 기간이 끝난 날 또는 통보받은 날부터 5년간 행사하지 아니하면 시효의 완성으로 소멸한다고 규정하고 있다(동법 제17조). 이는 소음대책지역 소음 방지 및 소음피해 보상에 관한 기본계획의 수립을 5년마다 실시하여야 한다는 규정(동법 제7조 제1항)에 의한 것으로 볼 수 있다.

보상금 지급을 신청하려는 사람은 국방부령으로 정하는 보상금 지급 신청서에 관련 서류를 첨부하여 매년 2월 말일까지 관할 시장·군수·구청장에게 제출해야 하며(동법 시행령 제14조 제1항), 시장·군수·구청장은 보상금 지급을 결정하고 매년 5월 31일까지 그 결과를 보상금 신청인에게 통보해야 하도록 하고 있다(동법 시행령

정이율을 적용하여 계산한다(시행령 제17조 제4항).

제15조 제1항).161) 따라서 군비행장 소음침해로 피해를 받은 지역주민들은 5년간 매년 신청서류를 제출하여 보상금을 지급받을 수 있게 된다.162)

시행령에 따라 보상금을 지급하려는 해의 전년도 1월 1일부터 12월 31일까지의 기간 중 소음대책지역에 주민등록지를 두고, 실제 거주한 주민은(동법 시행령 제11조 제1항) 거주한 날수에 비례하여 보상금을 지급받도록(동법 시행령 제11조 제5항)163) 하였으나, 소음대책지역으로 전입한 시기164)와 보상금을 지급받을 수 있는 주민의 근무지나 사업장의 위치165)에 따라 보상금의 기준 금액을 공제하거나 감액하도록 하고 있어(동법 시행령 제11조 제4항), 소음대책지역으로 지정된다 하더라도 1인당 월 보

---

161) 시행령에 따르면 각 군 참모총장은 소음대책지역의 구역별, 군사격장의 운용에 따른 소음대책지역의 경우에는 월별 실제 사격일수를 고려하여 산정한 각 군사격장의 해당 연도 월별 보상금 기준을 매년 12월 31일까지 국방부장관에게 보고해야 하며, 국방부장관은 그 내용을 관할 시장·군수·구청장에게 통보해야 한다(시행령 제12조 제3항). 시장·군수·구청장은 법 제14조 제2항에 따라 보상금에 관한 사항을 안내하기 위하여 보상금 지급 대상지역, 산정기준 및 지급절차 등에 관한 안내 자료를 작성하여 매년 1월 31일까지 관할하는 소음대책지역에 배포해야 한다(시행령 제13조 제1항).

162) 지급 주기는 1년 단위로, 당해 연도 소음 피해에 대해 다음연도에 청구 및 지급한다. 다만, 21년 하반기까지는 보상금 지급 등을 위한 소음영향도 조사가 필요해 보상금은 22년부터 지급 개시될 예정이다. 〈http://whatsnew.moef.go.kr/mec/ots/dif/view.do?comBaseCd=DIFPERCD&difPer1=DIFPER011&difSer=7bdf7cd8-a0e2-48b0-965d-421ccef8e08e&temp=2020&temp2=HALF002〉 (최종검색일 2021년 12월 12일) 달라지는 정책안내, "2021년부터 이렇게 달라집니다."

163) 현역병으로 근무하거나, 이민 등 국외체류기간, 교도소 등에 수용된 기간, 그 밖의 사유로 소음대책지역 내에 실제 거주하지 않은 기간은 실제 거주한 날수에서 제외하도록 하고 있다(시행령 제11조 제5항).

164) 가. 1989년 1월 1일부터 2010년 12월 31일까지의 기간 중에 전입한 경우(1989년 1월 1일 전에 소음대책지역에 거주하다가 소음대책지역 외의 지역으로 전출한 뒤 1년 이내에 종전 거주지에 다시 전입한 경우는 제외한다): 30퍼센트 감액, 나. 2011년 1월 1일 이후에 전입한 경우(2010년 1월 1일부터 2010년 12월 31일까지의 기간 중에 소음대책지역에 거주하다가 소음대책지역 외의 지역으로 전출한 뒤 1년 이내에 종전 거주지에 다시 전입한 경우는 가목에 해당하는 것으로 본다): 50퍼센트 감액, 다. 가목 및 나목에도 불구하고 군용비행장이나 군사격장을 설치하기 전에 소음대책지역으로 전입하였거나, 소음대책지역에 전입한 당시 미성년자(전입일이 2013년 7월 1일 전인 경우에는 20세 미만을 말한다)였던 경우 또는 혼인으로 배우자의 기존 거주지인 소음대책지역에 전입한 경우는 감액하지 않는다.

165) 가. 근무지나 사업장이 해당 소음대책지역 밖에 위치하고 군용비행장 또는 군사격장 정문으로부터의 최단거리가 100킬로미터 이내인 경우: 30퍼센트 감액, 나. 근무지나 사업장이 해당 소음대책지역 밖에 위치하고 군용비행장 또는 군사격장 정문으로부터의 최단거리가 100킬로미터를 초과하는 경우: 100퍼센트 감액

상액은 3만원 수준에 불과하여 현실적 기준으로 개선해야 한다는 지적이 있다.[166]

IV. 법의 제정 후, 21대 국회에서의 논의

「군용비행장·군사격장 소음 방지 및 피해 보상에 관한 법률」이 제정되었음에도, 보상금액의 산정기준(2010년 대법원 판례를 기준으로 책정)이 물가상승률을 고려하지 못하였으며,[167] 민간공항과의 형평성을 고려한 본래의 입법취지와는 다르게 소음영향도 기준을 시행령으로 위임함에 따라 민간비행장보다 더 높은 소음기준을 적용받는 경우 인근 주민들에게 적절한 피해보상이 이루어지지 않을 수 있다는 점,[168] 그리고 김포공항 등 민간공항의 소음피해에 대한 보상을 규정한 「공항소음방지법」과 비교할 때, 군용비행장의 항공기소음피해에 대해서는 보상의 종류가 크게 부족할 뿐 아니라 보상의 내용도 충분하지 않다는 점, 소음피해를 입는 주민의 입장에서 민간항공기의 소음이건 군용 항공기의 소음이건 그 피해와 고통은 다르지 않음에도 불구하고 군 공항소음피해 보상을 다룬 현행법이 민간공항의 소음피해를 다룬 「공항소음방지법」에 비해 소음피해에 대한 보상의 체계와 내용이 크게 부족한 상황이므로, 이에 소음대책지역의 기준을 「공항소음방지법」에 준하여 정하고 국방부장관이 소음대책지역 내 주민들에 대한 지원시책 또한 「공항소음방지법」에 준하여 수립·추진할 수 있도록 하며, 「공항소음방지법」이 정한 소음대책사업, 주민지원사업을 군 공항소음대책지역에도 적용하고, 소음대책지역 내 토지소유자가 국방부장관에게 토지의 매수를 청구할 수 있도록 규정하는 등 현행법의 미비점을 보완[169]해야 한다는 등의 이유로 「군용비행장·군사격장 소음 방지 및 피

---

166) 〈https://www.donga.com/news/Society/article/all/20201006/103274470/1〉 (최종검색일 2021년 11월 1일), "軍소음보상법 시행된다는데 … "보상기준 너무 높아"" 2020년 10월 7일, 이인모 기자, 동아일보.

167) 강대식 의원 대표발의, 「군용비행장·군사격장 소음방지 및 피해 보상에 관한 법률 일부제정 법률안(의안번호 1250호, 2020년 7월 1일 제안)」.

168) 정성호 의원 대표발의, 「군용비행장·군사격장 소음방지 및 피해 보상에 관한 법률 일부제정 법률안(의안번호 1963호, 2020년 7월 15일 제안)」.

169) 김형동 의원 대표발의 「군용비행장·군사격장 소음방지 및 피해보상에 관한 법률 일부제정 법률안(의안번호 3799호, 2020년 9월 11일 제안)」.

해 보상에 관한 법률」 일부개정법률안이 21대의 국회에서 논의되고 있다.

● 표 4-4 21대 국회에서의 일부개정법률안

의안번호 제안일자	발의자	의안명	주요내용
제1250호 2020.7.1. 제안	강대식 의원 대표발의	군용비행장·군사격장 소음 방지 및 피해 보상에 관한 법률 일부개정법률안	■ 보상금지급기준 및 신청절차 등을 대통령 령으로 정하는 경우, 보상금액은 물가상승 률을 고려하여 책정하도록 함(안 제14조 제6항 후단의 신설).
제1963호 2020.7.15. 제안	정성호 의원 대표발의	군용비행장·군사격장 소음 방지 및 피해 보상에 관한 법률 일부개정법률안	■ 군용비행장의 경우, 민간공항과의 형평성 을 고려한 본래의 입법 취지와는 다르게 소음영향도 기준을 시행령으로 위임함에 따라 민간비행장보다 더 높은 소음기준을 적용받는 경우 인근 주민들에게 적절한 피 해보상이 이루어지지 않을 수 있으며, 또 한 군용비행장에 적용하는 웨클(WECPNL) 기준은 짧은 시간 동안 반복되는 회전익항 공기(헬기) 소음피해를 적절히 반영하지 못 하기 때문에 전체 48개 항공 작전기지 중 42%를 차지하는 헬기 전용 작전기지 인근 주민들의 소음피해를 적절히 반영하지 못 하는 문제가 발생함. ■ 이에 민간공항과의 형평성을 고려한 소음 영향도를 규정하고, 회전익항공기에 대한 별도의 소음측정기준을 마련해 소음피해 주민들에 대한 합당한 보상이 이루어질 수 있도록 함.
제3799호 2020.9.11. 제안	김형동 의원 대표발의	군용비행장·군사격장 소음 방지 및 피해 보상에 관한 법률 일부개정법률안	■ 군공항소음피해 보상을 다룬 현행법이 민 간공항의 소음피해를 다룬 「공항소음 방지 및 소음대책지역 지원에 관한 법률」에 비 해 소음피해에 대한 보상의 체계와 내용이 크게 부족한 상황임. ■ 「공항소음 방지 및 소음대책지역 지원에 관한 법률」이 정한 소음대책사업, 주민지원 사업을 군공항소음대책지역에도 적용하고, 소음대책지역 내 토지소유자가 국방부장관 에게 토지의 매수를 청구할 수 있도록 함.

제5장

손해배상청구의 성립요건

제5장
손해배상청구의 성립요건

제1절 위법성과 수인한도

Ⅰ. 의 의

위법이라 함은 법질서에 반하는 것을 말한다. 이에 관하여는 보호법익이 침해된 '결과'에 초점을 두어 위법성을 판단하는 결과불법론과 보호법익을 침해하는 '행위' 자체에 초점을 두어 위법성을 판단하는 행위불법론이 대립하여 왔다.[1] 통설은 양자를 절충하는 상관관계설을 취한다.[2] 즉 가해행위의 위법성을 판단함에 있어 피침해이익의 종류와 침해행위의 성질을 상관적으로 고려한다.[3] 다만, 환경침해로 인한 인적 불법행위책임[4]에서의 위법성 요건은 종래 통설 및 판례[5]에 따라 환경침해의 정도가 사회통념상 수인한도를 초과하는지 여부에 의하여 결정되며,[6] 우리나라의 실무는 항공기소음피해로 인한 영조물책임을 기능적 하자 이론으로 구성하면서 공항 등의 하자(인적 불법행위책임에서의 위법성)의 존재 여부는 항공기소음피해의 정도가

---

1) 곽윤직 편집대표, 「민법주해 ⅩⅧ」, 박영사, 2005년, 209-210면(이상훈 집필); 양창수·권영준, 「민법 Ⅱ: 권리의 변동과 구제」, 박영사, 2011년, 542면.
2) 김증한·김학동, 「채권각론」, 박영사, 2006년, 786면; 양창수·권영준, 앞의 책(주 1), 542면.
3) 이경춘, "소음과 환경소송", 환경법의 제문제(하), 「재판자료」 제95집, 2002년, 166면.
4) 인적 불법행위책임(「민법」 제35조, 제750조, 제756조, 「국가배상법」 제2조)
5) 대법원 1997.10.28. 선고 95다15599 판결.
6) 김재형, "소유권과 환경보호 - 민법 제217조의 의미와 기능에 대한 검토를 중심으로 -", 「인권과 정의」 제276호, 대한변호사협회, 1999년, 43면.

사회통념상 수인한도를 넘는지 여부에 따라 결정하고 있다.7) 즉, 공항이나 군용항공기에서 항공기의 이·착륙으로 인한 소음이 어느 정도에 이르면 이용자나 공항이나 군용항공기 주변에 거주하는 거주자에게 수인한도를 넘는 것인지를 정하는 것이 바로 공항이나 군사비행장에 하자가 존재하는지를 정하는 기준이 된다 할 것이다.8)

Ⅱ. 수인한도의 판단기준

영조물의 하자로 인한 손해배상책임을 구하는 공항주변의 거주자의 경우에는 하자의 유무기준인 그 소음이 수인한도를 넘은 정도라고 인정되어야 할 것인데,9) 일반적으로 판례는 수인한도의 기준을 결정함에 있어서 일반적으로 침해되는 권리나 이익의 성질과 침해의 정도뿐만 아니라 침해행위가 갖는 공공성의 내용과 정도, 그 지역 환경의 특수성, 토지이용의 선후관계, 공법적인 규제에 의하여 확보하려는 환경기준, 침해를 방지 또는 경감시키거나 손해를 회피할 방안의 유무 및 그 난이 정도, 군 당국의 적극적 조치의 유무, 환경영향평가 및 민주적 절차의 이행 여부 등 여러 사정을 종합적으로 고려하여 구체적 사건에 따라 개별적으로 결정하도록 하고 있다.10) 아래에서는 그 소음이 수인한도를 넘었는지를 판단하는 요소들을 살펴본다.

---

7) 강종선, "항공기소음 관련 민사소송의 제 논점", 「사법논집」 제44집, 법원도서관, 2007년, 280면.
8) 손윤하, "항공기소음에 의한 피해구제를 위한 민사소송의 문제점", 「법조」 제54권 제3호, 법조협회, 2005년, 213면.
9) 손윤하, 앞의 논문(주 8), 218면.
10) 소음의 수인한도와 관련하여 고등법원은 ① 대구비행장 설치 당시에는 주변 토지 대부분이 농지로서 거주하는 주민이 적었으나 도시의 확장에 따라 대구비행장 주변에도 많은 주민이 밀집하여 거주하게 된 점, ② 남북이 분단되어 군사적으로 대치하고 있는 현실에서 영공방위 및 전쟁억지를 위한 전투기 비행훈련은 불가피하므로 대구비행장의 존재에 고도의 공익성이 있는 점, ③ 피고가 훈련형태를 변경하거나 야간비행을 제한하고 전투기 엔진점검을 방음정비고에서 실시하는 등 지속적으로 소음 감소대책을 시행하고 있는 점, ④ 동일한 소음도에 노출되더라도 배경소음이 낮은 지역의 주민이 높은 지역의 주민들에 비하여 더 높은 불쾌감을 느끼는바, 대구와 같은 대도시의 경우 배경소음이 높아 항공기소음에 따른 수인한도도 높아져야 하는 것으로 보이는 점, ⑤ 항공기소음으로 인한 불이익은 원고 등이 거주하는 지역의 부동산거래가격 등에 반영되어 비행장 설치 이후 이주한 원고 등의 경우 소음피해가 없는 지역에 비하여 적은 비용으로 건물을 매수하거나 임차할 수 있었을 것으로 보이는 점, ⑥ 앞서 본 항공기소음 규제기준 등을 종합적으로 고려해 보면, 대구비행장 주변의 항공기소음이 적어도 소음도 85웨클 이상인 경우에 사회통념상 참을 수 없는 피해에 해당한다고 봄이 상당하다고 판시하였다(서울고등법원 2012.1.

1. 소음의 정도와 태양

공항이나 군사비행장에서 발생한 소음의 정도가 수인한도를 넘는 정도인지를 판단하는 가장 중요한 요소가 소음의 정도와 태양이다.[11] 항공기소음을 측정하는 단위로서 소음의 측정단위인 데시벨(dB) 외에 웨클(WECPNL)이라는 특수한 소음기준 단위가 사용되는데, 이것은 국제민간항공기구(ICAO)가 정한 항공기의 소음단위로서 항공기의 소음이 시간대별로 달라지는 점, 같은 크기의 소음이라도 상황이나 시간에 따라 개인이 느끼는 강도가 다른 점 등을 감안하여 한 지역에서 1일 수회 그 소음정도를 측정한 다음 시간대에 따른 가중치를 부여하여 계산한 소음영향도의 단위를 말하는데, 우리나라도 1991년 11월 5일 환경부에서 고시한 소음, 진동의 공정시험방법에 따라 웨클을 항공기소음의 측정단위로 채택하였다. 주간의 경우 웨클 수치에서 13을 빼면 대략적인 데시벨 수치가 된다고 한다. 민간항공기의 경우에는 소음을 측정함에 있어서 웨클단위를 일반적으로 사용하지만, 군사비행장의 경우에는 민간항공기에 적용되는 웨클단위를 무조건적으로 사용하기에는 문제가 있다. 군사비행장의 경우라도 폭격훈련을 하지 않고 전투기의 이·착륙에만 이용되는 경우에는 군사비행장에 특유한 소음측정기준이 없는 이상, 일정기간 이상 계속되는 비행기 소음인 웨클단위를 사용하는 것이 합리적이고, 단순한 군사비행장이 아닌 공군 폭격장의 경우에는 지속적인 항공기소음보다도 폭격으로 인한 순간소음이 주된 소음원이므로 소음측정기준으로 데시벨(dB)을 사용(웅천공군사격장 주변의 소음 사건)[12] 하는 것이 합리적이라는 견해[13]도 있다. 항공기소음의 객관적인 수치와 관련하여, 항공기의 운항횟수, 주간운항 및 야간운항의 횟수, 공항의 설치시기 및 존속기간, 취항하는 주요 항공기의 기종 등, 특히 항공기의 운항방법(이·착륙, 통과, 선회, 급상승

---

12. 선고 2011나75982 판결).
11) 손윤하, 앞의 논문(주 8), 214면.
12) 서울중앙지방법원 2004.1.20. 선고 2001가합75962 판결에서는 웅천사격장 주변의 경우는 전투기의 상공 통과비행 외에 지상사격장 및 해상사격장을 중심으로 급하강과 급상승을 주로 실시하고, 사격과 폭격도 이루어지고 있어, 일반 항공기소음과는 매우 다른 특성을 나타내는 지역이기 때문에, 소음평가에 웨클을 적용하는 것은 부적합하며 오히려 인간의 주관적인 반응과 대응관계가 가장 양호한 것으로 알려진 등가소음도(Leq)로 평가하는 것이 합리적으로 판단된다고 하였다.
13) 손윤하, 앞의 논문(주 8), 214-217면.

및 급하강(touch & Go)), 날짜별·요일별·시간대별 운항횟수 등 항공기소음에 특유한 제반 요소들을 고려하여야 한다.14)

2. 피침해이익의 성질 및 피해의 정도

공항주변의 소음에 노출된 지역에 거주하는 다수의 거주자들이 소음으로 인한 인격권 침해를 원인으로 한 손해배상청구소송을 하는 경우에 있어 그 수인한도의 판단에 관하여 피해자 개개인의 구체적인 사정들을 고려하여 수인한도를 판단하여야 한다는 견해와 수인한도라는 것이 사회통념상의 기준이라는 점을 들어 개별적으로 수인한도를 판단하여서는 안 된다는 견해가 대립되고 있다. 재판실무에서는 후자의 입장에서 피해자의 연령, 성별, 신체적인 특성, 직업 등을 별도로 고려하지 아니하고 일률적으로 수인한도의 정도를 정하고 있다.15)

3. 지역성

비행장 주변지역의 항공기소음을 원인으로 한 손해배상 사건에서 농촌지역에 위치한 서산공군비행장, 충주공군비행장, 군산공군비행장, 평택공군비행장의 경우 그 주변지역의 소음도가 80웨클(WECPNL) 이상인 경우 사회생활상 통상의 수인한도를 넘어 위법하다고 본 반면, 도시지역에 위치한 대구공군비행장이나 김포공항의 경우 그 주변지역의 소음도가 85웨클(WECPNL) 이상인 경우 사회생활상 통상의 수인한도를 넘어 위법하다고 보았다. 이는 비행장 주변지역이 당초 비행장이 개설되었을 때와는 달리 그 후 점차 도시화되어 인구가 밀집되는 등 도시지역으로서의 지역적, 환경적 특성이 있는 경우에는 농촌지역과 비교하여 통상 배경소음이 높다고 할 것이고, 배경소음이 낮은 농촌지역의 경우 도시지역과 비교하여 동일한 소음에 대하여 더 큰 불쾌감을 느낀다고 알려져 있으며 농촌지역 주민들의 옥외 활동의 비중이 높다는 사정 등을 고려한 것이라고 볼 수 있다.16)

---

14) 손윤하, 앞의 논문(주 8), 214면.
15) 손윤하, 앞의 논문(주 8), 218면.
16) 대법원 2015.10.15. 선고 2013다23914 판결.

4. 소음의 회피, 완화를 위한 노력

항공기의 설치·관리자 또는 항공기운항자 등이 예상되는 소음에 대하여 미리 평가를 실시하고 공항 등 주변의 환경을 고려한 합리적인 소음방지대책을 수립하였는지, 소음발생원과 인근 거주지와의 경계선 부근에 차음 및 흡음을 위한 방음벽 등 시설물을 설치하였는지, 소음발생의 정도를 저감시킬 수 있도록 기계(특히 항공기 성능점검을 위한 기계) 등의 배치계획을 적절히 하였는지, 소음을 발생시키기 전에 지역주민들에게 그 내용을 설명하고 소음발생을 예고하였는지(특히 공항의 신설과 확장의 경우), 지역주민들과 소음방지를 위한 협정을 체결하였는지, 협정을 체결하였다면 그 협정내용을 성실히 이행하였는지, 소음으로 인한 피해를 보상하기 위한 협의를 성실하게 추진하였는지 여부를 고려하여야 할 것이다. 그 밖에 항공기소음을 감소시키기 위한 방법으로써 야간비행 또는 야간사격훈련의 감소, 급하강과 급상승의 규제, 고소음 항공기의 운항제한, 비행항로 및 고도의 조정, 운항 전 철저한 항공기 정비의 실시, 소음정도에 따른 이주대책 등의 수립, 주택방음시설의 설치, 금전보상의 실시 여부 등도 고려되어야 할 것이다.[17]

5. 침해행위의 공공성

군용항공기의 경우에 사회 전체의 유용성, 국가안전보장 등 고도의 공익성 또는 공공성이 인정되므로, 민간공항소음이나 생활소음의 경우보다 더 높은 수인한도가 요구되는지와 관련하여 여러 견해가 나뉘고 있다. 학설은 공공성을 근거로 일반 생활소음보다 더 높은 수인한도가 요구된다는 견해,[18] 공항 등의 존재로 인하여 피해자들에게 발생한 구체적인 이익을 수인한도의 판단에 고려되어야 한다는 견해,[19] 공공성을 이유로 특정인에게만 피해를 감수하게 하는 것은 불공평하다는 이유로 수인한도 판단에 공공성을 고려해서는 안 된다는 견해[20]로 다투고 있다. 판례

---

17) 강종선, 앞의 논문(주 7), 288면.

18) 김학선, "항공기소음소송에 관한 법적 고찰", 「경희법학」 제46권 제4호, 경희대학교 법학연구소, 2011년, 100면; 이승우, "항공기소음공해의 수인한도와 손해배상", 「환경법연구」 제26권 제1호, 한국환경법학회, 2004년, 228면.

19) 오현규, "위법성 판단기준으로서의 수인한도", 「민사판례연구」 제25권, 2003년, 287 - 288면.

20) 이용우, "공해의 위법성: 공해소송에서의 이익형량", 「사법논집」 제10집, 1979년, 94 - 96면.

는 손해배상액의 산정 시에 수인한도의 기준을 결정함에 있어 침해행위가 갖는 공
공성의 내용과 정도를 결정기준으로 고려하고 있으며,21) 예를 들어 공군기지 등의
경우에 대략적으로 민간공항보다 5db정도의 차이를 두고 수인한도를 정하고 있
다.22) 일본23)에서 공공성을 판단하는 기준에 대해서 살펴보면 아래와 같다.

(1) 수인한도를 넘는 위법성을 판단할 때 고려되는 한 가지 요소이지만 공공성을 부정한 사례

일본의 厚木 제3차 소송 1심 판결은 "厚木기지의 사용은 공공성을 인정할 수
있지만, 그것은 수인한도를 넘는 위법여부를 판단할 때 고려해야 할 한 요소에 그린
다."라고 판단하였고,24) 厚木 제1차 소송 환송 후 항소심 판결에서는 "민간공항 등
의 고속 교통 기관·시설 등도 국민 생활에 큰 기여를 하고 있으며, 고도의 공공성
을 갖는 것이라고 해야 하므로, 국방이 가진 중요성에 대해서만 특별히 고도의 공
공성을 인정하는 것은 상당하지 않다."라고 판시하였다. 더불어 橫田 제1·2차 소송
항소심 판결은 "소음은 단순한 물리적 현상이며, 소음 자체에 공공성이 있는 것과
없는 것으로 구분을 할 수 없다. 사회 생활상 최소한의 일반적인 수인한도를 넘으
면 어느 것이든 불법이며, 군사 기지인 橫田기지의 공공성의 정도는 예를 들어, 항
공기에 의한 신속한 공공수송을 위한 기지인 成田 국제공항 등 민간·공공용 비행
장의 그것과 동등하다."라고 판단하고 있다. 마지막으로 橫田 제3차 항소심 판결은
"민간공항과 간선 철도, 간선 도로가 국민의 일상생활에서 매우 중요한 역할을 담
당하고 있으며, 공공성·공익상의 필요성도 또한 매우 크다고 볼 수 있다. 따라서
국방에 관한 것이라고 특별히 높은 공공성을 주장하며, 위법성을 조각하는 사유가
된다고 하는 것은 상당하다고 보기 어렵다."라고 판시하였다.

또한 大阪공항 소송에서도 동 공항이 가진 고도의 공공성이 쟁점이 되었는데,
대법원은 "大阪공항에 의한 편익은 국민의 일상생활의 유지 존속에 필수적인 역무

---

21) 대법원 2010.11.25. 선고 2007다74560 판결.
22) 박지원, "군용비행장 소음소송의 실체법 및 소송법상 쟁점에 관한 검토", 「한양법학」 제31권 제3
집(통권 제71집), 한양법학회, 2020년, 131면.
23) 제3장 제2절의 일본의 판례부분과 연계하여 정리하였다.
24) 공공성이 있다는 한 가지 이유를 가지고 손해배상청구를 당연히 부정하는 것은 허용되지 않는다
고 판시하였다.

의 제공과 같이 절대적이며, 우선순위를 주장할 수 있는 것이라고 반드시 말할 수
없다. 본건 공항의 사용으로 인해 피해를 입는 지역 주민들은 상당수에 이르고, 그
피해 내용도 광범위하고 중대한 것이며, 이들 주민이 공항의 존재로 인해 받는 이
익과 이에 따라 입는 피해 사이에는 후자의 증대에 필연적으로 전자의 증대가 수반
한다고 하는 상호보완 관계가 성립되지 않는 것도 분명하고, 결국 앞의 공공적 이
익의 실현은 피상고인들을 포함한 주변 주민이라는 제한된 일부 소수자의 특별한
희생 위에서만 가능하며, 거기에 간과할 수 없는 불공평이 존재하는 것을 부정할
수는 없다."라고 판시하였다.

(2) 미군 항공기의 이착륙에 대한 공공성은 인정되지만, 항공기소음의 해소를 위한 노력을 게을리한 국가의 태만을 지적한 사례

横田 제5-7차 항소심 판결은 "横田비행장에서 미군 항공기의 이착륙 자체에
는 큰 공공성이 인정되지만, 비행장 주변 지역에 거주하는 주민에 대해 75W 또는
80W 이상의 소음을 넘는 것은 위법이라는 취지의 판결이 두 차례(제1·2차 소송 및 제3
차 소송)에 걸쳐 확정되었음에도 불구하고, 그 후에도 위법한 수준의 항공기소음이
해소되지 않고 현재에 이르고 있음"을 지적하며, 국가의 태만을 엄격하게 지적하고
있다.

6. 공법적 규제

공법적인 규제는 통상 행정목적을 달성하기 위하여 행정처분을 위한 기준으로
설정해 놓은 것으로 봄이 상당하므로, 발생하는 소음이 당시의 공법적인 규제에
형식적으로 적합하더라도 현실적으로 그 소음의 피해정도가 현저하여 구체적인
수인한도를 넘는 경우에는 위법성이 있는 것으로 평가될 수 있고, 반대로 공법적
인 규제를 초과하는 소음이 있다고 하더라도 그것이 바로 수인한도를 넘는 위법
한 소음침해가 있다고 단정할 수는 없으며 구체적인 수인한도를 판단하여야 할 것
이다.[25]

---

25) 손윤하, 앞의 논문(주 8), 220-221면.

제2절 손해배상의 범위와 감액 및 면제사유

Ⅰ. 손해배상청구의 범위

불법행위의 성립요건이 모두 갖추어지면 피해자는 가해자에 대하여 손해배상 청구권을 취득하는데, 불법행위로 인한 손해배상은 채무불이행에 관한 규정을 준용하므로, 가해자는 피해자에게 일반적으로 발생한 손해(통상손해) 및 가해자가 알았거나 알 수 있었던 특별한 사정으로 인한 손해(특별손해)를 금전으로 배상해야 한다(「민법」 제763조, 제393조, 제394조). 손해배상은 재산적 손해와 정신적 손해에 대한 것을 모두 포함한다. 먼저 불법행위로 인한 재산적 손해는 통상의 차액설에 근거하여 "그 위법행위가 없었더라면 존재하였을 재산상태와 그 위법행위가 가해진 현재의 재산상태의 차이"[26]를 말하는 바, 피해자가 구체적인 증거를 통하여 불법행위로 발생한 손해액을 입증해야 한다.[27]

항공기소음으로 인한 재산적 손해로는 공항의 신설 또는 항공기 운항 횟수의 증가로 항공기소음이 증가함에 따른 부동산 교환 가치의 하락액,[28] 방음시설 설치비용 및 냉방비용, 항공기소음으로 인하여 영업환경이 악화됨으로써 영업이익이 감소한 경우에 감소한 영업이익 상당액, 항공기소음이 적은 곳으로 이주하기 위해 지출한 이주비, 항공기소음으로 인하여 발생한 난청·이명 등 질환[29]을 치료하기 위하여 지출한 치료비 및 위와 같은 질환으로 인한 일실수익, 항공기소음으로 인해 파손된 건물수리비 등을 들 수 있다.[30]

---

26) 대법원 2010.4.29. 선고 2009다91828 판결.
27) 안경희, "항공기소음으로 인한 손해배상청구권", 「고시계」 통권 662호, 고시계사, 2012년, 263면.
28) 문제는 이러한 교환가치의 하락액을 어떻게 입증할 것인가에 달려있다고 할 것인데, 현재로서는 부동산 감정평가에 의하는 수밖에 없을 것이다. 그러나 항공기소음의 영향을 받지 않은 상태에서의 정상적인 부동산 교환가치를 파악하기 어려운 경우가 많을 것이므로 감정평가 결과만으로 정확한 교환가치의 하락액을 인정하기가 쉽지 않을 것이다. 강종선, 앞의 논문(주 7), 298면.
29) 역학적 조사방법에 의하여 소음성 난청의 피해자가 그 기간 동안 계속 일정한 소음에 노출되어 있었는지, 다른 소음에는 노출된 바가 없었는지의 여부 및 동일한 지역에 더 오랜 기간 동안 동일한 소음에 노출되어도 소음성 난청이 없는 피해자들의 존재 등으로 인해 인과관계 및 기여도 등의 증명에 어려움이 있다. 손윤하, 「환경침해와 민사소송」, 청림출판, 2005년, 285–287면.
30) 안경희, 앞의 논문(주 27), 263면.

통상적으로 위법한 생활방해는 피해자에게 재산상의 손해 이외에 일반적인 생활환경의 악화에 따른 정신적 고통을 야기하기 때문에, 위법한 생활방해에 대하여 가해자는 재산상의 손해와는 별도로 정신적 손해를 배상할 책임이 있다. 생활이익의 침해에 따른 정신적 고통은 생활방해가 계속되는 동안 지속적으로 발생한다.31) 항공기소음은 피해지역이 광범위하고 피해자들이 다수인 경우가 대부분이기 때문에 소송실무상 피해자별로 구체적인 사정을 일일이 참작하여 개별적으로 위자료를 정하지 아니하고, 주로 거주지역별로 일괄하여 거주일수로 기준금액을 책정한 후 거기에 거주기간을 곱하여 개인별 위자료를 계산한 다음, 가해자 측에 의한 방음시설 등 소음방지대책의 실시여부 또는 위험에의 접근이론에 따라 이를 감경하는 방식으로 위자료 액수를 산정한다.32)

II. 손해배상액의 산정기준

군용비행장이나 공항에서 사회통념상 수인한도를 넘는 소음으로 발생한 손해에 대해, 실무에서 피해자들인 원고들은 공항시설의 설치 및 관리자인 국가 등에 대하여 위와 같은 "재산상 손해"를 주장하면서 민사재판으로 그 배상을 청구하는 것이 이론상 가능함에도 불구하고, 실제로는 그 사례를 찾아보기 어렵다. 그 이유는 원고들이 입었다고 주장하는 질병, 부동산 교환가치의 하락액, 이주비 등이 수인한도를 넘는 소음으로 인한 것임을 과학적·사회적으로 입증하기가 매우 곤란하고, 그 입증이 가능하다고 하더라도 그 소음정도가 발생된 손해액에 어느 정도 기여하였는지를 입증하는 것 역시 매우 어렵기 때문이다. 따라서 피해자들은 민사재판에서 "정신적 손해"에 대해서 청구하는 것이 대부분이다. "정신적 손해"는 정신적 고통의 발생만 증명하면 그 손해액에 관하여는 아무런 증명을 하지 아니하여도 법원이 이를 심리하여 그 수액을 정하기 때문이다. 그러나 사회통념상 수인한도를 넘는 소음정도와 피해자의 정신적인 고통 사이에는 인과관계가 존재하는데, 이를

---

31) 이준현, "군항공기·군용비행장 관련 소음소송의 법리에 대한 검토", 「홍익법학」 제14권 제4호, 홍익대학교 법학연구소, 2013년, 261면.
32) 강종선, 앞의 논문(주 7), 301면.

입증하는 것은 매우 어렵다. 일반적으로 법원이 일정한 지역에서 발생하는 소음이 사회통념상 수인한도를 넘는 정도라고 인정하는 것에는 그 정도의 소음이 그 지역의 일반적인 사람에게 정신적인 고통을 야기한다고 하는 점에 대한 인정도 포함되어 있을 것이다. 따라서 피해자들은 공항에서 발생하는 소음의 정도가 사회통념상 수인한도를 넘는 정도라는 사실만 증명하면, 그로 인하여 정신적 고통을 입었다는 사실에 대하여는 특별한 입증을 요하지 않는다.[33]

실무상 법원이 정신적 손해배상으로서 배상을 명하고 있는 위자료의 액수는 다음의 표와 같다.[34] 정신적 손해는 금전으로 완전히 전보될 수 없지만, 금전배상을 통하여 피해자의 정신적 고통을 간접적으로 치유하도록 하는데 그 의미가 있다. 그러나 국민들의 생활수준이 평균적으로 신장된 현실을 반영하여 피해자의 정신적 손해에 대한 전보가 이루어져야 한다. 정부가 시행한 소음대책과 자발적 이주자의 과실책임을 반영한 결과는 실질적으로 피해주민이 입은 생활불편, 난청, 심리적 고통 등 다양한 정신적 피해에 대한 현재의 삶의 질과 기대수준에 비추어 충분하다고 볼 수 없다.[35]

● 표 5-1 수인한도 및 손해배상액 산정기준[36]

사건번호	공항	수인한도 기준[37]	배상액 산정기준(1인)
대법원 2012다13569 판결	대구비행장	85웨클[38]	85웨클 이상 지역 월 30,000원 90웨클 이상 지역 월 50,000원
서울고법 2012나3762 판결	군산비행장	80웨클	80웨클 이상 지역 월 30,000원 90웨클 이상 지역 월 45,000원
서울고법 2007나60204 판결	충주비행장	80웨클[39]	80웨클 이상 지역 월 30,000원 85웨클 이상 지역 월 45,000원 90웨클 이상 지역 월 60,000원

---

33) 손윤하, 앞의 책(주 29), 285 – 287면.
34) 이수진, "환경분쟁 해결을 위한 한국 법원의 발전 방향", 「환경법연구」 제35권 제3호, 한국환경법학회, 2013년, 38면.
35) 채영근, "항공기소음피해에 대한 국가배상판결에 대한 고찰", 「항공우주법학회」 제20권 제1호, 한국항공우주정책·법학회, 2005년, 246 – 247면.
36) 이수진, 앞의 논문(주 34), 39면.

서울고법 2010나103002 판결	서산해미 비행장	80웨클	80웨클 이상 지역 월 30,000원 90웨클 이상 지역 월 45,000원
서울고법 2011나56240 판결	오산비행장	80웨클[40)	80웨클 이상 지역 월 30,000원 90웨클 이상 지역 월 45,000원 95웨클 이상 지역 월 60,000원

Ⅲ. 위험에의 접근이론

1. 정의 및 법적 근거

항공기소음소송에 있어서 '위험에의 접근이론'이란 피해자가 항공기로 인한 소음의 영향이 미치는 위험을 알거나 알 수 있었음에도 불구하고 그 지역에 새로이 거주를 시작한 사정이 있는 경우, 이러한 사정을 이유로 원고의 청구를 전부 또는 일부를 기각할 수 있느냐의 여부를 묻는 것이다. 이 이론은 채무불이행시 채권자에게도 과실이 있는 경우에 법원은 손해배상의 책임 및 그 금액을 정할 때에 이를 참

---

37) 소음의 정도에 관한 증거방법은 일반적으로 현장검증과 감정 결과에 의하고 있는데, 현재 항공기 소음의 정도를 측정할 수 있는 자격기준 등에 관하여 법령상 아무런 규정이 없어, 담당재판부가 임의로 환경공학과가 설치되어 있는 종합대학이나, 전문대학의 소음전공 교수 또는 그 대학의 소음연구센터나 도시과학연구원, 환경과학연구소 등에 재직하고 있는 연구원 등을 감정인으로 선정한 다음, 현장검증기일에 감정인에게 일정한 기간 동안(통상 7일 이내) 장애물 또는 주변 다른 소음의 영향이 가장 적은 장소의 실내소음(창문을 닫은 경우와 연 경우로 구분) 및 실외소음을 측정하도록 명하고 있다. 한편, 항공기소음의 영향 아래에 있는 피해자들의 수와 거주범위는 매우 광대하여 피해자들의 주거지를 개인별로 특정하여, 소음정도를 측정하는 것은 사실상 불가능하다. 따라서 실무상으로는 우선 감정인으로 하여금 피해자들 거주지역의 지형이나 상태의 특성 등을 고려하여 마을마다 한곳 또는 여러 곳의 표준지를 선정하여 소음을 측정한 다음 표준지의 소음을 연결한 등음선도를 감정서에 첨부하여 제출하는 방법으로 감정결과를 제출하도록 하고 있고, 감정서를 제출받은 법원은 등음선도상에 피해자들의 주거지 위치를 특정하도록 그곳의 소음수치를 피해자에게 도달된 소음의 정도로 사실인정을 하고 있다. 이수진, 앞의 논문(주 34), 39-40면.

38) 1심인 서울지방법원 2011가합8985 판결에서는 대구비행장의 수인한도 기준을 80웨클로 낮추었으나 항소심인 서울고등법원 2011나75999 판결에서 대구비행장의 경우 인근지역이 도시지역으로서 농촌지역보다 높은 소음기준을 요구한다는 이유로 수인한도 인정기준을 85웨클로 변경하였다.

39) 서울중앙지법 2005가합56815 판결에서는 85웨클을 수인한도 기준으로 제시하였으나, 항소심인 서울고등법원 2006나108499 판결에서는 그 기준을 80웨클로 낮게 인정하였다.

40) 서울중앙지법 2004가합33259 판결에서는 수인한도 기준으로 85웨클을 제시하였으나, 항소심인 서울고등법원 2007나5511 판결에서 80웨클로 그 기준을 낮게 인정하였다.

작하여야 한다는 「민법」 제396조의 과실상계이론에 그 근거를 두고 있다. 우리나라에서 항공기소음소송과 관련해서 위험에의 접근이론이 등장하게 된 것은 1970년대 이후의 도시의 확장과 관련이 깊다. 1950-60년대에 공항은 대부분 거주민이 거의 없는 도시 외곽에 건설되었으나, 1970년대에 국가경제의 발전과 함께 도시가 공항 근처까지 확장되었고 필연적으로 소음피해구역에까지 도심이 발전하게 되었다. 이런 이유로 항공기소음소송의 피고 측인 국가가 위험에의 접근이론을 주장하며 손해배상으로부터의 면책을 주장하게 된 것이다.[41]

　판례는 소음 등을 포함한 공해 등의 위험지역으로 이주하여 들어가서 거주하는 경우와 같이 위험의 존재를 인식하면서 그로 인한 피해를 용인하며 접근한 것으로 볼 수 있는 경우에, 그 피해가 직접 생명이나 신체에 관련된 것이 아니라[42] 정신적 고통이나 생활방해의 정도에 그치고 그 침해행위에 고도의 공공성이 인정되는 때에는, 위험에 접근한 후 실제로 입은 피해의 정도가 위험에 접근할 당시에 인식하고 있었던 위험의 정도를 초과하는 것이거나 위험에 접근한 후에 그 위험이 특별히 증대하였다는 등의 특별한 사정이 없는 한 가해자의 면책을 인정하여야 하는 경우도 있을 수 있다고 판시한 반면,[43] 일반인이 공해 등의 위험지역으로 이주하여 거주하는 경우라고 하더라도 위험에 접근할 당시에 그러한 위험이 존재하는 사실을 정확하게 알 수 없는 경우가 많고, 그 밖의 여러 가지 사정을 종합하여 위험의 존재를 인식하면서도, 위험으로 인한 피해를 용인하면서 접근하였다고 볼 수 없는 경우에는 손해배상액의 산정에 있어 형평의 원칙상 과실상계에 준하여 감액사유로 고려하는 것이 상당하다[44]고 판시하기도 하였다.

(1) 면책과 감액

공항이 설치된 이후나 소음의 정도가 심해진 이후에 이를 알면서 손해를 배상

---

41) 이준현, 앞의 논문(주 31), 273면.
42) 이미 항공기소음으로 인한 피해가 존재하고 있는 지역으로 뒤늦게 이주해 들어온 사람들에 대하여는 종전부터 그 지역에 거주하고 있던 사람들과 구별하는 것으로 다만, 여기에서 말하는 위험은 주로 '생활방해', 즉 영미법상의 'nuisance'를 의미 하는 것이기 때문에 생활방해의 정도를 넘는, 예를 들면 생명·신체에 대한 침해의 경우에는 위험에의 접근이론을 적용하기 어려울 것이다. 강종선, 앞의 논문(주 7), 303면.
43) 대법원 2004.3.12. 선고 2002다14242 판결.
44) 대법원 2005.1.27. 선고 2003다49566 판결; 대법원 2010.11.25. 선고 2007다74560 판결.

받기 위하여 이주한 악의의 피해자에 대하여는 면책을 인정하지만, 악의가 없는 경우에는 감액사유가 된다.[45] 그러나 실제로 피해자에게 그러한 악의가 있다는 것을 국가 등이 입증하는 것은 매우 어렵기 때문에, 재판실무에서 국가 등이 면책되는 사례는 보이지 않으며,[46] 대부분의 판례[47]는 감액[48]의 방식을 인정하고 있다. 한편 국가에 대한 면책과 관련하여, 피해가 직접 생명이나 신체에 관련된 것이 아니라 정신적 고통이나 생활방해의 정도에 그치고 정책적 측면에서 위험지역으로의 전입이나 소음소송을 억제하기 위해서 그 침해행위에 고도의 공공성이 인정되는 경우에는 이를 인정하는 경우를 확대할 필요가 있으며,[49] 위험에의 접근이론을 엄격하게 적용하지 않을 경우 위험시설이나 환경오염의 유발이 불가피한 시설에 배상금을 노리고 이주하는 악의의 당사자가 나타나는 도덕적 해이현상을 부추길 우려가 있다는 견해[50]도 있다. 우리나라에서 항공기소음침해소송으로 인한 정신적 고통에 대한 배상금액이 매우 소액이라는 점을 감안할 때, 항공기소음의 고통을 감수하면서까지 악용하는 악의의 당사자는 극히 드물 것이다.

(2) 감액사유로서의 과실과 적용시점

위험에의 접근이론에 의한 감액은 '위험의 존재를 인식하면서도 위험으로 인한 피해를 용인하면서 접근한다고 볼 수 없는 경우'에 인정된다. 따라서 위험의 존

---

45) 손윤하, 앞의 논문(주 8), 224면.
46) 손윤하, 앞의 책(주 29), 292면.
47) 위험지역으로 이주하여 거주하는 경우라고 하더라도 위험에 접근할 당시에 그러한 위험이 존재하는 사실을 정확하게 알 수 없는 경우가 많고, 그 밖에 위험에 접근하게 된 경위와 동기 등의 여러 가지 사정을 종합하여 그와 같은 위험의 존재를 인식하면서 굳이 위험으로 인한 피해를 용인하였다고 볼 수 없는 경우에는 손해배상액의 산정에 있어 형평의 원칙상 과실상계에 준하여 감액사유로 고려하는 것이 상당하다고 판시하고 있다. 대법원 2005.1.27. 선고 2003다49566 판결; 서울중앙지방법원 2006.12.5. 선고 2006가합23904 판결; 서울고등법원 2007.10.4. 선고 2007나4440 판결; 서울남부지방법원 2009.10.9. 선고 2006가합14470 판결; 대법원 2010.11.11. 선고 2008다57975 판결; 대법원 2010.11.25. 선고 2007다74560 판결.
48) 한편, 전입사유가 출생인 경우이거나, 전입당시 위험에 대한 지각능력이 부족하고, 거주지를 선택할 지위에 있지 아니한 미성년자인 경우는 감액하지 않는다. 서울중앙지방법원 2006.12.5. 선고 2006가합23904 판결.
49) 이창현, "군비행장 소음 소송에 관한 실무적 쟁점 소고", 「인권과 정의」 제450호, 대한변호사협회, 2015년, 32면.
50) 윤수진, "항공기소음소송에 있어서의 위험에의 접근이론에 대한 검토", 「환경법연구」 제32권 제2호, 한국환경법학회, 2010년, 236면; 채영근, 앞의 논문(주 35), 245면.

재를 인식하였으나 위험으로 인한 피해를 용인하지 않은 경우뿐만 아니라 위험의
존재를 과실로 인식하지 못한 경우에도 감액이 인정될 수 있다. 이는 결국 위험의
존재에 대한 인식이라는 요건이 결하더라도 '적용시점'과 '과실'이라는 요건을 고려
하여 감액사유로 판단하는 것이다.[51] 위험에의 접근이론이 적용될 수 있는 시점과
관련하여 법원은 주변 주민들의 민원제기와 언론보도로 사격장 및 비행장 주변 소
음문제가 사회문제화된 시기,[52] 공항 또는 사격장이 설치된 날,[53] 항공법상의 소
음피해지역 또는 소음피해예상지역으로 지정 고시된 날,[54] 주민들이 관계당국에
피해대책을 요구하기 시작한 시기,[55] 항공기소음에 대한 지도적 판결이 선고된 날
등을 기준으로 하고 있으며, 이러한 시점을 기준으로 그 지역에 새로이 거주를 시작
한 사정이 있으면 30%,[56] 40%, 50%,[57] 80%[58]의 비율로 감액을 하고 있다. 이와 관
련하여 항공기소음소송이 다수의 원고가 관련된 집단소송의 형태로 제기되는 점을
감안한다면 이러한 처리는 불가피한 측면도 있으나, 지나치게 법원 편의적이라는 견
해[59]가 있다. 이 견해에 따르면 법원이 위험에의 접근이론의 기준시점으로 설정한
'소음문제가 사회문제화된 시점'은 피해자들이 자신의 손해를 손해배상 등의 형태
로 구제받을 수 있다는 것을 알 수 있었던 시점으로 볼 수는 있어도, 위험에의 접

51) 이창현, 앞의 논문(주 49), 32면.
52) 서울중앙지방법원 2006.12.5. 선고 2006가합23904 판결; 서울중앙지방법원 2006.12.19. 선고
2003가합2562 판결; 서울중앙지방법원 2007.1.30. 선고 2002가합297512 판결; 서울중앙지방법
원 2007.1.30. 선고 2003가합94882 판결; 대구지방법원 2008.2.14. 선고 2004가합13940 판결; 대
구지방법원 2008.8.14. 선고 2005가합1180 판결; 대법원 2010.11.25. 선고 2007다74560 판결.
53) 서울중앙지방법원 2004.1.20. 선고 2001가합75962 판결; 서울중앙지방법원 2006.10.31. 선고
2005가합56815 판결; 서울고등법원 2008.7.4. 선고 2004나25934 판결.
54) 서울고등법원 2003.8.22. 선고 2002나31133 판결; 서울고등법원 2008.8.20. 선고 2002나55207
판결.
55) 서울중앙지방법원 2002.1.9. 선고 2001나29253 판결.
56) 판례 대부분을 차지하고 있다. 서울중앙지방법원 2004.1.27. 선고 2002가합33132 판결; 서울고
등법원 2007.12.26. 선고 2002가합4469 판결; 서울남부지방법원 2009.10.9.선고 2006가합14470
판결; 서울고등법원 2011.2.24. 선고 2010나111928 판결.
57) 서울중앙지방법원 2002.3.15. 선고 2001가합48625 판결에서 소음피해가 알려진 1988년 이후 입
주자에 대해서 40% 감액을 인정하고 있으며, 서울중앙지방법원 2002.8.20. 선고 2000가합29887
판결에서 소음방지대책(주택방음공사)시행 후 전입자에 대해서 50% 감액을 인정하고 있다.
58) 서울중앙지방법원 2004.1.20. 선고 2001가합75962 판결.
59) 윤수진, 앞의 논문(주 50), 232면; 이준현, 앞의 논문(주 31), 275면.

근이론에서 위험을 인식한 시점으로 보기에는 상당히 무리가 있다고 판단한다.

2. 일본의 법리와 판례

일본에서는 위험에 대한 접근은 거주자가 항공기소음의 존재에 대한 인식을 가지면서 그로 인한 피해를 용인하고 거주를 시작하였다면, 그 피해가 소음에 의한 정신적 고통 내지 생활방해와 같은 것으로 직접적인 생명·신체에 관한 것이 아닌 경우, 기지의 공공성 및 자위대기의 활동의 공공성을 고려하여 특별한 사정60)이 없는 한 그 피해를 수인하여야 하며, 이러한 피해를 이유로 손해배상을 청구하는 것은 허용하지 않고 있다. 위험에 대한 접근과 관련된 사정은 그 적용을 주장하는 피고(국가)에서 주장·입증해야 하는 것으로 해석되며, 최근의 판결에서 위험에 대한 접근의 법리는 ① 자기책임의 원칙에 따른 손해배상책임의 법리(원고와 피고국가와의 관계)와 ② 과실상계 법리의 유추 적용에 따른 손해배상감액의 법리(원고 내부의 비교 형량)로 구분된다. 위험에 대한 접근의 법리가 위법성의 소멸 또는 감소의 사유가 될 수 있다는 것은 일반적으로 인정되고 있다고 할 수 있지만, 실제 적용에 있어서 요구되는 요건과 그 정도 등에 대한 법원의 판단이 반드시 일치하지는 않는다는 지적이 있다.61) 아래62)에서 미군 비행장인 厚木비행장, 嘉手納비행장, 横田비행장 판례에서의 적용여부에 대해 구체적으로 살펴본다.

(1) 厚木비행장

1) 위험에 대한 접근의 면책에 대한 법리

厚木 제2차 소송 1심 판결은 "만일 위법성 조각 내지 가해자의 면책이 인정되는 경우가 있다 하더라도, 피해자가 불법상태를 이용하여 손해배상을 청구하는 등 피해자에게 특히 비난받아야 하는 사정이 있는 경우로 한정되어야 한다."라고 하며, ① 厚木기지 주변 지역은 주거 지역이며, 수도권의 통근에 적합하고, 지가(地價)

---

60) 특별한 사정이란 ① 당해 거주자의 거주 개시 후 실제로 입은 피해의 정도가, 거주 개시 때 동인이 그 존재를 인식한 소음에서 추측되는 피해의 정도를 넘는 것인 경우, ② 거주 개시 후 소음의 정도가 현격히 증가했을 경우 등을 의미한다.
61) 丸茂雄一, "基地騒音訴訟を巡る判例の動向 －飛行場の公共性の評価と危険への接近の法理－, Discussion Paper, 2009年, 10－11頁.
62) 丸茂雄一, 앞의 논문(주 61), 13－17頁과 제3장 제2절의 일본의 판례부분과 연계하여 정리하였다.

도 적절한 것, ② 부동산 물건의 사전 답사나 안내 등은 때때로 비행기가 비행하지 않는 날에 행해지기 쉽다는 것, ③ 일반인이 厚木기지 주변 지역에 전입함에 있어, 미리 기지나 소음의 존재에 대해 충분한 관심과 조사를 요구하는 것은 무리이며, 설령 항공기지나 소음의 존재를 인식할 수 있더라도, 그 실태를 정확하게 파악하는 것은 어렵기 때문에 본건에 위험에 대한 접근의 법리(면책)를 적용할 수 없다고 판시하였다.

● 표 5-2 厚木소음소송(위험에 대한 접근 법리의 적용여부)

판결	위험에 대한 접근(면책)
厚木 제1차 소송 1심 판결 (1982년 10월 20일)	적용하지 않음
厚木 제1차 소송 항소심 판결 (1986년 4월 9일)	고도의 공공성 강조 손해배상 부정
厚木 제1차 소송 환송 후 항소심 판결 (1995년 12월 26일)	적용하지 않음
厚木 제2차 소송 1심 판결 (1992년 12월 21일)	적용하지 않음
厚木 제2차 소송 항소심 판결 (1999년 7월 23일)	적용하지 않음
厚木 제3차 소송 1심 판결 (2002년 10월 16일)	적용하지 않음
厚木 제3차 소송 항소심 판결 (2006년 7월 13일)	적용하지 않음

2) 위험에 대한 접근의 감액에 대한 법리

厚木비행장과 관련된 소음 소송에서 "감액의 법리로서의 위험에의 접근"을 적용한 것은 厚木 제1차 소송 1심 판결이다. 항공기소음이 사회문제화된 1974년 이후에 전입한 일부 원고들에 대해서는 특단의 사정이 없는 한 입주 시 피해의 회피에 관하여 과실이 있다고 인정했다. 그러나 이 인정은 최종적으로는 厚木 제1차 소송 환송 후 항소심 판결에 의해 부정되었다. 즉, 1974년 이후 厚木비행장 주변 지역에 전입한 1심 원고들의 과실을 어떻게 인식하느냐의 문제에 대해 ① 1982년 2월 이후 실시하게 된 NLP에 의한 항공기소음은 다른 항공기소음과는 현격한 차이가 있어, 침해의 심대함까지는 예상하지 못한 것, ② 주변 주민 및 관계 지방 자치 단체의 거듭된 항의·중단 요청에도 불구하고, 그 뒤 (위법상태가) 10년 이상 계속되고 있다고 지적하면서 "감액의 법리로서의 위험에의 접근"을 적용할 근거가 없다는 것을 판시했다.

• 표 5-3　厚木소음소송(위험에 대한 접근 법리의 적용여부)

판결	위험에 대한 접근(감액)
厚木 제1차 소송 1심 판결 (1982년 10월 20일)	적용 (1974년 이후 전입자)
厚木 제1차 소송 항소심 판결 (1986년 4월 9일)	고도의 공공성 강조 손해배상 부정
厚木 제1차 소송 환송 후 항소심 판결 (1995년 12월 26일)	적용하지 않음
厚木 제2차 소송 1심 판결 (1992년 12월 21일)	적용하지 않음
厚木 제2차 소송 항소심 판결 (1999년 7월 23일)	적용하지 않음
厚木 제3차 소송 1심 판결 (2002년 10월 16일)	적용하지 않음
厚木 제3차 소송 항소심 판결 (2006년 7월 13일)	적용하지 않음

(2) 嘉手納비행장

1) 위험에 대한 접근의 면책에 대한 법리

嘉手納 제2차 소송 1심 판결은 ① 오키나와 중부 지역에서는 행정 면적의 약 4분의 3의 상당히 넓은 면적을 미군기지 및 제1종 구역의 면적이 차지하고 있는 것, ② 소음 지역 밖에 거주하는 것은 지리적 조건, 통근·통학 등의 사정으로 현실적이지 않다고 인정되는 등의 사정을 지적하고 면책의 법리로서의 위험에의 접근의 적용을 부정했다.

• 표 5-4 嘉手納소음소송(위험에 대한 접근 법리의 적용여부)

판결	위험에 대한 접근(면책)
嘉手納 제1차 소송 1심 판결 (1994년 2월 24일)	적용하지 않음
嘉手納 제1차 소송 항소심 판결 (1998년 5월 22일)	적용하지 않음
嘉手納 제2차 소송 1심 판결 (2005년 2월 17일)	적용하지 않음

2) 위험에 대한 접근의 감액에 대한 법리

嘉手納비행장에 대한 소음 소송에서 감액의 법리로서의 위험에의 접근을 적용한 것은 嘉手納 제1차 소송 1심 판결이다. 오키나와 본토 복귀일 이후에 소음구역으로 전입한 자에 대한 손해배상액을 15% 감액했다. 그러나 嘉手納 제1차 소송 항소심 판결에서 ① 1심 원고들이 嘉手納비행장 주변에 전입한 사정에 대해서도 상당한 이유가 있고, 비난할 사정은 각별히 눈에 띄지 않는 점, ② 1심 피고(국가)는 비행장 주변에서 10년 이상 가급적 신속하게 환경기준을 달성하도록 되어 있음에도 불구하고 아직 달성되지 않은 것을 함께 고려하면, 본건은 손해배상액의 감액을 하는 근거가 부족하다고 말하지 않을 수 없다고 지적하면서 1심 판결을 부정하였다.

• 표 5-5 嘉手納소음소송(위험에 대한 접근 법리의 적용여부)

판결	위험에 대한 접근(감액)
嘉手納 제1차 소송 1심 판결 (1994년 2월 24일)	적용 (본토 복귀일 이후 전입자)
嘉手納 제1차 소송 항소심 판결 (1998년 5월 22일)	적용하지 않음
嘉手納 제2차 소송 1심 판결 (2005년 2월 17일)	적용하지 않음

(3) 橫田비행장

1) 위험에 대한 접근의 면책에 대한 법리

橫田비행장에 관한 소음 소송에서 면책의 법리로서의 위험에의 접근을 적용한 것은 橫田 제5－7차 소송 1심 판결이다. 늦어도 1965년에는 橫田비행장 주변이 항상 항공기소음 노출을 받는 지역임이 널리 알려졌던 것으로 인정되어, 원고들 중 1966년 1월 1일 이후에 비행장 주변에 거주를 시작한 원고는 항공기소음으로 인한 피해를 용인하고 이사를 왔기 때문에 면책의 법리로서의 위험에의 접근을 인정해야 하며, 손해배상청구를 인정할 수 없다고 판시했다. 그러나 항소심 판결(2005년 11월 30일)은 ① 원고들 중 소음 피해를 받는 것을 적극적으로 용인할 의도를 가지고 소음 지역 내에서의 거주를 시작한 사람이 있다고는 판단되지 않는 것, ② 소음 구역 내에 처음 전입한 원고들과 소음 구역 내에 거주하다 소음 피해를 입은 경험이 있으면서 그 후 소음 구역에서 멀리 떨어진 지역에 주거를 정한 원고들이, 전입에 즈음하여 전입지에서 일상적으로 입는 소음 피해의 정도와 영향을 인식하고 있었다고는 인정되지 않으며, 인식을 가지지 못한 것에 과실이 있었다고도 할 수 없는 것, ③ 불법으로 평가되는 정도의 소음에 의한 피해를 받는 거주지에서 생활기반을 형성한 원고들이 이사를 거쳐, 원래의 거주지로 돌아오는 것이나, 근접지로 이사하는 것을 피해야 할 의무는 없는 것, ④ 원고들이 받는 소음 피해의 심각성, 본건 소송 이전에 소음 피해가 불법적인 수준에 도달하고 있다는 취지의 사법 판단이 두 차례에 걸쳐 확정됐음에도 불구하고, 위법상태가 해소되지 않은 상태로, 이러한 사정 아래에서 국민을 소음 등의 피해로부터 보호할 책무를 지는 입장에 있는 국가가 피해 지역에 전입한 원고들의 행동을 이유로 손해배상의무의 감면을 주장하는 것이 부당하므로 위험에 대한 접근의 법리의 적용에 대해 감액의 법리로서의 위험에의 접근을 포함하여 인정하지 않았다.

● 표 5-6 橫田소음소송(위험에 대한 접근 법리의 적용여부)

판결	위험에 대한 접근(면책)
橫田 제1·2차 소송 1심 판결 (1981년 7월 13일)	적용하지 않음
橫田 제1·2차 소송 항소심 판결 (1987년 7월 15일)	적용하지 않음
橫田 제3차 소송 1심 판결 (1989년 3월 15일)	적용하지 않음
橫田 제3차 소송 항소심 판결 (1994년 3월 30일)	적용하지 않음
橫田 제5-7차 소송 1심 판결 (2002년 5월 30일)	적용 1966년 1월 1일(기준일)
橫田 제5-7차 소송 항소심 판결 (2005년 11월 30일)	적용하지 않음

2) 위험에 대한 접근의 감액에 대한 법리

橫田 제1·2차 소송 항소심 판결은 1966년 1월 1일(기준일) 이후 비행장 주변 지역 중 수인한도를 넘는 피해 지역에 전입한 자는 특별한 사정이 인정되지 않는 한 소음공해 발생의 사실을 인식하고 있었거나 또는 인식하지 못했다고 하더라도, 그 점에 과실이 있다고 인정하는 것이 상당하다고 판시하고 손해배상액을 20% 감액했다. 橫田 제3차 소송 1심 판결은 같은 판단으로 기준일 이후의 비행장 주변에 거주를 시작한 자에 대한 손해배상액을 15% 감액했다. 그러나 동 항소심 판결은 감액의 법리로서의 위험에의 접근을 적용하는 대상을 기준일 이후의 거주를 시작한 사람도 ① 보다 소음이 높은 지역으로 이전했을 때, ② 일단 소음 지역 밖으로 전출하였다가, 다시 소음 지역으로 이동한 경우로 한정해야 한다고 판시했다. 橫田 제5-7차 소송 1심 판결은 기준일인 1966년 1월 1일 이후 ① 橫田비행장 주변 소음지역에 거주를 시작한 자, ② 기준일 이전부터 소음지역에 거주하였으나, 그 소음지역 밖으로 전출하였다가 다시 소음지역 내로 전입한 자, ③ 소음지역 내에 거주한 후 소음지역에서보다 소음수준이 높은 지역으로 이사한 사람은 위자료액을 그 횟수에 따라 1회에 10%의 손해배상액을 감액하였으나, 항소심 판결에서 국가의 책임을 엄격하게 지적하며 위험에 대한 접근의 법리의 적용을 인정하지 않았다.

● 표 5-7 横田소음소송(위험에 대한 접근 법리의 적용여부)

판결	위험에 대한 접근(감액)
横田 제1·2차 소송 1심 판결 (1981년 7월 13일)	적용하지 않음
横田 제1·2차 소송 항소심 판결 (1987년 7월 15일)	적용 1966년 1월 1일(기준일)
横田 제3차 소송 1심 판결 (1989년 3월 15일)	적용 1966년 1월 1일(기준일)
横田 제3차 소송 항소심 판결 (1994년 3월 30일)	적용 1966년 1월 1일(기준일) 대상자를 한정
横田 제5-7차 소송 1심 판결 (2002년 5월 30일)	적용 1966년 1월1일(기준일) 대상자를 한정
横田 제5-7차 소송 항소심 판결 (2005년 11월 30일)	적용하지 않음 국가의 주장자체가 부당

(4) 검토

일본의 판례는 면책의 법리로서의 위험에의 접근의 적용에 대해 ① 미군 비행장에 공공성이 있다고 하더라도 주변 주민만이 특별한 피해를 입는 것은 법적으로 간과할 수 없는 불공평이 존재하며, ② 미군 비행장 주변 지역이 극심한 소음에 노출되는 지역임이 사회적으로 승인된 것은 아니기 때문에 위법성 조각 내지 가해자의 면책이 인정되는 경우가 있다고 하더라도, 피해자가 불법상태를 이용하여 손해배상을 청구하는 등 피해자에 특히 비난받아야 하는 사정이 있는 경우에 한정하도록 하고 있으며, 감액의 법리로서의 위험에의 접근의 적용에 대해서는 우리나라와 마찬가지로 소음 문제가 사회문제화된 이후의 소음구역으로의 전입자에게는 과실이 있다고 인정하는 판례가 대부분이지만 ① 미군 비행장의 위법 상태가 계속되고, ② 위법 상태에 대해 국가가 근본적인 대책을 시행하지 않고 방치하고 있는 것을 고려하면, 근본적인 소음대책을 세우지 않는 한, 향후 법원이 손해배상액의 감액을 인정하지 않는 것이 적절하지 않다고 하여 이를 부정하는 태도를 보이기도 하였다.

3. 미국의 법리와 판례

위험에의 접근이론에 대해 미국에서는 항공기소음 등에 국한되지 않고, 소음, 분진 등 공해 피해로 인한 소송에서 많은 판례가 인정하여 왔으며, 소송에서 피고의 독립된 공격·방어 방법 등 항변의 하나로 인정하지는 않았으나, 과실의 존재여부에 대한 판단기준으로서 받아들여 왔다.[63]

미국의 불법행위법에서는 위험감수에 대해 원고가 의식적으로 위험에의 직면을 선택한 경우라면 이러한 위험을 감수한 것으로 보아, "위험에서 원고를 보호해야 할 피고의 의무해태에 대한 상쇄요건"으로 판단한다. 따라서 원고의 비합리적인 태도로 위험이 발생한 경우, 손해배상청구가 금지될 수 있는데, 이는 본질적으로 기여과실이나 비교과실의 한 형태로 구성된다고 본다.[64]

(1) 기여과실과 비교과실

피해자가 비록 가해자보다 적은 정도의 과실이 존재하지만, 그 과실로 인하여 가해자로부터 손해배상을 받을 수 없다는 원칙이 기여과실(contributory negligent)이며, 이와 반대로 피해자 자신의 손해에 대해 과실이 존재하는 경우 그 과실만큼 제외하고 가해자로부터 손해배상을 받을 수 있는 원칙이 비교과실(comparative negligent)이다.[65] 20세기 중반 미국에서 발전한 비교과실 이론은[66] 불법행위책임의 확대와 매우 깊은 관계가 있다. 이러한 비교과실 이론의 등장으로 피해자 자신의 부분적 과실로 손해배상을 받지 못한 경우가 줄어들었다는 면에서 비교과실의 개념은 과실책임을 확장시킨 역할을 했다.[67] 기여과실이 생활방해 사건에서 항변사유가 될 수 있는지와 관련하여 판례는 "생활방해에서 원고의 어떤 행위, 특히 위험에의 접근은 일반적인 사고에 있어서의 기여과실과 비교할 수 없기 때문에 특별히 중요

---

63) 윤수진, 앞의 논문(주 50), 229면.
64) Fowler V Harper, 「The Law of Torts(2nd Edition)」, Little, Brown and Company, January 1, 1986, pp. 188 – 208.
65) Law.com dictionary (http://dictionary.law.com)
66) G. Edward White, 「Tort Law in America: An Intellectual History」, Oxford University Press USA, 1985, p. 164.
67) 가정준, "미국 불법행위법 발전의 이론적 고찰", 「비교사법」 제12권 제1호(통권 제28호), 한국비교사법학회, 2005년, 396면.

성을 갖지는 않는다고 보고 있으며, 생활방해에 노출된 재산을 매수하거나 임차한 경우 만약 원고가 그와 같은 행위를 이유로 구제받을 수 없다고 한다면 이는 사실상 피고에게 이웃토지의 가치의 일부분을 보상 없이 수용하는 것을 허용하는 것과 다름없기 때문에, 생활방해에서 위험에의 접근은 이유 있는 항변이 될 수 없다."라고 하였다.[68] 더불어 "생활방해의 경우에 일반적인 의미에서의 피고의 행동은 과실을 포함한다고 할 수 있으며, 피고 소유의 토지의 이용이 원고 소유의 토지의 이용에 대한 부당한 간섭을 포함하는 것이라면, 생활방해라는 범주에서 피고의 무과실 주장은 이유 있는 항변이 될 수 없기 때문에 생활방해에서 기여과실이 적용되지 않는 것은 원칙적으로 타당한 것"으로 여겨지고 있다.[69] 한편 비교과실에 따르면, 배심원은 원고의 과실비율에 따라 배상액을 감액하게 되므로, 책임감액항변이 되는 것이다. 따라서 위험이 존재하는 사정을 알면서 부동산을 취득하거나 사용·수익하였다는 것만으로는 손해배상청구 자체가 부정되는 것은 아니고 손해배상청구권의 성립이나 손해배상의 범위를 결정함에 있어 고려된다고 볼 수 있다.[70]

(2) 판례

원고(15명)는 Sharon Steel Corp가 운영하는 코크스 작업로에서 대기로 배출된 상당한 양의 유해 가스와 오염물질로 인하여, 건강과 재산에 피해를 입었음을 주장하며, Sharon사를 상대로 손해배상을 청구하였다. Sharon사는 이 사건에서 여러 가지 항변을 제출하였는데 그중 하나가 위험에의 접근이론이었다. Sharon사는 원고들이 코크스 작업로가 기존에 운영되고 있는 중에 작업로 주변으로 이주하였는바, 따라서 원고들이 생활방해가 발생하는 지역 주변에 사는 위험을 감수하였으므로 피고의 책임은 면제되어야 한다고 주장하였다. 그러나 이러한 Sharon사의 주장에 대해 법원은 "피고의 이 같은 주장은 이유 없으며(This argument is untenable), Sharon사는 시대에 뒤떨어진 이론(outdated doctrine)에 의존하고 있다."라고 판시하

---

68) Patrick v. Sharon Steel Corp. 549 F.Supp. 1259 (1982); Lawrence v. Eastern Airlines, Inc. 81 So. 2d 632, 634 (1955)
69) Oscar S. Gray, Fowler V. Harper, and Jr. Fleming, James, 「Law of Torts(2nd Edition)」, Aspen Law & Business, 1995, p. 319.
70) American Law Institute, 「Restatement of The Law 0f Torts(2nd)」, vol. 4, 1979, §840D.

여,71) 위험에의 접근이론에 대해 부정적인 태도를 보였다.

제3절 장래 발생할 손해에 대한 배상청구

Ⅰ. 항공기 손해배상청구소송의 특성

불법행위로 인한 손해배상청구권은 피해자가 그 손해 및 가해자를 안 날로부터 3년간 이를 행사하지 아니하면 시효로 인하여 소멸한다(「국가배상법」 제8조, 「민법」 제766조 제1항). 항공기소음소송의 경우에도 3년이 경과한 소음침해에 대해서 피해자는 구제받을 수 없게 된다.72) 실무상 법원은 항공기소음소송이 제기되면, 소가 제기된 때로부터 역산하여 3년의 기간 동안에 피해자가 겪은 생활방해로 인한 정신적 고통에 대하여 위자료를 인정하여 주는 것이 일반적이다. 그러나 생활이익의 침해에 따른 정신적 고통은 생활방해가 계속되는 동안 지속적으로 발생하므로 이에 대한 위자료청구소송은 3년마다 주기적으로 제기될 수밖에 없다.73) 불법행위의 성립시점을 기준으로 과거, 현재 그리고 미래의 손해를 모두 포함하여 하나의 금액으로 산정하여, 분쟁의 1회적 해결을 도모하는 것이 법적 안정성의 측면에서 바람직하다고 볼 수 있으나, 이러한 주장에 대해 다양한 변수에 의하여 법적 판단이 달라질 수 있어 특정시점에서의 법적 판단이 그 이후의 시점에서도 그대로 유지되기 어렵다는 주장74)과 함께 많은 논란이 되어왔다.

---

71) Patrick v. Sharon Steel Corp. 549 F.Supp. 1259 (1982)

72) 판례는 "매향리 사격장 인근 주민들이 1988.7.경에 이르러 피고(대한민국)에 대하여 피해대책을 요구하는 민원을 제기하고, 그 이후 계속적으로 피고에 대하여 사격장 이전, 이주대책수립, 피해보상 등을 요구하여 온 사실을 인정할 수 있으므로, 원고들은 적어도 이때부터는 위 사격장의 소음으로 인한 피해발생과 가해행위의 위법성 및 가해자를 알았다고 할 것이어서 이 사건 손해배상청구권의 소멸시효 기산점은 1988.7. 이후로 봄이 상당하고, 따라서 이 사건 손해배상청구권 중 1988.7.까지 발생한 부분은 1988.7.부터, 그 이후에 발생한 부분은 그 피해 발생일별로 소멸시효가 진행한다고 할 것이므로, 결국 이 사건 소제기일임이 기록상 명백한 1998.2.27.로부터 역산하여 3년이 경과한 1995.2.26. 이전에 발생한 손해배상청구권은 모두 시효로 소멸한다."라고 판시하였다. 서울중앙지방법원 2002.1.9. 선고 2001나29253 판결.

73) 이준현, 앞의 논문(주 31), 262면.

74) 이창현, 앞의 논문(주 49), 27면.

1. 계속적 불법행위에 대한 소멸시효의 기산점

날마다 계속적으로 발생하는 불법행위로 인한 피해자의 가해자에 대한 손해배상청구권의 소멸시효가 언제부터 진행되는지 문제가 되는데, 이에 대해서는 견해가 대립되고 있다. 대부분의 판례는 소멸시효의 기산점과 관련하여 '항공기소음으로 인한 손해'는 날마다 새로운 불법행위에 기하여 발생하는 손해로서 그 각 손해를 안 때부터 단기소멸시효가 진행된다고 보고 있다. 그러나 항공기소음으로 인한 피해가 문제되는 경우, 일반인의 관점에서 그 피해의 정도가 수인한도를 넘는다는 것을 판단하기는 쉽지 않으므로 어느 시점부터 피해자가 그 손해 및 가해자를 안 것으로 보아야 할지 문제된다.[75]

(1) 학설

하나의 가해행위에 의해 손해가 즉각적으로 발생하는 1회의 불법행위는 가해행위의 종료시점부터 즉시 소멸시효가 진행되는 것으로 볼 수 있으나, 계속적 불법행위의 경우에는 소멸시효의 기산점을 특정하기 어렵다.[76] 학설은 손해발생에 대해 손해유형 및 손해의 태양 등을 개별적으로 판단하여 기산점을 정하도록 하는 '분류설', 계속적 불법행위의 침해행위에 대해 각각의 손해배상청구권이 발생하고 소멸시효가 시작된다는 '개별진행설', 손해의 진행이 종료한 때를 전 손해의 소멸시효의 기산점으로 본다는 '전부진행설'에 의하고 있다.

1) 분류설

계속적 불법행위의 결과로서 발생한 손해는 다양한 모습으로 나타나기 때문에 일률적으로 논하는 것은 불가능하며 특별한 처리가 필요한 계속적 불법행위도 있기 때문에,[77] 여러 유형에 따라 소멸시효의 기산점 원칙을 다르게 설정해야 하며, 피해자의 권리행사를 현실적으로 기대할 수 있는 피해자의 인신유무와 아울러 불

---

75) 강종선, 앞의 논문(주 7), 308 – 309면.
76) 최희준, "학교법인의 재임용심사절차 재개거부라는 불법행위가 1회적 불법행위인지, 아니면 계속적 불법행위인지 여부", 대법원판례해설 제97호, 법원도서관, 2014년, 349 – 351면.
77) 水辺芳郎, 「不法行爲(第2版)」, 三省堂, 2006년, 424頁; 서종희, "불법행위 손해배상청구권의 소멸시효 기산점에 관한 유형별 고찰 – 일본의 학설 및 판례에 대한 검토와 함께 –", 「재산법연구」 제32권 제2호, 한국재산법학회, 2015년, 104면.

법행위를 계속하는 가해자에게 시효의 원용을 허용할 정당성의 존부를 검토하여
원칙을 달리해야 한다고 한다.[78] 이 견해에 따르면, 불법행위의 태양을 구체적으로
분류하여 ① 인신구속의 경우는 억류 종료를 안 때, ② 불법점거의 경우는 나날이
발생한 그 각 새로운 손해를 안 때, ③ 공해의 경우는 2개의 유형으로 구별하여 누
적적 피해가 발생한 경우에는 손해의 진행이 정지한 때(전부진행설), 그리고 비진행
성 피해의 경우에는 소멸시효의 기산점이 각각 진행한다는 개별진행설을 주장하기
도 한다.[79]

2) 개별진행설

가해행위 및 손해가 계속되는 불법행위의 경우, 일반적으로 시효는 각각의 시
기에 따라 개별적으로 손해가 발생한 때를 기산점으로 판단한다는 견해[80]로서 그
근거를 일본 「민법」 제724조의 단기시효의 입법취지에서 구하며, 불법행위가 계속
되고 있는 경우에도 그것이 5년 전부터 개시가 된 것인지, 10년 전에 개시된 것인
지가 불분명하여 분쟁을 발생시키는 폐해가 있어 이를 방지할 필요가 있는 점, 불
법행위를 당한 것을 알면서 이를 3년 이상 방치한 피해자에게 법의 보호를 거부해
도 좋은 것은 불계속적 불법행위의 경우와 구별할 이유가 없다고 판단한다.[81] 한
편, 개별진행설은 피해자가 소멸시효의 중단을 위하여 개별적으로 조치를 취하여
야 하는 등의 번거로움을 주게 되며, 주로 불법점거에 의한 불법행위 등 불법행위
가 같은 태양으로 지속되는 유형의 사례를 전제로 구성된 것이므로, 이를 일반적인
계속적 불법행위에 의한 손해배상청구권의 소멸시효의 기산점으로 하기에는 부적

---

78) 이은영, 「채권각론」, 박영사, 2005년, 816면; 단기소멸시효의 기산점을 정하기 위한 「민법」 제
766조의 해석론으로서 가해자의 행위태양까지를 고려한다는 것은 문제를 복잡하게 할 우려가
있으며, 동 조항도 "가해자 또는 그 법정대리인이 손해를 안 때"라고 규정하고 있을 뿐, 가해행
위의 태양에 따라서 시효진행이 정지되거나 시효원용이 방해된다고 해석할 여지는 없다고 판단
되므로 오히려 손해의 종류에 따라서 손해가 성질상 나누어질 수 있는 경우에는 시효는 나날이
새롭게 진행한다는 것이 합리적이지만, 누적적으로 진행하여 통일적·일체적으로 파악하여야 할
손해에 대하여는 가해행위가 종료한 때 피해자의 인식이 있는 것으로 해석함이 상당하다고 한
다. 이상욱, "불법행위로 인한 손해배상청구권의 시효기산점", 채권법에 있어서 자유와 책임, 김
형배교수화갑기념논문집, 박영사, 1994년, 610면.
79) 四宮和夫, 「不法行爲」, 靑林書院, 1990年, 649－650頁.
80) 加藤一郎, 「不法行爲(增補版)」, 有斐閣, 1974年, 265頁.
81) 內之慶四郎, 「不法行爲責任の消滅時效」, 成文堂, 1993年, 74頁.

절하며,[82] 이러한 기산점을 획일적으로 해석하는 것이 피해자의 사실상의 구제를 부인하거나 현저히 곤란하게 만들 수 있다[83]는 우려를 낳기도 한다.

3) 전부진행설

계속적인 환경침해로 인한 신체, 건강의 침해나 인근 공사장의 진동에 의한 점진적인 건물의 균열 등과 같이 누적적으로 진행되는 계속적인 불법행위의 경우에는 전 손해를 1개의 손해로 파악하여, 피해자의 현실적인 손해배상청구권의 행사가 기대될 때에 손해를 안 때로 보아야 한다는 견해이다.[84]

(2) 판례

1) 우리나라

가해행위가 계속적으로 존재하고 따라서 손해도 계속하여 발생하는 경우, 예를 들어 불법점거와 같이 불법한 토지의 점거로 인하여 토지소유자에게 차임상당의 손해를 가하는 경우에 그러한 불법행위로 인한 손해배상청구권의 소멸시효의 기산점을 어떻게 산정해야 하는지에 대하여 피해자가 최초로 손해를 안 때로부터 손해 전부의 배상청구권에 대한 소멸시효가 진행한다고 판시하였으나,[85] 대법원 전원합의체 판결에 의해 그 입장을 변경하였다.[86] 전원합의체 판결[87]은 불법점거에 의한 불법행위로 인하여 피해자의 토지에 관한 소유권이 상실되지 아니하였다면 가해자의 불법행위는 계속하여 이루어지고 그로 인하여 손해도 계속 발생하여 나날이 새로운 불법행위에 기인하여 발생하는 것이고, 따라서 「민법」 제766조의 적용에 관하여서는 나날이 발생한 새로운 각 손해를 안 날로부터 별개로 소멸시효가 진행한다고 판시하여 계속적 불법행위의 경우 소멸시효의 기산점이 매일 특정되는 것으로 보았다. 우리나라에서 계속적 불법행위의 단기소멸시효의 기산점에 대한 일반적인 태도라고 볼 수 있다.

82) 김용담, 「주석 민법(채권각칙8)」, 한국사법행정학회, 2016년, 628면.
83) 吉村良一, "繼續的加害·繼續的被害「不法行為と時間」", 「ジュリスト」第1126号, 1998年, 223頁.
84) 김상용, 「불법행위법」, 법문사, 1997년, 521−522면.
85) 대법원 1957.12.19. 선고 4290민상194 판결.
86) 최윤호, "불법행위로 인한 손해배상청구권의 소멸시효에 관한 연구", 성균관대학교 석사학위논문, 2012년, 54면.
87) 대법원 1966.6.9. 선고 66다615 판결; 대법원 1999.3.23. 선고 98다30285 판결; 서울고등법원 2012.6.21. 선고 2011나80472 판결; 대법원 2014.8.20. 선고 2012다6035 판결; 서울고등법원 2018.11.22. 선고 2018나9533 판결; 서울중앙지방법원 2019.6.27. 선고 2018가합516287 판결.

2) 일본

일본 대심원 판결[88])에서는 부동산 불법점거의 불법행위 사례에 있어서 피해자가 최초로 손해 및 가해자를 안 때부터 모든 손해에 대하여 시효가 진행한다고 하였으나,[89]) 그 이후의 판결[90])은 가해행위가 종결된 이후에 손해만이 계속되는 경우와 가해행위 자체가 계속되고 그로 인한 손해도 계속되는 경우를 나누어서, 전자에 대해서는 피해자가 실제로 인식한 손해와 견련 일체를 이루는 손해로서 당시 그 발생이 예견 가능한 것에 대하여는 전부 피해자에게 인식된 것으로 다루어 일률적으로 그 전 범위에서 시효가 진행되는 것으로 할 것이지만, 후자에 대해서는 실제로 각 손해를 알게 된 시점부터 별개로 시효가 진행되는 것으로 인정해야 한다는 취지로 판시된 이후 그 취지의 판례가 유지되고 있다.[91])

2. 민사소송법상 장래에 이행할 것을 청구하는 소

항공기소음에 따른 소음의 정도가 사회통념상 수인하여야 할 정도를 넘는 것이면 이는 공항주변 거주자들에 대하여 계속적인 위법한 침해행위를 하는 것이고, 따라서 공항주변 거주자들은 계속적인 손해를 입게 된다고 할 것이다. 이에 피해자인 원고들이 공항발생 소음으로 인하여 입은 계속적인 손해에 관하여 손해발생시부터 변론종결시까지의 손해를 청구할 수 있음은 당연하나, 나아가 동일한 재판에서 변론종결이후부터 장래에 계속 발생할 손해를 「민사소송법」제251조에 의하여 미리 청구할 수 있을지 문제된다.[92])

(1) 미리 청구할 필요

「민사소송법」제251조에 의하면 장래에 이행할 것을 청구하는 소는 '미리 청구할 필요'가 있어야 제기할 수 있고 여기서 미리 청구할 필요가 있는지 여부는 채

---

88) 大審院大9年6月29日 民錄6号1041頁.
89) 大審院大9年6月29日 民錄6号1041頁.
90) 大審院昭15年12月14日 民集19巻24号2325頁.
91) 이헌석, "일조권침해의 소멸시효 기산점에 대한 고찰－대법원 2008.4.17. 선고 2006다35865 전원합의체 판결을 중심으로－",「환경법연구」제34권 제1호, 한국환경법학회, 2012년, 310면.
92) 손윤하, 앞의 책(주 29), 293면.

무자의 태도나 이행의무의 종류에 따라 결정된다고 할 것이다.[93] 판례는 장래의 이행을 명하는 판결을 하기 위해서는 채무의 이행기가 장래에 도래하는 것뿐만 아니라 의무불이행사유가 그때까지 존속한다는 것을 변론종결 당시에 확정적으로 예정할 수 있는 것이어야 하며 이러한 책임기간이 불확실하여 변론종결당시에 확정적으로 예정할 수 없는 경우에는 장래의 이행을 명하는 판결을 할 수 없다[94]고 판시한다.

학설은 계속적 불법행위로 인해 장래 발생할 손해에 대한 이행의 소를 제기하기 위해서는 그 손해배상청구권의 기초가 된 불법행위가 이미 존재하고 장래에도 계속하여 존재할 것으로 예측되어야 할 뿐 아니라 배상해야 할 손해의 내용, 범위 및 액수 등을 미리 명확하게 예측할 수 있어야 하는데,[95] 장래의 항공기소음에 의한 침해행위가 위법성을 지니는지의 여부, 그로 인한 손해의 유무 및 정도는 공항의 관리자가 행할 소음피해방지 및 경감대책의 내용 및 실시상황, 피해자들에게 발생할 수 있는 각종의 생활사정의 변동 등 복잡 다양한 요소들에 의해 좌우될 수 있어 이러한 점들에 대한 원고의 주장·입증이 어려워 미리 청구할 이익이 없다는 견해[96]와 이와는 대조적으로 장래의 손해를 예측할 수 없다는 주장에 대해 "일정한 정도의 소음이 지속적으로 발생할 가능성이 있으며, 공군기지를 「군 공항 이전 및 지원에 관한 특별법」에 따라 이전할 때까지는 그 소음이 동일한 정도로 지속될 것은 예정되어 있으므로 '공군기지 이전될 때까지' 미리 청구할 필요를 인정하여야 한다."는 견해[97]로 나뉘고 있다. 미리 청구할 필요를 인정해야 한다는 견해에 따르면 장래 이행의 소를 허용해야 하고, 그 뒤의 사정변경은 청구이의의 소나 정기금판결변경의 소를 통해 해결하는 것이 가능하다고 주장하며, 일본 「민사소송법」 제117조[98]에 따르면 장래 이행판결을 정기금판결변경의 소의 적용대상에서 명시적

---

93) 강종선, 앞의 논문(주 7), 310-311면.

94) 대법원 2002.6.14. 선고 2000다37517 판결; 광주지방법원 2018.3.30. 선고 2017나56062 판결.

95) 강수미, "장래 이행의 소에 관한 소송법적 검토-장래의 손해배상청구를 중심으로", 「민사소송」 제11권 제2호, 2007년, 100-101면; 강종선, 앞의 논문(주 7), 311면.

96) 손윤하, 앞의 논문(주 8), 225면.

97) 박지원, 앞의 논문(주 22), 138면.

98) 일본 「민사소송법」 제117조(정기금으로 배상을 명한 확정판결의 변경을 구하는 소) ① 구술변론 종결 전에 발생한 손해에 대하여 정기금으로 배상을 명한 확정판결에 대하여 구술변론 종결 뒤

으로 제외하고 있으나, 우리의 경우에는 그러한 명시적 제한이 없으므로 사정변경이 발생했을 경우에 정기금판결변경의 소에 의하여 해결하는 것이 민사소송법상 불가능하지 않다[99]고 주장한다.

(2) 일본의 판례

과거 일본의 판례에서는 "그것이 현재와 마찬가지 형태의 불법행위가 되는지 여부가 불분명하고, 배상할 손해의 범위가 유동적 성격을 갖고 복잡한 사실관계에 의존하기 때문에 미리 명확한 기준을 설정하기 어려우며, 사정변경이 생긴 경우에 그 입증책임을 피고의 부담으로 하게 하는 것은 부당하다는 점 등을 들어 장래이행 청구소송으로서의 권리보호요건이 흠결된다."라고 보아 이를 각하하였으며, 이러한 입장은 그 이후에 선고된 판결에서도 유지되었다.[100]

Ⅱ. 장래 발생할 손해에 대한 배상청구를 허용한 전원합의체 판결

1. 사실관계

피고(건설회사)는 1993.10.27. 남원시장으로부터 A아파트 7동을 건설하는 사업 계획승인을 받고, 건축공사를 시행하여, 1995.11.18. 사용검사를 마치고, 1995.11. 20. 준공검사를 받았다.

한편, 위 A아파트와 약 40m 떨어진 곳에 건축된 X아파트는 1993.3.5. 남원시 장으로부터 사업계획승인을 받고 공사를 시행하여 1995.2.28.경 사용승인을 받았다.

원고들은 피고가 A아파트 건축공사를 완료한 시점인 1995.11.20.을 기준으로 그 이전에 X아파트를 분양받아 소유 및 점유·사용하고 있거나, 1995.11.20. 이전 에 분양받은 소유자로부터 이를 매수하여 그 이후에 이를 소유 및 점유·사용하고 있다.

에 후유장애의 정도, 임금수준 그 밖의 손해액산정의 기초가 된 사정에 현저한 변경이 발생한 경우에는 그 판결의 변경을 구하는 소를 제기할 수 있다. 다만 그 소를 제기한 날 이후에 지급 기한이 도래하는 정기금에 관한 부분에 한한다.

 99) 박지원, 앞의 논문(주 22), 138면.
100) 강종선, 앞의 논문(주 7), 310면.

원고들은 피고를 상대로 하여 A아파트의 신축이 X아파트의 일조권을 침해하고 있음을 이유로 재산상 손해의 배상과 위자료의 지급을 청구하였다.

원고들은 2003.8.14. 이 사건 소송을 제기하였으며, 원고들 중 일부는 2004.11. 경 1995.11.20. 당시의 소유자로부터 X아파트의 일조권이 침해받음으로써 피고에 대하여 가지고 있는 재산상 손해배상청구권을 양수하였고, 2004.12.15. 피고에게 위 채권양도 사실을 통지하여 이는 그 무렵 피고에게 도달하였다.

2. 사건의 경과

(1) 1심

1심[101] 법원은 피고 회사가 신축한 A아파트로 인하여 X아파트가 사회통념상 수인한도를 넘는 정도로 일조권을 침해당하였다고 판단한 후, 환경성능상실액에 의하여 재산상 손해를 인정하고, 위자료는 1995.11.20. 당시 거주했던 원고들에게만 인정하였다.

피고는, 피고가 A아파트의 준공검사를 받은 1995.11.20.경에는 원고들이 X아파트의 일조권이 침해당하고 있다는 사정을 알게 되었으므로 그 무렵 그로 인한 손해 및 가해자를 알게 되었다고 할 것인데, 이 사건 소송은 그로부터 3년이 경과한 2003.8.14. 제기되었으므로 이 사건 손해배상청구채권은 시효로 소멸하였다고 항변하였다.

이에 대하여 1심 법원은 불법행위가 계속적으로 행하여지는 결과 손해도 역시 계속적으로 발생하는 경우에는 특별한 사정이 없는 한 그 손해는 날마다 새로운 불법행위에 기하여 발생하는 손해로서 민법 제766조 제1항을 적용함에 있어서 그 각 손해를 안 때로부터 각별로 소멸시효가 진행된다고 보아야 한다고 판단하였다.

단, X아파트에 대한 소유권 변동이 있어 일조권침해로 인한 손해배상청구권에 대한 양도·양수가 이루어진 경우에는 그 양수인은 손해를 수인하고 X아파트를 매수한 것으로 그 본래의 손해배상청구권자가 아니라 그 본래의 손해배상청구권자로부터 그 청구권을 양수하여 행사하는 것이므로, X아파트에 대한 소유권 변동이 이

---

101) 전주지방법원 남원지원 2005.10.6. 선고 2003가합163 판결.

루어진 시점부터는 그 본래의 손해배상청구권자에 대한 침해행위가 있다고 할 수 없어, 그 후로는 그 본래의 손해배상청구권자에 대한 소멸시효가 진행된다고 봄이 상당하고, 위자료 청구권의 경우에도 불법행위 성립시점에 X아파트에 거주하고 있던 자가 본래의 위자료 청구권자라 할 것이고, 그 이후에 거주하지 아니하여 점유를 다른 사람에게 양도한 경우에는, 그 후로는 그 본래의 위자료 청구권자에 대한 소멸시효가 진행된다고 봄이 상당하다고 판단하였다. 그 결과 1995.11.20. 이후 소유권을 취득한 시점으로부터 3년이 경과한 후에 청구한 재산상 손해 부분과 1995.11.20. 이전부터 X아파트에 거주하다가 점유를 이탈한 후 3년이 경과한 후에 청구한 정신적 손해 부분에 대하여 소멸시효가 완성된 것으로 판단하였다.

(2) 고등법원

1) 소멸시효에 관한 피고의 항변

피고가 A아파트의 준공검사를 받은 1995.11.20.경에는 원고들이 A아파트의 건축으로 인한 일조권 등이 침해당하고 있다는 사정을 알게 되었으므로, 그 무렵 그로 인한 손해 및 그 가해자를 알게 되었다 할 것이고, 이 사건 소는 그로부터 3년이 경과된 2003.8.14.에야 비로소 제기되었으므로, 원고들의 이 사건 손해배상청구채권은 소멸시효의 완성으로 소멸하였다고 주장하였다.

2) 소멸시효에 관한 원고의 항변

피고의 침해행위는 일회적인 것이 아니라 끊임없이 계속되는 것이기 때문에 소멸시효가 완성되지 않았으며, 이 사건의 소멸시효의 기산점은 원고들이 구체적으로 일조량 침해시간을 확인한 때라고 보아야 하므로, 일조권침해조사위원회가 1차로 일조시간을 측량한 2000.12.21.이거나 이 사건 감정인의 감정결과가 원고들의 소송대리인에게 도달한 2003.12.29.이라고 주장하였다.

3) 판단

고등법원[102]에서는 이 사건 불법행위는 건축행위의 종료와 함께 종결되고 다만 그 손해만이 계속하여 발생한다고 봄이 상당하고, 따라서 원고들의 이 사건 손해는 그 전체에 대하여 피고가 A아파트의 건축을 마치고 준공검사를 받은 때에 이

---

102) 광주고등법원 2006.5.17. 선고 2005나9790 판결.

미 피해자가 이를 알았다고 보아 특별한 사정이 없는 한, 그때로부터 전범위에서 일률적으로 그 소멸시효가 진행되었다고 할 것이다. 나아가 원고들이 구체적으로 피고의 일조권침해행위가 불법행위임을 이유로 손해배상을 청구할 수 있다는 것을 안 때가 언제인지에 관하여 보건대, 여기서 말하는 '손해를 안 날'이란, 피고가 A아 파트의 건축을 종료하고 준공검사를 받은 1995.11.20.경까지 수분양자들로서는 수인한도를 넘는 일조침해로 X아파트의 가격저하, 광열비 및 조명비 등의 증가와 생활상의 고통 등 손해가 발생하는 사실과 그 가해자가 위 건물을 신축한 피고라는 사실을 알았다 할 것이므로, 원고들의 피고에 대한 이 사건 손해배상채권은 1995. 11.20. 경부터 이미 소멸시효가 진행되기 시작하여 그로부터 3년 후에 소멸시효가 완성되었다고 보아야 할 것이다. 이에 따라 원고들의 청구를 모두 기각하였다.

(3) 대법원 전원합의체 판결

원심에서는 이 사건의 불법행위는 건축행위의 종료와 함께 종결되고 다만 그 손해만이 계속하여 발생한다고 판단하고, 가해 아파트가 건축을 마치고 준공검사를 받은 때에 피해자가 그 손해를 알았다고 보아 그때부터 소멸시효가 진행한다고 판단하여 원고들의 청구를 모두 기각하였는바 이에 원고들이 상고하였다.

이에 대해 대법원[103]은 다음과 같이 판단하여, 원고의 상고를 기각하였다.

다수의견은 다음과 같다. 일반적으로 위법한 건축행위에 의하여 건물 등이 준공되거나 외부골조공사가 완료되면 그 건축행위에 따른 일영의 증가는 더 이상 발

---

103) 대법원 2008.4.17. 선고 2006다35865 전원합의체 판결. 대법원 전원합의체 판결의 특징은 다음과 같다. ① 피고의 A아파트의 신축이 B아파트의 일조권을 계속 침해하고 있어(피고는 A아파트를 철거할 의무가 없어 그 침해는 장래에 있어서도 계속될 것이다) 손해가 계속 발생하더라도 가해행위 자체가 이미 종결되어 제거할 수 없는 것으로 보아 1회의 손해배상청구만을 인정하였다. ② A아파트의 신축이 B아파트의 일조권을 계속 침해하고 있고 이는 A아파트가 철거되지 않는 한 장래에 있어서도 마찬가지일 것인 바, 현재의 시점에서 피해자가 장래에 발생 가능한 재산상 손해나 정신적 손해 등을 예견할 수 있는 것으로 보아, 피해자로 하여금 그 장래의 손해의 배상청구를 허용하고 있다. ③ 피해자의 가해자에 대한 손해배상청구는 그 손해가 현재의 손해인지 장래의 손해인지, 나아가 그 손해가 재산상의 손해인지 정신적 손해인지 여부를 불문하고, 전범위에서 일률적으로 그 소멸시효가 진행된다고 보고 있다. ④ 다만 지극히 예외적으로 가해자인 피고가 A아파트를 철거할 의무를 부담하는 경우, 이러한 철거의무를 계속적으로 이행하지 않는 부작위는 새로운 불법행위가 되고 그 손해는 날마다 새로운 불법행위에 기하여 발생하는 것이므로 피해자가 그 각 손해를 안 때로부터 각별로 소멸시효가 진행한다. 이준현, 앞의 논문(주 31), 266면.

생하지 않게 되고 해당 토지의 소유자는 그 시점에 이러한 일조방해 행위로 인하여 현재 또는 장래에 발생 가능한 재산상 손해나 정신적 손해 등을 예견할 수 있다고 할 것이므로, 이러한 손해배상청구권에 관한 민법 제766조 제1항 소정의 소멸시효는 원칙적으로 그때부터 진행한다. 다만, 위와 같은 일조방해로 인하여 건물 등의 소유자 내지 실질적 처분권자가 피해자에 대하여 건물 등의 전부 또는 일부에 대한 철거의무를 부담하는 경우가 있다면, 이러한 철거의무를 계속적으로 이행하지 않는 부작위는 새로운 불법행위가 되고 그 손해는 날마다 새로운 불법행위에 기하여 발생하는 것이므로 피해자가 그 각 손해를 안 때로부터 각별로 소멸시효가 진행한다.

3. 항공기소음침해 소송과의 비교

(1) 유사점

일조권침해에 관한 대법원 전원합의체 판결과 항공소음침해에 관한 판결의 유사점은 다음과 같다.

일조권침해로 생활환경이 악화됨으로써 피해건물의 거주자가 입게 되는 정신적 고통은 가해건물이 존속하는 한 계속될 수밖에 없고, 피해자는 일조권침해(생활방해)로 인한 정신적 고통에 따른 위자료를 중심으로 손해배상을 청구하게 되며, 일조권침해가 있다 하더라도 가해건물의 소유자 내지 실질적 처분권자는 피해건물의 거주자에 대하여 원칙적으로 건물의 전부 또는 일부에 대한 철거의무를 부담하지 않는다는 점에서 항공기소음침해 소송과 매우 유사하다.[104]

(2) 차이점

일조권침해에 관한 대법원 전원합의체 판결은 항공기소음침해와 관련된 대법원 판결과 비교해 볼 때 다음과 같은 차이를 보인다.

① 일조권침해소송에 있어서 피해자는 가해자를 상대로 그 재산상 손해와 생활방해로 인한 정신적 고통에 대한 위자료의 지급을 청구한 반면, 항공기소음소송에 있어서 피해자는 국가를 상대로 생활방해로 인한 정신적 고통에 대한 위자료의 지급만을 요구하는 것이 일반적이다. ② 일조권침해소송에 있어서는 일조방해가

---

104) 이준현, 앞의 논문(주 31), 269면.

장래에도 계속되어 손해가 계속 발생할 것이 분명함에도 '가해행위 자체'가 이미 종결된 것으로 보아 1회의 손해배상청구만을 인정하였으나(분쟁의 1회적 해결), 항공기소음소송에 있어서는 장래에도 생활방해로 인한 정신적 고통이 계속될 것으로 보아 위자료의 주기적·반복적 지급을 인정하였다. ③ 일조권침해소송에 있어서는 현재의 시점에서 피해자가 장래에 발생 가능한 재산상 손해나 정신적 손해 등을 예견할 수 있는 것으로 보아 피해자로 하여금 그 장래의 손해에 대한 배상청구를 허용하고 있으나, 항공기소음소송에 있어서는 현재의 시점에서 장래의 손해에 대한 배상청구를 하는 것을 허용하지 않는다. ④ 일조권침해소송에 있어서 피해자의 손해배상청구는 현재의 손해나 장래의 손해를 불문하고, 게다가 그 손해가 재산상의 손해인지 정신적 손해인지 관계없이, 전범위에서 일률적으로 그 소멸시효가 진행되나, 항공기소음소송에 있어서는 정신적 고통에 따른 위자료의 청구만이 문제되며 그 소멸시효의 기산점은 사실상 중요하지 않고 소제기의 시점에서 소급하여 3년의 범위에 해당하는 정신적 고통만이 손해배상의 대상이 된다. ⑤ 일조권침해소송에 있어서는 가해자가 자신이 건설한 아파트를 철거할 의무를 부담하는 경우와 그렇지 않은 경우를 구분하여 법적 취급을 달리하고 있으나, 항공기소음소송에 있어서는 이러한 구분은 논의된 바 없고 국가가 자신이 건설한 공항을 철거할 의무를 부담하는 경우는 사실상 생각하기 어렵다. 다만 항공기소음소송에 있어서는 공항의 설치·관리자인 국가를 상대로 금지청구를 구할 수 있는지 여부가 문제되나, 일조권침해소송에 있어서는 이미 가해건물이 완공되었다면 금지청구는 생각할 수 없다. ⑥ 일조권침해소송에 있어서는 가해자가 가해 아파트의 공사를 완료한 시점 이전에 피해 아파트를 분양받아 소유 및 점유·사용하고 있거나, 가해 아파트의 공사를 완료한 시점 이전에 분양받은 소유자로부터 이를 매수하여 소유 및 점유·사용하고 있는 자에게 국한하여 손해배상청구를 인용하고 있으나, 항공기소음소송에서는 항공기소음이 문제되어 공론화된 시점에서 한참이 지난 후에 소음피해대책지역으로 이주한 자에게도(이를 이용하여 부당한 이익을 보려는 의사가 있거나 그러한 소음의 피해를 명백히 인식하고 이를 용인할 의사가 있다고 볼 수 없는 한) 정신적 고통에 따른 위자료의 청구가 허용된다.[105]

---

105) 이준현, 앞의 논문(주 31), 267-268면.

제4절 관련 문제

공항이나 군용항공기에 하자의 존재여부를 정하는 기준은 공항이나 군용항공기에서 발생하는 소음의 수인한도 초과여부에 따라 결정된다. 판례는 수인한도의 기준을 결정함에 있어서 일반적으로 침해되는 권리나 이익의 성질과 침해의 정도, 침해행위가 갖는 공공성, 지역 환경의 특수성, 토지이용의 선후관계, 공법적인 규제 등 여러 사정을 종합적으로 고려하여 개별적으로 결정하고 있다. 구체적인 사건에 있어서 수인한도 초과 여부의 판단을 피해이익의 법적 성질 등 모든 제반요소를 고려하여 법관이 결정하도록 함으로써 사실상 법관에게 그 판단을 백지위임하고 있다.106) 수인한도의 판단에 관하여 피해자 개개인의 구체적인 사정들을 고려하여 수인한도를 판단하여야 하는 것이 합리적임에도 일률적으로 판단하는 한계가 있다. 예상하건대 항공기소음소송이 대규모로 이루어지는 상황에서 구체적인 사정을 고려하기 어려운 결과라고 볼 것이다.

수인한도의 판단기준의 하나인 '침해행위가 갖는 공공성'과 관련하여 군용항공기의 경우에 고도의 공익성을 이유로 민간공항에서 발생하는 소음보다 더 높은 수인한도가 요구된다는 견해 등이 대립하고 있으며, 일부의 판례에서는 민간공항보다 높은 기준의 수인한도를 적용하기도 한다. 그러나 일본의 판례에서는 ⅰ) 민간공항의 시설 등도 고도의 공공성을 가지는 것으로 보아, 국방이 가진 중요성에 대해서만 특별히 고도의 공공성을 인정하는 것은 상당하지 않다고 판단하거나, ⅱ) 항공기소음의 해소를 위한 근본적인 대책을 마련하지 않은 국가의 태만을 지적하기도 하였다. 우리나라도 국방이 가지는 중요성에 대해서만 특별히 고도의 공공성을 인정할 필요는 없으며, 공공성의 실현을 위해 피해 주민들의 희생과 간과할 수 없는 불공평이 존재한다는 점을 수긍하여야 할 것이다.

항공기소음소송에 있어서 '위험에의 접근이론'과 관련하여 우리나라의 실무에서는 국가 등이 면책되는 사례는 보이지 않으며, 대부분의 경우 감액의 방식으로 인정되고 있다. 위험에의 접근에 의한 감액은 위험의 존재를 인식하면서도 이러한

---

106) 이준현, 앞의 논문(주 31), 260면.

피해를 용인하면서 접근하다고 볼 수 있는 경우에 한정적으로 이루어져야 할 것이나, 우리나라의 법원은 판례로 형성된 다양한 기준시점을 근거로 일률적으로 감액을 적용하고 있다. 그러나 이러한 기준시점은 피해자들이 자신의 피해(손해)에 대해서 구제받을 수 있다는 사실을 알 수 있었던 시점으로는 볼 수 있어도, 이를 위험에 대한 접근에 따른 위험을 인식한 시점으로 보기는 어려울 것이다.

　　항공기소음소송이 제기되면 법원은 소가 제기된 때로부터 역산하여 3년의 기간 동안에 피해자가 겪은 생활방해로 인한 정신적 고통에 대하여 위자료를 인정하고 있다. 생활이익의 침해에 따른 정신적 고통은 생활방해가 계속되는 동안 지속적으로 발생하므로, 위자료청구소송은 3년마다 주기적으로 제기될 수 있다. 우리나라의 경우 소음의 정도에 관한 증거방법은 일반적으로 현장검증과 감정결과에 의하고 있는데, 현재 항공기소음의 정도를 측정할 수 있는 자격기준 등에 관한 법령상 규정이 없어, 담당재판부가 임의로 감정인을 선정한 다음 현장검증기일에 감정인에게 일정기간 동안(통상 7일 이상) 장애물 또는 주변 다른 소음의 영향이 가장 적은 장소의 실내소음 및 실외소음을 측정하도록 하고 있다.107) 감정결과는 3년 전체의 기간 동안 측정한 것이 아니며, 공항과 공군기지를 이전할 때까지 장래에도 소음침해로 인한 피해가 지속될 것임은 명백하다. 실무상의 근거들과 앞서 살펴본 일조권 침해에 관한 판결의 내용을 반영하여 생활방해로 인한 위자료를 산정함에 있어 장래의 손해를 이에 포함하여 산정할 수 있는지에 대한 후속연구가 필요하다.

---

107) 이수진, 앞의 논문(주 34), 39-40면.

참고문헌

I. 국내문헌

1. 단행본

곽윤직, 「채권각론」, 박영사, 2003.

곽윤직 편집대표, 「민법주해 XVIII」, 박영사, 2005.

구연창, 「환경법론」, 법문사, 1993.

김상용, 「불법행위법」, 법문사, 1997.

───, 「채권각론(제2판)」, 화산미디어, 2014.

김용담, 「주석 민법(채권각칙8)」, 한국사법행정학회, 2016.

김증한·김학동, 「채권각론」, 박영사, 2006.

김형배·김규완·김명숙, 「민법학강의(제15판)」, 신조사, 2016.

박균성, 「행정법(상)」, 박영사, 2008.

박균성·함태성, 「환경법」, 박영사, 2021.

박준서, 「주석민법(채권각칙8)」, 한국사법행정학회, 2000.

사법연수원, 「특수불법행위법연구」, 사법연수원 출판부, 2015.

손윤하, 「환경침해와 민사소송」, 청림출판, 2005.

송덕수, 「新 민법강의(제14판)」, 박영사, 2021.

양창수·권영준, 「민법 II : 권리의 변동과 구제」, 박영사, 2011.

오시영, 「채권각칙」, 학현사, 2010.

오지용, 「불법행위의 법리」, 진원사, 2010.

이은영, 「채권각론」, 박영사, 2005.

이희승, 국어대사전, 민중서림, 1989.

전창조 "환경권의 확립", 「법과 환경」, 한국법학교수회 편, 삼영사, 1977.

지원림, 「민법강의(제18판)」, 홍문사, 2021.

천병태·김명길, 「환경법론」, 삼영사, 1997.

최성호, 「신민사소송법」, 동방문화사, 2012.

2. 연구논문

가정준, "미국 불법행위법 발전의 이론적 고찰", 「비교사법」 제12권 제1호(통권 28호), 한국비교사법학회, 2005.

강수미, "장래 이행의 소에 관한 소송법적 검토 - 장래의 손해배상청구를 중심으로", 「민사소송」 제11권 제2호, 2007.

강종선, "항공기소음 관련 민사소송의 제 논점", 「사법논집」 제44집, 법원도서관, 2007.

권창영, "군사기지 인근주민의 군용기 비행금지 청구의 허용 여부", 「한국항공우주정책·법학회지」 제33권 제1호, 한국항공우주정책법학회, 2018.

길진오, "군 소음피해 보상지원에 관한 법률 제정 연구", 정부법무공단, 2011.

김성배, "우리나라 토지수용법제와 간접수용: 한미FTA의 간접수용을 중심으로", 「토지법학」 제28권 제2호, 한국토지법학회, 2012.

김재형, "소유권과 환경보호 - 민법 제217조의 의미와 기능에 대한 검토를 중심으로 - ", 「인권과 정의」 제276호, 대한변호사협회, 1999.

김철수, "환경권", 「환경법연구」 제3권, 한국환경법학회, 1981.

김학선, "항공기 소음소송에 관한 법적 고찰" 「경희법학」 제46권 제4호, 경희대학교 법학연구소, 2011.

김형석, "소유물방해배제청구권에서 방해의 개념 - 대법원 2003.3.28. 선고, 2003다5917 판결의 평석을 겸하여 - ", 「서울대학교 법학」 제45권 제4호, 2004.

───, "민사적 환경책임", 「서울대학교 법학」 제52권 제1호, 2011.

남기연, "군용 항공기 소음피해 구제에 대한 민사법적 고찰", 「환경법연구」 제34권 제2호, 한국환경법학회, 2012.

박지원, "군용비행장 소음소송의 실체법 및 소송법상 쟁점에 관한 검토", 「한양법학」 제31권 제3집(통권 제71집), 한양법학회, 2020.

서원우, "환경권의 성질과 효력", 「서울대학교 법학」 제25권 제11호, 1984.

서종희, "불법행위 손해배상청구권의 소멸시효 기산점에 관한 유형별 고찰 - 일본의 학설 및 판례에 대한 검토와 함께 - ", 「재산법 연구」 제32권 제2호, 한국재산법학회, 2015.

손윤하, "항공기소음에 의한 피해구제를 위한 민사소송의 문제점", 「법조」 제54권 제3호, 법조협회, 2005.

안경희, "환경민사소송의 최근 동향과 쟁점 그리고 향후 과제", 「환경법과 정책」 제7권, 강원대학교 비교법학연구소, 2011.

───, "항공기소음으로 인한 민사책임", 「환경법연구」 제33권 제2호, 한국환경법학회, 2011.

―――, "항공기소음으로 인한 손해배상청구권", 「고시계」 통권 제662호, 고시계사, 2012.

오쿠보노리코, "최근 일본에서의 환경소송의 전개", 「환경법과 정책」 제14권, 강원대학교 비교법학연구소, 2015.

오현규, "위법성 판단기준으로서의 수인한도" 「민사판례연구」 제25권, 2003.

윤수진, "항공기 소음소송에 있어서의 위험에의 접근이론에 대한 검토", 「환경법연구」 제32권 제2호, 한국환경법학회, 2010.

이경춘, "소음과 환경소송", 환경법의 제문제(하), 「재판자료」 제95집, 2002.

이동기, "환경소송(環境訴訟)에 있어서 입증책임완화(立證責任緩和)에 관한 연구(2)", 「법조」 제52권 제9호, 법조협회, 2003.

이상규, "일본에 있어서의 환경권 논의 전개", 「환경문제연구논총Ⅱ」, 대한변호사협회, 1992.

이상욱, "불법행위로 인한 손해배상청구권의 시효기산점", 채권법에 있어서 자유와 책임, 김형배교수화갑기념논문집, 박영사, 1994.

이수진, "환경분쟁 해결을 위한 한국 법원의 발전 방향", 「환경법연구」 제35권 제3호, 한국환경법학회, 2013.

이승우, "항공기소음공해의 수인한도와 손해배상", 「환경법연구」 제26권 제1호, 한국환경법학회, 2004.

―――, "법원의 배상책임 결정사유와 재정결정방향-공사장, 교통소음과 일조권침해를 중심으로"-, 「환경법연구」 제34권 제1호, 한국환경법학회, 2012.

―――, "도로소음으로 인한 손해배상청구에 관한 판례검토", 「환경법연구」 제39권 제1호, 한국환경법학회, 2017.

이영창, "민사소송을 통한 환경오염피해 구제의 현실과 한계-소음피해로 인한 소송을 중심으로-", 「환경법연구」 제36권 제1호, 한국환경법학회, 2014.

이용우, "공해의 위법성: 공해소송에서의 이익형량" 「사법논집」 제10집, 1979.

이준현, "군항공기·군용비행장 관련 소음소송의 법리에 대한 검토", 「홍익법학」 제14권 제4호, 홍익대학교 법학연구소, 2013.

이창현, "군비행장 소음 소송에 관한 실무적 쟁점 소고", 「인권과 정의」 제450호, 대한변호사협회, 2015.

이현석, "일조권침해의 소멸시효 기산점에 대한 고찰-대법원 2008.4.17. 선고 2006다35865 전원합의체 판결을 중심으로-", 「환경법연구」 제34권 제1호, 한국환경법학회, 2012.

정하명, "역수용 소송의 주법원소송요건에 관한 미국연방대법원 판결례", 「행정판례연구」

제24권 제2호, 한국행정판례연구회, 2019.

정학진, "항공기 소음피해 구제에 관한 법적 문제점", 「저스티스」 통권 제70호, 한국법학원, 2002.

채영근, "항공기소음피해에 대한 국가배상판결에 대한 고찰", 「항공우주법학회」 제20권 제1호, 한국항공우주정책·법학회, 2005.

최인호, "환경침해에 대한 원인자의 민사적 책임", 「법학연구」 제28권 제1호, 충남대학교 법학연구소, 2017.

최윤호, "불법행위로 인한 손해배상청구권의 소멸시효에 관한 연구", 성균관대학교 석사학위논문, 2012.

최희준, "학교법인의 재임용심사절차 재개거부라는 불법행위가 1회적 불법행위인지, 아니면 계속적 불법행위인지 여부", 대법원판례해설 제97호, 법원도서관, 2014.

3. 기타 자료

- 국회 의안정보시스템
  https://likms.assembly.go.kr/bill/main.do
- 대법원 종합법률정보센터
  https://glaw.scourt.go.kr/wsjo/intesrch/sjo022.do
- 법제처 국가법령정보센터
  http://www.law.go.kr/
- 일본 전자정부종합창구
  https://elaws.e−gov.go.jp/search/elawsSearch/elaws_search/lsg0100/
- 일본국립국회도서관 디지털컬렉션
  https://dl.ndl.go.jp/info:ndljp/pid/2795019
- 일본최고재판소
  https://www.courts.go.jp/app/hanrei_jp/detail2?id=52665
- 주 미국 대한민국대사관
  https://mex.mofa.go.kr/us−ko/brd/m_4489/view.do?seq=952218&srchFr=&amp%3BsrchTo
- 중앙환경분쟁조정위원회(환경부)
  https://ecc.me.go.kr/front/board/boardContentsListPage.do?board_id=15&MenuId=c38db97276f14bd5920ccc0d318f0739

- 달라지는 정책안내, "2021년부터 이렇게 달라집니다".
  http://whatsnew.moef.go.kr/mec/ots/dif/view.do?comBaseCd＝DIFPERCD&difPer1＝
  DIFPER011&difSer＝7bdf7cd8－a0e2－48b0－965d－421ccef8e08e&temp＝2020&temp2＝HALF002
- "일본정부 미군기지 소음피해 배상액 1천500억원 대신 떠안아", 2019.02.07., 김정선 기자, 연합뉴스.
  https://www.yna.co.kr/view/AKR20190207070300073?input＝1195m
- "軍소음보상법 시행된다는데…"보상기준 너무 높아"", 2020.10.07., 이인모 기자, 동아일보.
  https://www.donga.com/news/Society/article/all/20201006/103274470/1
- "항공기 비행에 의한 피해와 민사적 쟁점", 2021.01.07., 한승수 교수(중앙대 로스쿨), 법률신문.

II. 외국문헌

1. 일본

(1) 단행본

水辺芳郎, 「不法行爲(第2版)」, 三省堂, 2006.

須藤陽子, 「行政判例百選Ⅱ(第6版)」, 有斐閣, 2012.

四宮和夫, 「不法行爲」, 靑林書院, 1990.

塩野宏, 「行政法Ⅱ(第5版補訂版)」, 有斐閣, 2013.

阿部泰隆, 「行政法解釈学Ⅱ」, 有斐閣, 2009.

淡路剛久, 「公害賠償の理論」, 有斐閣, 1975.

八代紀彦, 「環境権(西原道雄編)」, 現代損害賠償法講座(5), 日本評論社, 1973.

大阪弁護士会環境権研究会, 「環境権」, 日本評論社, 1973.

吉村良一, 「不法行為法(第3版)」, 有斐閣, 2005.

宇賀克也, 「行政法概説Ⅱ 行政救済法」, 有斐閣, 2006.

內之慶四郎, 「不法行爲責任の消滅時效」, 成文堂, 1993.

井上繁規 「受忍限度の理論と実務」, 新日本法規出版, 2004.

川嶋四郎, 「差止救済過程の近未来展望」, 日本評論社, 2006.

加藤一郎, 「不法行為(増補版)」, 有斐閣, 1974.

小早川光郎, 「行政法講義(下)Ⅲ」, 弘文堂, 2007.

高木光, 「事實行爲と行政訴訟」, 有斐閣, 1988.

(2) 연구논문

丸茂雄一, "基地騒音訴訟を巡る判例の動向 －飛行場の公共性の評価と危険への接近の
　　法理－, Discussion Paper, 2009.10.19.
澤野孝一郎, "日本における航空機騒音対策－那覇空港を事例として－", 「オイコノミカ」
　　第41巻 第1号, 名古屋市立大学, 2004.
朝井志歩, "基地騒音-厚木基地騒音問題の解決策と環境的公正", 法政大学出版局, 2009.
岡田政則, "基地騒音の差止請求と改正行政事件訴訟法", 「早稲田法学」第85巻 第3号, 2013.
岡田雅夫, "平成5年最判判批", 「ジュリスト臨時増刊」第1046号, 1994.
吉村良一, "継続的加害・継続的被害「不法行為と時間」", ジュリスト 第1126号, 1998.
─────, "基地騒音公害の差止め", 「立命館法学」第292号, 2003.

(3) 기타자료

大和市, 「大和市と厚木基地」, 2016(平成 28).

2. 미국

- Fowler V Harper, 「The Law of Torts(2nd Edition)」, Little, Brown and Company,
  January 1, 1986.
- G. Edward White, 「Tort Law in America: An Intellectual History」, Oxford University
  Press USA, 1985.
- Oscar S. Gray, Fowler V. Harper, and Jr. Fleming, James, 「Law of Torts(2nd
  Edition)」, Aspen Law & Business, 1995.
- Andrew D. Freeman and Juli E. Farris, "Grassroots Impact Litigation: Mass Filing of
  Small Claims", University of San Francisco Law Review, Vol. 26, 1991.
- Howard Beckman(Attorney at Law), "Aircraft Noise Damages", AVIATION NOISE
  LAW, 2013.7. http://airportnoiselaw.org/damages.html
- Law.com dictionary (http://dictionary.law.com)

판례색인

항공기소음침해와 민사소송

초판발행	2022년 9월 5일
지은이	유경희·최성호
펴낸이	안종만·안상준
편 집	사윤지
기획/마케팅	이후근
표지디자인	이소연
제 작	고철민·조영환
펴낸곳	(주) **박영사**
	서울특별시 금천구 가산디지털2로 53, 210호(가산동, 한라시그마밸리)
	등록 1959. 3. 11. 제300-1959-1호(倫)
전 화	02)733-6771
f a x	02)736-4818
e-mail	pys@pybook.co.kr
homepage	www.pybook.co.kr
ISBN	979-11-303-4225-2 93360

정 가   17,000원